你是我的主场

一个媒体人的"深漂"笔记

幽壹 / 著

深圳报业集团出版社

火热的深圳改革开放
历史细节的生动记录

● 黄玲（深圳市史志办公室主任、深圳市方志馆馆长）
2016年8月23日于深圳市委大院

7月底，年轻的鹏城媒体人幽壹热情邀请我为他即将出版的新著《你是我的主场》写序，盛情难却，应允读完书稿再说。白天工作繁忙，只能在夜深人静时分，拿起这部书稿阅读，深深为作者对深圳的深情厚意所打动，于是决定写写自己的感触、感动。

1980年8月，深圳经济特区在中国改革开放舞台上横空出世，以敢闯敢试、激流勇进、积极进取的气魄与精神，创造了世界城市发展史上的奇迹。这座特区城市虽然是建立在边陲小镇基础上，但它作为打开国门、实行改革开放的"窗口"和"试验场"，以其先行先试的气质与气场，吸引了数百万上千万的人从五湖四海齐聚于此，扎根落地，用勤劳的汗水、非凡的智慧，浇灌着这片热土，滋养着这座城市发展的根基和枝叶。30多年弹指一挥间，一座边陲小镇华丽转身为百业繁荣、高楼叠起、万家灯火、世人瞩目的现代化国际化大城市。可以说，深圳有多少传奇，就有多少故事！每个深圳人都有自己闯深圳的故事，都有自己心目中的深圳历史！

个人历史与城市历史密不可分。深圳经济特区历史虽然只有36年，但记录深圳经济特区历史的图书如雨后春笋般纷纷出世。在这些图书中，有许多严谨之书精彩之书。幽壹的新著《你是我的主场》也是一本记录深圳历史的图书，那么，这本书有新意吗？值得阅读吗？

与幽壹的相识时间并不长，但读过他著的《回不去的故乡》一书，被他的乡愁与情怀所吸引所感动。发现他虽然年轻，但他对地方历史文化有一种特殊的兴趣与追求，每每为他的家乡陆河历史文化所自豪。作为"深漂"十年的年轻人，幽壹在国企干过，当过网红，做了记者，用他的话说："几乎跑遍了深圳大大小小的每一角落，认识了这座城市形形色色的许多人，也知道了关于这座城市的许多故事。"也就是说，他生活和工作在这座飞速发展的特区城市,始终在触摸在感受在记录这座城市的重要事件、地标、人物与景致,他的笔触充满了对深圳这座飞速发展城市的热爱,对深圳发展足迹的赞赏,对深圳历史细节的关注,对深圳社会问题的探讨与批判。他对深圳的热爱一点也不亚于对家乡陆河的热爱,深圳已成为他的第二故乡,他的人生主场。正如他所言:这本书"抒发了我对深圳的真挚感情,书写的是我心目中的特区发展和成长史"。

书稿框架结构特别有深圳特色,分"深词、深地、深史、深事"四大板块,以词条形式,通过近百个条目生动细腻地记录了深圳的历史与深圳的故事,尤其是在记录深词、深地、深史与深事时,他都能够站在历史的高度,以研究的眼光来记录和研判,从而使读者通过这一个个事件、一个个地标、一个个与时俱进词汇、一个个人物来触摸和感受深圳的改革开放历程,来感受深圳火热的改革开放气息与快速步伐。

以"深词"来说,设有 26 个词条,内容包括深圳速度、深圳口号、下海、特区、城中村、握手楼、停薪留职、跳槽、治安仔、洋快餐、蹦迪、炒鱿鱼、的士、流水线、兑港纸、打工妹(仔)、本地佬、BP 机、充电、"三无"人员、水客、香港佬、宵夜、山寨机、饮早茶、老板、两地牌。这些词条具有鲜明的时代特点和深圳特色。如"深圳速度"词条,既记述了"深圳速度"的来由,又指出"深圳速度"不仅是大家共同接受的词汇,也是影响全国的词汇和理念。记述"握手楼",指出这是深圳"城中村"的特色,存在许多社会问题,这些大量存在的"握手楼",是深圳经济特区飞速发展过程中的特殊产物。

写"深地"有"国贸大厦""深南路""小平画像广场"等 20 个词条,这些地名所反映的故事,都是深圳的精彩历史折射,都记录了深圳在改革开放大潮中的足迹与荣光。如"小平画像广场",是外地人前来深圳的必游之地,是深圳人缅怀、感恩小平同志的地方。写"南头关",是无数满怀梦想的青年踏足深圳经济特区的第一道关口,这里发生过许多闯荡深圳的悲欢交集的故事。从沙头角、渔民村、蛇口、华强北、南岭村到海上世界、锦绣中华、梅林关、宝安机场、莲花山,无不是深圳改革开放历史的一个个细节体现。

在"深史"部分,是19个条目,包括边防证、二线关、大家乐、布吉农批、航母世界、老金威、上步区、深户担保、香港台、新安酒家、暂住证、迎春花市、驻深办、大钟楼等等,真是生动精彩!多少深圳人在这些条目中看到自己在深圳奋斗的记忆与足迹,快乐与痛苦,成功与失败。

"深事"有29个词条,所记录的内容也很丰富有趣,从高大上的高交会、保税区、文博会、公园之城、图书馆之城、科技园、深圳读书月、书城、人才市场到生活气息浓郁的廉价住宿、深圳户口、深港走读生、搬家、股票、出租房等,从中看到与感受深圳30多年发展历史中每一个瞬间每一个呼吸每一个场面,谁不赞美深圳的高速发展?谁不因此感受到深圳的蓬勃生机与活力?

幽壹是干新闻的,但他的笔触有着"史官"风格,记事记物都讲究有背景有历史有现状,同时又有自己的分析和研究,既客观写正面历史,也不回避负面历史,非常难得与可贵!如写"二线关",这是写深圳经济特区历史不容回避的一段历史,在记录"二线关"历史的同时,幽壹也指出了"二线关"造成的关外关内发展的巨大差异,并对"关内外一体化"的进程充满信心。幽壹这本书吸引人的是也如实记录深圳的"负面"历史。当然,这本书也写出了深圳人当年创业时的快乐,艰苦的环境造就了深圳建设者们的乐观精神。如"大家乐",是深圳人创造的一种群众文化模式,这种深圳独特的文化模式当年在深圳经济特区的建设者中留下美好的回忆。幽壹的笔不仅仅是对社会问题进行批判,更多的笔墨是赞扬深圳的奇迹和深圳的发展,尤其对政府为这座城市发展所做出的努力也是不吝笔墨给予赞扬的,如"大运会",记录了大运会在推动深圳城市建设所做出的巨大贡献。

幽壹这本书是一本"接地气",有思想有温度的书。这本书虽然以"私家词典"面貌出现,以个人眼光看待深圳的历史与发展,但却以朴素率真的文字生动地反映了深圳鲜活的历史与宏大历史中的细节,读来感到温暖、难忘、生动、感动!所记所录所思所析,无不充满着对深圳酸甜苦辣的感情,对这个充满巨大诱惑与发展空间城市的向往、期盼与信心。

写作是需要情怀的,打动自己,才能感动别人。幽壹做到了。一个年轻的记者,以无比的热情,穿梭在深圳历史天空中,亲历者加上记录者,完美地抒发了对这座特区城市的真挚感情与热爱!

是为序。

你是我的主场·序

写出我的深圳记忆

● 幽壹

2017 年 4 月 17 日于深圳

扫一扫,听幽壹讲述深圳往事

算起来，中国的改革开放已经进行了将近40年（也就是三分之一以上的世纪），时间已经不算短。这段堪称改变中国命运的历史，绝不是一蹴而就和一帆风顺的。它并不像电视电影所演的那样，某个伟人大手一挥，一段波澜壮阔的历史就完成了。在现实生活中，它是由一个个普通的人和一件件普通的事，日积月累，排除万难，层层突破，不断推进，最终才有了今天的成就。

所谓"万事开头难"。回首20世纪70年代末，那时候的中国正百废待兴，一切都要从头开始。而且那个时候政治的惯性依然存在，一贯的高压政策让大多数国人对未来捉摸不定，担心不知会有怎样的沉浮，生怕改革开放政策会有反复，所以不敢轻举妄动。因此，当时大多数国人宁愿选择安守与静默，以不变应万变。

正是在这样的历史背景下，敢为天下先的深圳人，不惧政治寒春，开始率先破局，勇于向不合时宜的旧体制宣战。作为20世纪80年代的改革开放前哨——深圳经济特区，因为地理和政策的优势，开始与资本主义制度下的香港地区及海外各国接触，并率先从深圳河对岸引入一系列的先进事物，引领全国改革开放的大潮。因此，深圳经济特区被称为改革开放的窗口和试验田。

30多年来，深圳经济特区经历了迅猛发展历程，各种新鲜事物层出不穷，影响了无数的人。在这30多年的深圳经济特区建设过程中，涌现出许多曾经独领风骚的事物，经过时间的沉淀，有些昙花一现，有些则至今仍在深深地影响着深圳人。

这些诞生于深圳经济特区的新事物，不只是由政府所创造，也不只是由哪个伟人所做的，而是由千千万万个普通的"深圳人"共同完成。

可以说，每个深圳人都是深圳历史的创造者之一。因此，每个深圳人都有权利去记述这期间的所见所闻，昨天的生活就是今天的"历史"。

这也可以说是我之所以要写这本书的缘起。《边防证》《暂住证》《航母世界》《下海》《二线关》《城中村》《海上世界》……通过近百篇文字去记述一段岁月，也就是那些打上"深圳印记"的日子；通过这本小书记录那些日渐消逝的"深圳"。书中所写的"深圳"，有些已经消逝，有些则仍在影响深圳人。可以说，书中所写的每一个词汇，其背后都蕴含着深圳经济特区的一段发展史，每一篇文字记录的都是一个与众不同的"深圳"。

"来了就是深圳人！"不经意间，已经"深漂"10年。我清楚地记得，2006年6月4日，10年前那个火热的夏初，我开始真正闯荡深圳，在深圳工作生活。在这10年间：曾在国企打过杂；当过不太知名的网红；做了不是太称职的记者。这10年一路走来，见识和见证了这座城市的许多大事小情。也是在这10年间，几乎到过这座城市的每个角落，认识了这座城市许多形形色色的人。这期间，手中的笔一直没停下，始终在记录……

每当说起"深圳"，总觉得百感交集，对其怀有特殊的感情，与其有着不解之缘。其实，我的家乡广东省汕尾市陆河县离深圳并不太远，才200多公里，旧时同属大粤东区域。早在20世纪60年代，就有不少陆河人前来深圳市的前身原宝安县打工。那个时候，原宝安县许多精壮劳力"逃港"去了。所以包括我家乡在内的原宝安县周边县份的人会过来打工或耕种，比如当时的光明农场就招入了包括我家乡人在内的一批人。到了改革开放后深圳经济特区成立时，许多我家乡人又率先来深参与建设，包括修建了深南大道首段。从此以后，陆河人亲友间互相扶携，纷纷来深闯荡。如今，起码有 90% 以上的陆河人曾经到过深圳。这样的话，我从小就从身边的亲友及同村人等处了解到了许多关于深圳的消息，对深圳深有所闻，对其非常向往。20 世纪 90 年代初，我曾两次在暑假期间随父母来深圳访亲探友，参观游玩，这两趟深圳之行给年幼的我留下了非常深刻的印象。此后，21 世纪之初，我又多次来深圳探亲访友和游玩。因此，在真正来深圳定居工作生活之前，我已经对深圳非常熟悉，并对它充满感情了。

说不清的深圳，道不完的深圳，在每个深圳人的心底最深处都会有一个属于自己的深圳故事。希望这本书能够勾起你关于深圳的点滴回忆，记起往昔难忘岁月中那些逝去的时光，打开你尘封已久的"深圳记忆"。

是为序！

目录

深词
- 深圳速度 17
- 深圳速度 19
- 深圳口号 25
- 特区 31
- 下海 36
- 停薪留职 41
- 跳槽 45
- 炒鱿鱼 49
- 城中村 53
- 握手楼 57
- 洋快餐 60
- 蹦迪 65
- 的士 71
- 流水线 74
- 打工妹（仔） 81
- 兑港纸 85
- BP 机 88
- 本地佬 92
- 香港佬 96
- 充电 100
- "三无"人员 105
- 水客 108
- 饮早茶 113
- 宵夜 116
- 山寨机 121
- 老板 125
- 两地牌 129

深地 133

蛇口 135

国贸大厦 141

深南路 147

小平画像广场 153

渔民村 157

南岭村 162

沙头角 167

东门老街 173

工人文化宫 178

锦绣中华 183

海上世界 187

莲花山 193

地王大厦 197

华强北 203

南头关 208

布吉关 213

梅林关 216

深圳大学 220

火车站 225

宝安机场 231

深史 235

边防证 237

二线关 243

铁皮房 248

布吉农批 252

大家乐 256
大运会 260
航母世界 265
老金威 269
上步区 273
深惠路 278
水上乐园 282
逃港 287
深户担保 292
香港台 297
新安酒家 303
迎春花市 307
暂住证 311
驻深办 316
大钟楼 322

深事 327
市场 328
学历 333
城雕 337
公益 342
廉价住宿 347
保税区 351
高交会 355
深圳户口 358
小区自治 363
文博会 366
书城 372

深港走读生	377
口岸	383
广深动车	388
发票	393
老乡	397
家乡菜	400
搬家	404
出租房	409
百公里徒步	413
公园之城	418
深圳读书月	423
股票	427
科技园	433
人才市场	438
图书馆之城	443
107 国道	446
建筑装饰	451
鹏城	455
后记	460

你是我的主场
深 词

平安大厦（黄猛 摄）

深圳速度

曾经有一个关于深圳的词语,全国人都耳熟能详,以至成为国人日常工作生活中的习惯用语,它叫作"深圳速度"。时至今日,如果要形容某件事情进展得很快,国人可能就会用"深圳速度"来形容。"深圳速度"的意思,就是指速度很快,进展神速,超出常规的预期。

"深圳速度"的来历,源于20世纪80年代中期,建设当时的神州第一高楼——深圳国际贸易中心大厦(即"国贸大厦")时,深圳人创造了"三天一层楼"的建筑速度。特区创造的这个盖大楼速度比当时先进国家和地区还快,极大地震惊了整个中国,当时的国人视之为"神话"。

国贸大厦楼高160米,共53层(地下3层),是20世纪80至90年代深圳的代表性建筑,也是80年代内地的最高建筑。该大厦占地面积2万平方米,建筑面积10万平方米,由中建三局一公司负责施工,从1984年10月至1985年12月,仅用了15个月即竣工,以"三天一层楼"的速度建成,创造了中国建筑史上的新纪录。

要知道,这可是建造一栋占地面积广、结构复杂的大楼,而不是像某家盖个小房子那样简单。建筑工地上,千头万绪,涉及方方面面的人员多,工种也多,能够协调好各方,做到"三天一层楼",这对于改革开放初期百废待兴的内地来说,可真不是一件简单的事情。

如果认为"深圳速度"只是源于且只适用于盖楼,那这种认识就太过于肤浅和无知了。盖楼速度快只是表象,或者说是引爆点,真正的内在原因在于,当时深圳经济特区的整个社会经济,从各方面来看都发展极其迅猛,属超常规发展,单就发展速度来说,远远把国内其他地区抛在了后面。甚至从世界历史上来看,这样的城市发展速度也是不多见的。

当时的深圳经济特区,完全可以说是"一天一个样",几天不见的话就会"大变样"。到处都是热火朝天的大建设场面,不论是谁那时候来到深圳都会被那种氛围所感染。用"日新月异"和"一日千里"来形容那时候的深圳经济特区,可以说没有丝毫夸张。

在这样的时代背景下,当深圳因为盖楼快而被冠以"深圳速度"时,其很快就被注入了其他层面的意思,而不再仅限于盖楼本身。"深圳速度"的说法一经提出,立马就受到全国各方的普遍认同,很快就在大江南北传开了。在当时来说,把"深圳"等同于"飞速发展",国人是打从心眼里认同的。在那时的人们眼中,"深圳"就意味着快节奏,意味着高效率,意味着超常规发展。

站在深圳人的角度,对于将"深圳"与"飞速发展"画等号,那时的普通市民也是非常乐意并为之感到自豪的。在深圳的城市文化中,本身就具有"快"的基因,社会中普遍具有"快"的氛围,市民也普遍有追求"快"的理念。走在深圳街头,你可以看到,深圳人走路的节奏都要比其他城市的人快得多。

对于改革开放初期的国人来说,中国发展已经慢得太多了,错过了许多机遇。因此普遍都有种"只争朝夕"的想法和意愿,想着要尽可能地快,把过去所浪费的时间赶紧补回来,用速度来弥补和追赶因慢启动而落下的距离。应该说,这种快速发展的愿望是那个时代的最强音,代表着一个时代的呼声。在这种情况下,出现"深圳速度"这种为大家所共同接受的词汇,并且是出现在改革开放的窗口和试验田的深圳,就一点也不奇怪了。作为窗口和试验田,本身就是要快,要率先去试去闯,这都需要敢于争"第一",勇于去尝试,并且是主动快速去做。"快速",是深圳经济特区当时的一大历史使命。

在此后的二三十年时间里,深圳市官方曾先后提出过"效益深圳""深圳质量"等词汇和理念,企图以此来取代"深圳速度",重新成为由深圳出品,进而能够影响全国的词汇和理念。可惜的是,这些词汇和理念并未被社会大众所广泛认知和接受,不要说风行全国,连本市市民也大多对此不知悉或缺少认同感。它们都远没有"深圳速度"那样深入人心。

常被调侃为"小渔村"的深圳,早已发生了沧桑变化,现今已很少人从事渔业了(丁庆林 摄)

不过也应该看到，近年来，曾经非常执着和崇尚"速度"的深圳，其实已经渐渐慢了下来，不再过于追求"快"。这种改变并不仅限于政府层面，在普通市民之中也颇有市场，已经逐渐成了深圳社会的主流。当然也有人认为这是因为深圳已经"快"不起来了。市民们开始以更加客观辩证的心态看待"速度"，不认同以牺牲工作和生活质量甚至身心健康去换取"速度"。并不是说完全不要"速度"，而是说市民们更希望是适度和健康的"速度"，不是单纯的"速度"本身。这也意味着，深圳乃至中国社会经济的发展已经进入了一个全新的时期。

1984年的35周年国庆大典上,来自深圳蛇口的"双龙戏珠"彩车经过北京天安门城楼(资料图)

位于蛇口工业路的著名标语

深圳口号

那种源于苏联的口号标语，几十年来在中国被不断地发扬光大，使中国成为一个满是口号标语的国度。尤其是在改革开放前，各种革命的、战斗的"口号标语"更是刷得到处都是。简单来说，"口号标语"之所以能够流行，是因为其主题明确，中心思想突出，可以简单明了地刺入人心，并且大多朗朗上口，所以能够起到较好的宣传效果。许多时候，一条好的口号标语能够达到的效果，要远胜几十篇长篇大论的文章。

改革开放以后，许多广泛存在并被视之为"真理"的东西被"改革"掉了，但是"口号标语"这种宣传方式却一直被很好地"传承"着。比如，曾经刷得满世界都是的"计生标语"，还有"交通安全"标语等，一直在国内很多角落出没着。此外，城市里的"文明劝导"标语也非常普遍。

深圳经济特区作为改革开放的窗口，30多年来曾多次为国人贡献极具冲击力的口号标语，甚至还一度形成了由深圳出品的"深圳口号"品牌。关于这个，前几年深圳经济特区成立30周年时，深圳市民和政府曾掀起相关讨论和总结，并最终将其归结为由深圳出品进而影响全国的"十大观念"。

对于大多数国人来说，深圳喊出的最知名、最耳熟能详的口号标语，莫过于20世纪80年代中期，诞生于深圳蛇口的那句举国为之震惊的口号标语："时间就是金钱，效率就是生命。"我记得，甚至在20世纪八九十年代的中小学课本中都有提到，可以说是家喻户晓。今天来看，可能会觉得这条口号标语比较平淡无奇，讲述的是生活中本来就应该众所周知的"常识"。可是，千万不能忘了当时特殊的时代背景，那还是一个民众不敢公开追求财富，畏于谈钱的年代。因此，那个时候公开喊出"金钱"和"效率"，需要特别大的勇气。因为，万一政治形势有所反复，就极有可能会使喊出这口号的人身陷囹圄，甚至丢掉性命。总之，这两句口号标语具有那个时代的鲜明特点，代表着当时深圳经济特区人敢于冲破枷锁，勇于开拓进取的时代精神。

在1984年10月1日中华人民共和国成立35周年的大阅兵庆典上，深圳经济特区和蛇口工业区各自派出一辆彩车参加驶过北京天安门的巡游。当时，两辆深圳彩车并排驶过天安门，"大鹏展翅"代表深圳，"二龙戏珠"代表蛇口，深圳彩车车前是醒目的"深圳"二字。在这种海内外瞩目的特殊时刻，深圳完成了第一次电视直播亮相，为深圳做了一次很好的形象宣传。在如此重要的国家庆典里，深圳经济特区竟然能够同时派出两辆彩车参加，这在当时是一次例外。因为在首都北京举办的国庆庆典里，此前没有外地的彩车参加，所以当时深圳能获得属于超高规格且也是极特殊的政治待遇。当时蛇口工业区的彩车上就有"时间就是金钱，效率就是生命"这条标语。

十大观念

Top 10 Concepts of Shenzhen

主编 王京生

深圳十大观念

丁学良谈"时间就是金钱,效率就是生命"
强世功谈"空谈误国,实干兴邦"
袁伟时谈"敢为天下先"
高全喜谈"改革创新是深圳的根、深圳的魂"
南方朔谈"让城市因热爱读书而受人尊重"
任剑涛谈"鼓励创新,宽容失败"
秋风谈"实现市民文化权利"
钱文忠谈"送人玫瑰,手有余香"
吴建民谈"深圳,与世界没有距离"
朱清时谈"来了,就是深圳人"

《深圳十大观念》讲述了深圳人难忘的口号标语

一个媒体人的"深漂"笔记   27

此外，就要数20世纪90年代初，在蛇口工业路上所树立的那句"空谈误国，实干兴邦"了。在当时极"左"思潮仍肆虐全国，特区"姓社姓资"争议极大，外界公开指责深圳经济特区是"新租界"的时候，这条标语是深圳人喊出来的一句"不参与无谓争论，埋头苦干出成绩来见真章"的口号。对于那个时候的深圳经济特区人来说，打"口水战"无意义，干出成绩来，使社会经济得到发展，民众得到实际好处，才是真的。

那时候，深圳出品的这两句口号标语之所以能够风行全国，为国人所熟知，也是因为深圳经济特区的社会经济发展迅猛，势头盖过全国其他任何地方，是20世纪八九十年代全国社会经济发展的焦点区域，全国人民都在向深圳经济特区看齐。因此，由深圳率先喊出的这两句口号标语，一下子就引起了国人的共鸣，从而迅速传开并获得普遍认同。

除了这两句口号标语之外，深圳此后出品的口号标语，因为相关条件已经变化，再也没有达到那样的高度。不过，有一些还是在现实生活中深深地影响了国内其他地区的人们。比如"赠人玫瑰，手有余香"，这种公益理念率先诞生于深圳，因为深圳是全国最先出现义工及义工组织的城市。还有"来了就是深圳人"，也是一条非常好的口号标语，代表了深圳的开放和包容。事实上，在对待外来人员这个问题上，深圳在教育、社保、医疗等方面的政策，是北上广深四大一线城市中最为开放的。

其实，这种能够广泛传播的口号标语是一种软实力，代表着一个城市具有影响全国的能力，掌握了一定的话语权，能够在思想观念上引领全国。这种无形的软实力，也是一种最好的城市形象广告，使深圳更受国内其他地区的人喜爱。

1988年成立的南国影城成就了电影史上的一段传奇。当时整个深圳乃至全国没有人不知道南国影院的。图为作者母亲和亲友于20世纪90年代初时拍摄

特区

内地自改革开放以来,尽管先后设立了多个"特区",比如最早的深圳、珠海、汕头、厦门经济特区,后来的海南经济特区,但是对于大多数深圳人来说,每当提到"特区",心中所想的就是深圳,认为特区是深圳的别称,深圳就等于特区。

这样的心态似乎有点霸道和狂妄。可是客观来说,深圳经济特区确实是内地各大经济特区中最为成功的一个,是举世公认的"特区代表"。事实上,不仅许多深圳人认为特区就是指深圳,许多国内其他地方的人也同样如此认为。

30多年来,国人只要一提起深圳经济特区,往往会将其与"高端、发达、时尚、前卫、先锋、勇于创新、敢于突破"等形象相挂钩。在世人眼中,深圳经济特区就代表着中国的改革开放,改革开放以来的无数新政策新举措都诞生于这里,也只有这里才能率先尝试与突破。甚至到了许多新的政策法规只能在深圳经济特区率先实行的地步,许多人认为这样才合情合理。

作为改革开放的窗口和试验田,深圳这几十年来一直走在前面,也唯有深圳才始终高举"特区"大旗,所谓"全国看广

作者曾在深圳博物馆担任文化义工。图为作者正在改革开放馆为游客讲解特区的沧桑变化

东，广东看深圳"。在过去很长一段时间里，许多新的改革和新的事物，就是遵循这样一种发展规律进行演变的。只有深圳先开始了，全国其他地方接着才逐渐跟上，好不好需要先看深圳的尝试。

一方面是外界对深圳充满着赞赏和期许，另一方面深圳人也往往以此为准绳定位自己。对于大多数深圳人来说，确实多少会有一种"深圳特殊论"的想法，心里总是喜欢认为：内地虽然有着这样那样的不好，但是深圳是不同的，也许深圳可以或者已经把很多事情做好。当面对许多新鲜事物时，深圳人往往也接受得比较快，在不违法的前提下，先尝试了再说。30多年来，那种敢为天下先，勇于突破的精神，已经渗入到深圳人和深圳企业的基因之中，成为深圳所特有的城市文化。

在深圳经济特区创办之初，内地有梦想有冲劲的人蜂拥而至，因为他们听闻了深圳经济特区种种"特别"之处。当外地人初次来到深圳时，往往也会切身感受到深圳经济特区的与众不同，认为内地许多地方跟这里的氛围确实有较大的差距，这里比内地更加开放包容，更加有活力，节奏和效率也更快。哪怕是行政部门，深圳的也远比内地许多地方的办事效率要高很多。这方面，不仅深圳市民对此有要求，而且深圳的行政部门也会自我加压，希望能够创造出一个与内地不同的政务环境。

许多人对深圳经济特区的印象，不仅限于高楼大厦或漂亮的道路公园，更多的是在文化、思想和精神层面上，认为其确有过

团结奋斗　继续前进
为特区工业开创新局面

——市工业发展服务公司一九八五年基本工作
总结暨八六年主要工作部署

在市委亲切关怀和工委直接领导下，统一思想、坚定信心，牢记全心全意为人民服务的宗旨，树立共产主义理想；增强全局观念，兢兢业业、扎扎实实地工作；认真落实措施，动员和带领群众奋力拚搏，在新的一年里，再接再励，为特区经济转轨、稳步、协调发展努力奋斗，这是我们总结八五年和部署八六年工作的指导思想。

一、各条战线任务的完成情况

（一）工业区开发速度快，工业区管理与开发同步，社会效益越来越明显。

1、八卦岭工业区已初具规模。该区于一九八三年开发，至八五年底止，除沿梅岗路高层建筑楼群和个别专业厂房区外，计划内工程已全部动工。建筑物开工112万㎡，面积90.4万㎡。其中已竣工75栋。面积52.8万㎡。已完成道路、绿化、排供渠等工程面积17.5万㎡。

八五年建筑物施工面积62万㎡。其中地工面积24.45万㎡。建成道路和绿化工程面积的6.7万㎡。完成工程投资额10240万元，比八四年8308万元增长16.3%。全年工业商品房销售面积23.8万㎡（含作为帐方投资的），占年度投资工商品房面识的102.6%。下半年，我们分析了国家紧缩银根后影响资金周转的情况，采取了四种对策：

—1—

㈠根据市场需要，相应缩短战线保重点，集中资金保国际展览中心，多层停车场、上林苑商铺以及部分小区配套等工程按工。
㈡扩大工业区投资环境的宣传，吸引国内外投资客商；
㈢发挥施工单位建设工业区的积极性；
㈣争取银行支持以提供信贷。

三季度后，厂房销售资金回笼迟缓，因回游度款不足支付，为使在建工程继续施工，我们同承租单位共同协调，许多承租部门体谅国家困难，顾全大局，自筹资金，继续垫地继续进行工程施工。在验收的工程中，合格率达百分之百。标准厂房良好率达百分之六十四点三。资金周转在十二月份后有所好转。重点工程继续上马，所采取措施达到了预期的效果。

2、莲塘工业区土地平整工程已基本完成。一月初，市政府下达该区红线图批文。在近半年时间内，我们先后与有关单位及个人进行二百多次协商，完成了开发前期的准备工作，于五月中旬正式开发。至年底止。完成土方量101万㎡。基本完成了第一期工程。该区总体规划已经完成，按计划总任务人数一万多人；有专业厂房5个，标准厂房区1个，住宅、商业公共设施区4个，道路7条。整个工业区布局与建筑设施更趋先进与合理。

八卦岭工业区开发的经济效益较好。全年共签订工业商品房销售、顶售和出租合同128份，协议额起过一亿元人民币。全年财务收入比八四年度增长6.8%，外汇收支略有结余，按市税务局要求，及时上缴厂房销售营业税金252万元。三月份，偿还历年贷款本息尾额850万元。十二月中旬才向银行贷款200万元。从整体上来说，全国性的资金紧缩，给工业区开发带来了某些影响，去年末逐渐有所缓和。

（二）工业区管理工作贯彻了"开发高速度、服务高标准"的方针，与开发实现同步，并有较大的改观。

—2—

人之处。长期以来，深圳经济特区提出的许多理念，最终成了全国人所公认和遵守的"常识"。

对于深圳这座城市，许多内地人一开始只是前来游玩，结果往往是来了之后就再也不想走，深深地爱上了它。于是就干脆回老家辞去工作，只身或举家搬到深圳来，开始一段全新的生活。对于他们来说，深圳是一个追梦的地方，这里离梦想最近，也最可能在这里实现它。

深圳是一种主张；深圳是一种精神；深圳是一种信仰……对于许多深圳人来说，深圳本身就意味着与众不同，也必须与众不同。因此，他们忍受不了甘于平庸的深圳，希望深圳能够始终保持先锋、血性，勇于挑战、探索，继续闯下去。

五光十色的深圳经济特区，让人既爱又怕，有些人对它既十分向往，又害怕到来之后会迷失了自己。30多年来，关于深圳经济特区，甚至一直都有人这么说："爱他，就让他去深圳经济特区；恨他，也让他去深圳经济特区。"总之，在国内许多人看来，深圳是一个让人讲不清的地方，能把坏人变好，也能让好人变坏，浑身透着一股不确定。至于到底好不好，要自己去了才知道。

下海

这里说的"下海",可不是指现实生活中跑到大海里去游玩嬉戏的意思,而是改革开放初期兴起的一个词语,意思是指从体制内跳出来自己经商,并含有此举具有一定风险的意思。这里所说的"海",是市场经济发展过程中产生的新的社会空间的隐喻,对于当时的社会和人们来说,是一个全新的领域。如今这个词汇可能已经不太为人所注意,又抑或是说其早已融入了民众的日常工作生活之中,不再被特殊对待。

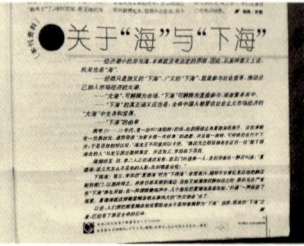

20世纪90年代初的席卷全国的"下海潮"之所以形成,当然离不开媒体的鼓噪。图为1993年5月出版的《深圳青年》关于"下海"话题的策划报道

然而，在 20 世纪八九十年代，尤其是 90 年代初的时候，这个词汇可是如日中天，曾经一度成为全民争相谈论的"热词"。其背后则折射出当时特殊历史背景下的一幕：在遭受多年的禁锢之后，政策甫一松动，顿时引发全民骚动，人们均渴望打破旧体制，通过自己的努力，到新的环境中去畅游搏击，中流激水，从而创造出更多符合自身能力的价值。

1992 年，邓小平同志南方谈话发表之后，机关干部、知识分子、国企人员"下海"经商成为热潮，大批体制内人员涌进市场经济的大潮中去搏杀。应该说，1992 年那一波席卷全国的"下海"潮，是 1949 年以后，各政府机关和国有、集体企业等企事业单位的体制内人员第一次大规模主动脱离体制，以离职或者停薪留职等方式，永久或暂时地离开体制，然后通过各种方式与市场亲密接触，在市场经济大潮中与各种变幻莫测的大风大浪进行搏击。

在中国这种有着根深蒂固"吃皇粮为上"的传统观念的国度，"下海"很需要勇气。一方面要无视周边众多不解、反对和嘲讽的声音，敢于打破常规，挑战自己；另一方面，市场有市场的规律，跟原来在体制内吃"公家饭"不一样，很挑战"下海人"的适应能力。只有勇于学习，敢于挑战的人，才能"下海"成功，而不至于被海水呛死或呛晕。对于这些，现在年轻人可能会难以理解。

需要指出的是，在当年席卷全国的"下海"浪潮中，绝不是所有的"下海人"都是以喜剧收场的，有些人还没下去就被各种原因吓回或召回去了；也有些人"下海"之后才发现情况并不如自己所想象的那样乐观，半死不活的或直接被海浪拍晕拍死。总之，"下海"有风险，喜乐唯自知。

"下海"意味着巨大的风险和可观的回报共存，也就是现在人们常说的"机遇与挑战并存"。所以，"下海"的人必须要敢于拼搏和勇于创新，只有勇于接受前所未有的挑战，才可能获得空前的回报。

当年那波"下海"浪潮究竟有多大呢？现在较为年轻的人可能很难想象得出来。记得当时在南方沿海一些县市，已经到了政府工作几乎无法正常开展，学校找不到足够的老师教学的地步，相关人员都"下海"去了。走在大街小巷，到处都是在谈论哪个单位或哪个学校的谁谁谁，昨天还在上班，今天已经"下海"跑深圳闯荡去了。甚至许多已经在公家单位干了十几二十年的人，也义无反顾地弃职而去。整个社会都在鼓励体制内的人"下海"，当时的社会经济氛围也确实提供了适合体制内人"下海"的各种主客观条件。因此，可以说那个时候，甚至连空气中都弥漫着浓郁的"下海"气息。到了最后，无论是告诉别人哪一位"下海"了，大家都不会对此感到惊讶。

"下海"是一代人追求财富和追求实现自身价值的选择。当年那批人，为了达成心愿，追逐梦想，不惜"背叛"自己的过去,挥别旧日的自己,带着期盼与迷茫走上了这条既充满荆棘又充满希望的道路。今天回顾历史,或许可以这么说:20世纪八九十年代一波又一波的"下海潮",有力地推动了内地从计划经济向市场经济转轨,并最终促成"市场经济"和"经商致富"成为全民认可的社会常识。

改革开放30多年,中国人经历了从"富人有罪",全民耻于或不敢谈论致富,到"致富光荣",全民勇于追求财富的巨大变化。在这个过程中,"下海"大概是最为形象,也是最让人印象深刻的一个词语了。当时发生的这种历史巨变,是在新的政策环境下,相关人员自动汇入其中,共同推动形成的。

今天早已经习惯了市场经济各种浪潮,也见惯了市场经济起起落落的国人,对于"下海"与否,已经颇为淡定从容了,不再像过去那样令当事人既担惊受怕又充满期待,也不再令旁人既惊奇又羡慕。如今,究竟是"下海搏击"还是"隔岸观火",全在于你自己的选择。

20世纪90年代中期，曾有人邀作者父亲在家乡"停薪留职"，来闯深圳。不过父亲思前虑后予以婉拒。图为作者与父亲90年代初期在深圳街头

你是我的主场

停薪留职

想"下海"去市场大潮中闯一闯,但是又对自己没信心,不知最终能否成功,担心万一不成功会后悔丢掉现有的工作岗位。然而,不"下海"去试一试又心有不甘,觉得错失一个发财或实现自我的机会。总之,"去"和"留"都有风险,出去怕不成功,留在原地又怕错失良机,不管怎么抉择都充满不确定。

在社会普遍存在这种观望心态的情况下,为了加快改革开放进程,鼓励这类人打消疑虑,勇敢地跳出体制到市场中去畅游,国家就出台了相关政策,允许这部分人有试错的机会。该项政策规定,欲出去闯荡的人,其现有的工作岗位可以留着,编制仍然保留,其可以在办理相关手续后的一定时间内自行出去"下海",或经商或为民企打工。一旦在这规定的时间内混得不好想回原工作单位上班,可以在办理完相关手续后回去,一切照旧。不过,在其出去"下海"期间的个人工资不予以发放,一直停到其回原工作岗位正式上班工作为止。这种试错机制就叫作停薪留职,也叫停薪保职。

停薪留职是 20 世纪 80 年代初的事物,当时国家劳动人事部、国家经济委员会发出的《关于企业职工要求"停薪留职"问题的通知》规定，停薪留职的时间一般不超过两年。停薪留职期间，不升级，不享受各种津贴、补贴和劳保福利待遇，因病、残而基本丧失劳动能力的，可按退职办法处理。停薪留职人员在从事其他收入的工作时，原则上应按月向原单位缴纳劳动保险金，其数额不低于本人原工资的20%。

在20世纪八九十年代，深圳有许多这类"停薪留职"人员。其实这一点也不奇怪，因为当时正冉冉升起的深圳经济特区，是内地那个年代最为耀眼的经济明星城市，发展速度举国无双，知名度如日中天，吸引了大江南北的人前来投奔。当初，许多内地体制内人员之所以会想到办理"停薪留职"，目的就是为了到深圳闯荡，试试深圳的水有多深，看看是否真的遍地富得流油，轻易就能发大财，以及期望能够通过闯深圳实现自己的理想，闯出一番事业来。

应该说，这种"停薪留职"制度是当时特殊年代出台的特殊政策，属"中国特色"之一。准确地说，它是计划经济向市场经济过渡转型的"转型期"产物。享受"停薪留职"政策的这些人，尽管已经离开体制到市场里闯荡，但是他们的"铁饭碗"却仍然被保留着，等于计划经济与市场经济两边的好处都占着。尽管已经停发他们的薪水工资，但是他们却随时可以"上岸"，重新端起"铁饭碗"。

因此，尽管在特殊时期曾经起过一定的积极作用，但是从本质上说，"停薪留职"是计划经济与市场经济共同产下的一个怪胎，属转型期所特有的一种用工政策。它不仅有违市场经济的基本原则，不符合市场经济的发展要求，而且还让这部分体制内的人享有了特权，客观上等于制造了社会不公。"停薪留职"使许多人不在某个岗位上工作却长期占着这个岗位，并且还占着该工作岗位的人员编制，可以说是"占着茅坑不拉屎"，这显然有失公平。因此，"停薪留职"政策出台以后，一直饱受各方争议，引发了各界的不满，媒体也进行了多方报道，要求中止这项政策。

其实那时候只有行政机关、国有企事业单位等"公"字头的人员才能享有"停薪留职"政策，社会大多数人与之是无缘的。对于民营企业来说，其用人用工从一开始就完全按照市场模式运作，所以根本就没有"停薪留职"一说。在民营企业，要么就留下来干活，要么就辞职走人，不存在也不需要什么"停薪留职"制度。

如今中国社会主义市场经济已经日渐成熟，经济体制也已经逐步从计划经济过渡到了市场经济，人们对离开体制到市场大潮中闯荡已经不再茫然和惧怕。因此，"停薪留职"早就退出了历史舞台，体制已经不用再为这类人作过度的考量和设计了。一旦选择离开就没有退路，不再有为其下海"上保险"的优待政策制度。

20世纪80年代建设中的原基建工程兵医院,后为华强医院,现为深圳市第二人民医院之组成部分(张俊波 供图)

跳槽

"你跳槽没有?""我想要跳槽了。""他还没跳槽啊?"许多深圳人经常把这些话挂在嘴边。这里说的"跳槽"指的是什么意思呢?"跳槽"的原意是指牲口离开槽头到别的槽头去吃食,但是在人们实际使用中则是指人离开原来的工作单位另谋高就。这个词是最近十几年才兴起的,以前国人表述这种事情的时候,用的是"换工作""换单位"等词。

对于"辞职""跳槽"这个问题,如今的深圳人大多不会感到太惊奇。如果哪个深圳人要辞职,往往也无需太大的勇气就能下定决心,大部分人都不会把这个当成是什么了不得的事,社会氛围和舆论对此也是见惯不怪。尤其是一些 90 后小年轻,往往更是不把"辞职""跳槽"当作一回事,老板或上级一句不好听的话,工资福利太差,工作太忙太累,没有激情等,甚至不需要什么理由,通通都可以成为其"辞职"的理由。

所以对于如今的深圳人来说,跳槽早已不是什么难以决定的事了。只要有更好的选择或者前景,甚至只是因为现有的工作岗位干得不开心不顺心,都可以成为辞职的理由。短则一两年,长则八年十年,在一个公司单位工作久了,变得没激情了,所以想换个新的工作和新的环境,这是许多深圳人的想法和做法。现在,除了公务员和国有企事业单位的人员之外,大概已经很少会有深圳人愿意在一个单位或工作岗位上干一辈子了。当在一家公司和一个岗位工作一段时间之后,总会遇到瓶颈期,感到对现有的工作单位和岗位缺乏激情,于是很多人就会选择离开,换份新的工作,在新的环境重新开始。

在改革开放前的计划经济时代,在人们的观念以及社会现实中,一个人往往会在同一个单位,甚至是同一个工作岗位上干一辈子,很少有人会想着去辞职另谋高就;另一方面,现实社会也根本不允许个人自由流动。那个时候,如果一个人主动"辞职"的话,一定是因为发生了或将要发生什么重大的事情,所以才会这么"想不开"或"迫不得已"。对于那个年代的中国人来说,"跳槽"意味着充满不确定的未来,将变得前途未卜,是一件非常严重的事情。在中国传统文化中,中国人往往不喜欢冒险,而喜欢稳定,惧怕自己的生活出现大变革大变动。

因此,当深圳经济特区于 20 世纪 80 年代率先在国内改革用工制度,允许用工单位和员工双方自由选择,既允许用工单位炒员工的"鱿鱼",也允许员工主动辞职,跳槽另谋出路时,被视为"石破天惊"的创举。这表明社会主义国家也同样允许自由择业,允许用工单位辞退工人。这种率先推出的改革举措,后来也一直被视为是深圳经济特区的重要改革成就,是对中国改革开放事业做出的重要贡献。

其实从本质上来说，这个举措本身并没有什么伟大之处，只不过是回归社会经济常识而已。只有允许用工单位和员工拥有互相自由选择的权利，这个社会的就业市场才会有竞争，这样才能促进社会竞争，从而提高生产效率，使生产力得到大的发展。否则，假如单位或企业一直都是一潭死水，缺乏变革，不允许出现人员变动的话，那这个社会就注定难以取得较快和较大的发展。

客观来说，"跳槽"确实存在一定风险。尤其是对于一些没有做好充分准备的人来说，贸然辞职，可能没那么容易找到新的工作，或者是找到的新工作不一定如意，甚至可能比原来的工作要差。不过，深圳是一个就业市场竞争非常激烈的城市，各种工作岗位招聘也相对比较透明。因此，对于许多深圳人来说，假如"跳槽"之后发现情况不对，没有达到预期目的的话，那无非就再跳一次，没什么大不了的。跳了就跳了，跳得不对就再跳，直到满意为止。

一个大部分市民想"跳槽"并且敢于"跳槽"和能够"跳槽"的城市，从一个侧面说明这是一个非常有活力的城市，各行各业各阶层之间不会过于固化，存在着较充分的竞争，这对于城市的社会经济发展来说是好事。反之，假如一个城市的大部分市民不敢"跳槽"或不能"跳槽"，那就表明这个城市缺乏活力，整个社会缺少竞争，不利于这个城市的社会经济发展。

2007年，深圳市进行人事改革，推出"聘任制公务员"制度，以打破"铁饭碗"。不好好干的话，公务员也可能会被"炒鱿鱼"。

炒鱿鱼

"一张报纸,一杯清茶,闲聊一天。"在改革开放前的计划经济时代,这是许多人的工作状态。那个时候,人们的工作单位和岗位往往是固定不变的,一辈子就只在一个工厂或一个部门工作,不同单位、工厂之间的人员流动率非常低,几乎可以忽略不计。

那时的单位不能随便辞退员工,员工一般也不会有换工作的想法,而且往往也是换无可换,所以几十年如一日地待在同一工作岗位上的人非常多,占了社会的大多数。在国有或集体体制下,要辞退一个员工可没那么容易,哪怕他不怎么干活,消极怠工,也往往拿他没辙。尤其是对于那些工龄较长、资历较老的老工人,即俗称"老油条"的,更是如此。

因此,在改革开放初期,当深圳经济特区的竹园宾馆、蛇口工业区等单位,率先突破旧体制,勇于打破"铁饭碗",实行计件或按绩效计算工资时,曾引起全国轰动,随之也带来了深圳经济特区"姓社姓资"的争论。在当时的历史条件下,深圳经济特区在进行这些体制改革的探索时,其实冒了很大的政治风险,稍有反复,主政的人将吃不了兜着走。

除此以外，当时深圳经济特区还探索企业可以对一些达不到要求的工人进行辞退的新用工制度，也就是俗称的"炒鱿鱼"。这在当时属一种用工体制改革和创新，打破了旧体制对用工方的束缚。深圳的劳动用工改革最早是从竹园宾馆开始的，该宾馆是深圳第一家中外合资宾馆。1980年10月，深圳市率先在竹园宾馆和友谊餐厅等外商投资企业试行劳动合同制度，在全国首开先河，引起了轰动。1982年7月，在总结试点经验的基础上，深圳市把新招工人实行劳动合同制度范围扩大到国营、集体所有制企业，政府机关和事业单位，同时赋予企业用工自主权，取消内招，实行公开招考，择优录用。

也就是从这个时候起，"炒鱿鱼"这个源于香港的词汇开始进入深圳乃至全国民众的视线，并迅速被各方所接受。直至今天，单位辞退掉员工叫"炒鱿鱼"，依然是全体国人所共知的事情，这个词汇至今仍被沿用。

那么，为什么会把辞退员工叫作"炒鱿鱼"呢？有人说是因为这样："炒鱿鱼"是广东人喜欢吃的一道菜，日常生活中经常会吃到。旧时，被解雇的一听到老板的通知，便只好卷起铺盖走人。因为那时候老板不提供被雇用的人被褥，往往都是其自带，所以当其被"辞退"离开时，就要卷起自己的铺盖带走。直接说"开除""辞退"或"解雇"太刺耳，会让被解雇的人听了不舒服。所以有些人便用"卷铺盖"来代替，后来不知从什么时候起，广东人忽然从炒鱿鱼这道菜中发现，炒鱿鱼时每块鱼片都由平直的形状慢慢卷起来成为圆筒状，这和卷起的铺盖外形差不多，于是就产生了联想，用"炒鱿鱼"来代替"卷铺盖"，同样是表示被"解雇""辞退"或"开除"。

从深圳经济特区建设初期开始，"炒鱿鱼"就成为较常见的事情，深圳人很快就对此感到习以为常。不管是亲朋好友还是自己被"炒鱿鱼"，只要依照法律程序，大多数人都觉得可以接受，不是什么大不了的事情。正所谓："此处不留爷，自有留爷处。"你炒我鱿鱼，我还早就不想干了呢！

因为这种"炒鱿鱼"文化普遍被市民所接受，所以企业如果觉得员工不尽职尽责，就可以通过法定程序将其"炒鱿鱼"。这样一来，员工们在日常工作中就会加倍努力，以免自己某天因为工作不尽职尽责而被公司或老板"炒鱿鱼"。在这种竞争氛围下，公司的效率和业绩自然水涨船高，效率大为不同。深圳企业间的人员流动率比较大，员工们大多也喜欢这种用人机制，觉得这样有更多的选择，可以找到更好更适合自己的工作岗位。其实，这都是现代企业制度中的正常现象，深圳经济特区的改革只是使"不正常的现象"回归为"常识"而已。

"炒鱿鱼"，一件现在看来极其稀松平常的事，当时却无疑为一大体制革新。它提出了新的理念，打破了过去长期存在的"社会主义国家的工厂企业不能辞退工人"旧体制，革除了这种有违经济发展规律的用工模式，有力地提升了社会效率，大大地解放了生产力，为促进社会经济的发展做出了特殊贡献。

岗厦村是深圳著名的城中村，已于 2009 年拆除重建

城中村

说起城中村,深圳人可能都会摇头,大家对其印象普遍不好,诸如乱搭乱建、街巷狭小、人员鱼龙混杂、污水横流、垃圾遍地、电线乱拉、吵闹喧哗、贴满小广告等。这许许多多长期存在的负面形象,在向世人诉说着城中村的万般不好。在许多深圳市民眼中,城中村是藏污纳垢之地,里面治安混乱,经常发生打架斗殴甚或凶杀案,每个角落都透着可怕。

然而深圳城中村是否真的一无是处呢?应该说,深圳经济特区30多年来之所以能够发展这么迅猛,与这期间大量涌现出来的城中村是分不开的。换句话说,早期深圳的社会经济发展,离不开城中村所做出的巨大贡献。

说到这里,可能有些人会不同意,认为城中村明明是城市的毒瘤,怎么会对城市发展做出了巨大贡献呢?

深圳经济特区建设初期,随着大量外来人口涌入,深圳市政府本身并没有能力提供足够多的住房,而走市场合法渠道的话也不可能一夜之间就建起那么多的住房。因此,随着一个个城中村的出现,有了大量的廉价住房,可以给迅速涌入深圳经济特区的大量外来人员提供居住，这等于帮了政府一个大忙。有了这些廉价住房之后，大量的外来劳务人员才得以留了下来，从而为深圳早期发展劳动密集型产业提供大量劳动力。从这个角度看，提供大量廉价住房的城中村，为深圳经济特区早期赚取"第一桶"金作出了特殊的贡献。

此后深圳进行产业升级，发展高新技术产业和服务业，也离不开城中村的贡献。因为许多初来深圳的人，不要说买房，就是租住正规商品房也很成问题，而城中村里面房租相对较为低廉的出租房解决了他们的燃眉之急，为他们在深圳经济特区站稳脚跟提供了必要的基础。总之，因为城中村的存在，使闯荡深圳的人有了较多的选择，尤其是对于一些刚来深圳的人，更是一个较好的选择。假如没有城中村提供的大量廉价住房的话，这些人恐怕将会被迫离开深圳，深圳的发展就要受到严重影响。

深圳经济特区的城中村，许多都是距离市中心区域较近，或者直接就地处市中心区域。因此，许多低收入人员花费较低的价钱也可以租住在市中心地带。这些地方交通发达，公交系统可以通达市内任一地方，使租住其内的人工作和生活都非常便利。原二线关内，比较出名的城中村有蔡屋围、渔民村、岗厦村、新洲村、大冲、白石洲等。

对于早期的深圳人来说，许多人都会有租住城中村的经历。初来深圳时一穷二白，只能蜗居在城中村里面，而且往往还是同许多亲友一起合租，睡上下铺或大通铺。然后逐渐通过个人的努力奋斗和积累，使自己终于有能力走出城中村，买到属于自己在深圳的房子。30多年来，城中村见证了许多深圳人的个人发展史和奋斗史。因此，许多深圳人对城中村有着难忘的记忆和特殊的感情。

熟悉的人就知道，城中村里面的生活经常是日夜颠倒的。平时的白天，年轻人都去上班工作了，小孩也去上学了，只留有一些老人在里面，所以显得格外的寂静，连商家都懒得叫卖，村中的老榕树静静地低垂着枝叶，巷子里的老狗也百无聊赖地闲趴着。而当夜幕降临以后，这里仿佛才"天亮"，开始真正"复活"过来。这个时候，上班族乘坐拥挤的公交车停停走走艰难地回来；孩子们也蹦蹦跳跳地放学回来了；商家们也放起震耳欲聋的音乐或大喇叭招揽生意；榕树在晚风的吹拂下迎风招展；巷子里的老狗也人来疯似地窜得正欢。随着时间的推移，夜色越深这里就越是热闹。哪怕是到了午夜时分，城中村里面的大街小巷也人来人往，还不时传出麻将声，楼上则飘来婴儿的啼哭声以及妈妈的安慰声。夜色里的城中村，才是活着的城中村。

如今，随着深圳市旧城改造的推进，一些城中村已经被拆除了，随之而去的则是一段段外来移民历史的湮灭。多少人出生、成长在这些城中村，又有多少故事发生在这些城中村，通通都随着轰鸣的推土机和挖掘机而消散于风中。

城中村最显著的特点就是其建筑大多为"握手楼"

握手楼

说到深圳的"城中村",你第一时间想到的会是什么?可能许多人会跟我一样,首先想到的是城中村里那一栋紧挨着一栋的"握手楼"。这种建筑是城中村的基本组成部分,构成了城中村的最大"特色",是城中村的标志。

所谓"握手楼",是指两栋楼房之间的距离过短,挨得过紧,只有两个人握手的距离,互相之间仿佛在紧握着对方的手。同时,也形容由于相隔的两栋楼挨得过于紧密,导致住在相隔两栋楼上的人互相之间不用下楼去,直接通过紧邻的窗户阳台就可以"握手"。

"握手楼"的存在,带来了许多社会问题。首先是存在着严重的治安隐患。因为两栋楼间隔得太近,所以小偷们往往很容易就能从一楼通过防盗网、水管或卫生排污管等攀爬上去,轻松地偷盗不同楼层的住户。多年来,在深圳城中村里这类偷盗案件的发生,可谓多如牛毛,数不胜数。这也是许多深圳市民对城中村印象很不好的一大原因。好在近年来,通过安装视频监控、围合等方式有了很大改善,偷盗问题已经少了许多。

其实"握手楼"带来的危害不仅是偷盗问题,还有其他方面的许多问题。例如,"握手楼"内普遍都长期照射不到阳光,非常阴暗，走进去黑乎乎的。许多"握手楼"，哪怕是在天高气爽、阳光灿烂的日子，大中午的时候也要开灯才行，否则会看不清里面的东西。而且通风采光一般也很差，加上楼型布局和楼房质量等也差，所以，如果长期居住在里面，会使人的身心倍受摧残，极易导致身体和心理疾病发生。长期住在这种房子内，会比较压抑，整个人的心情都不会好。

此外，因为"握手楼"之间距离太近，所以相邻两栋楼的住户之间，往往隐私得不到保障，很容易就被隔壁或对面楼房居住的人听见或窥视。互相可以看到对面（隔壁）今天中午炒什么菜；听到对面（隔壁）在和客人谈什么话；知道对面（隔壁）在家里做什么。总之，住在"握手楼"里的人往往没有什么隐私可言，说话大声点就会被隔壁邻居听去，或者是吵到隔壁邻居。有时候，甚至会因为吵到对方而引发矛盾冲突。

谈到"握手楼"，就必须得谈一下"握手楼"之间的巷子。在"握手楼"相邻的楼与楼之间的巷子，许多窄得就像是"一线天"，站在巷子里仰头望去，会发现天空成了一条直线。最窄的城中村"握手楼"，两栋楼之间甚至连一个人都挤不进去，只留下一条缝。或者，几栋楼就干脆并在一起，密密麻麻，像是在搭积木。巷子大多都很阴湿，终日难以见到阳光，并且垃圾肆虐、污水横流，滋生蚊虫。

此外，"握手楼"林立的城中村，往往还存在着消防安全问题。因为许多"握手楼"之间的巷子很窄，无法通行消防车，有些甚至连消防人员进出都比较困难。这些城中村"握手楼"还乱拉电线，并到处堆放一些易燃的物品。因此，一旦发生火灾，后果将不堪设想。

刚来深圳闯荡的人，大多都会有一段或长或短居住在城中村"握手楼"的经历。不少人甚至不单是自己租住，而是跟其他人合租，或者是借住亲友租住的房子。我2006年初来深圳的时候曾在"城中村"住过不短的一段时间，所以对"城中村"非常熟悉，那里留下了许多回忆。尽管城中村"握手楼"有着这样或那样的不好，但是对于那些刚到深圳的人来说，却能够实实在在地解决他们的居住问题，满足他们的居住需求。因此，虽然始终都不太满意，但是"握手楼"却是许多深圳人记忆中最初也是印象最深的"深圳印象"。

这大量存在着的"握手楼"，其实是深圳经济特区飞速发展过程中的特殊产物。在那个狂飙突进的火红年代，特区建设一日千里，总人口每天都在大幅增加。在这种情况下，能够提供足够多的住房，满足数量越来越庞大的来深建设者们的居住需求，就已经算不错了，哪里还兼顾得了其他。

然而，如今时代早已不同了。一是深圳不再像过去那样，需要迅速增加大量住房以满足日益膨胀的居住需求；二是深圳现在建设符合法律法规的楼房的能力早就大不一样了，可以满足需要。因此，在今后相当一段时间内，深圳将会通过旧改等方式逐步淘汰城中村"握手楼"，最终使其成为历史。

洋快餐

对于深圳市民来说，有时候为了赶时间或赶路，走进街边或车站、机场的某洋快餐店，匆匆吃上一份含有汉堡、炸鸡、薯条、可乐等西式食物的洋快餐以填饱肚子，这是一件非常稀松平常的事。这些洋快餐品牌的店面到处都有，几乎分布在这座城市各个人流密集的地方，所以吃一次非常容易。因此，如今的深圳市民可能很难想象得出，20世纪90年代初，肯德基、麦当劳等洋快餐在深圳掀起的狂热风潮是多么火爆。只能说昔日盛况早已成为了传说，当年那种人挤人排长队只为吃一次洋快餐，仿佛银行发钱一样的壮观场面，如今早就见不到了。一家快餐店开业竟然能够引发全城轰动。

那个时候，因为洋快餐才刚刚进入中国，包括深圳人在内的许多国人对其充满了好奇，所以总想前去品尝一下；另一方面，因为洋快餐才刚刚进入中国，尚处在试水阶段的洋快餐店还不多。因此，那个时候要是能吃上一次洋快餐，简直就像过节一样，可让人兴奋了。相校于那时候深圳市民的平均收入，吃一次洋快餐的消费也不菲。当年对于普通市民来说，每当决定要去吃洋快餐，内心都要挣扎一番，需下很大的决心才行。

深圳是洋快餐进入内地最早的地区之一。作为全球两大美式快餐连锁品牌，麦当劳进入内地比肯德基晚了三年，首站是在深圳。肯德基是1987年11月12日进入内地的，开在北京前门。实际上，首先对中国市场感兴趣的是麦当劳，当时麦当劳曾派人前来考察中国市场，但调查人员认为中国没市场，于是反而让肯德基捷足先登了。1990年10月8日，麦当劳餐厅在深圳市解放路光华楼西华宫（东门老街）正式开业，成为内地首家麦当劳餐厅，由此拉开了这家著名洋快餐品牌进军内地的序幕。

当年这家麦当劳餐厅开业时，可谓盛况空前，门前挤满了前来尝鲜的人，人山人海，排队的队伍非常长，排到了门外很远的地方。此后很长一段时间，对于普通深圳人来说，吃麦当劳属高档消费，男女老少去吃麦当劳就像下高级馆子一样。那时候深圳的潮人们也喜欢把约会或聚会的地点选在麦当劳餐厅，市民们在这里谈恋爱、约朋友、开会甚或谈生意，哪怕为之排长队也在所不惜。

肯德基、麦当劳等在美国本属快餐品牌，主打的是"快速"和"廉价"。然而，当它们初入中国时，却被刚刚打开国门的中国人当成了"高大上"的西方餐饮，属于一种"高消费"，而且每次吃的时候可一点都不快，总是会在店里待上许久。那时候，许多深圳家长为犒劳孩子学习成绩好或者是为孩子庆祝生日，往往会许诺带其去吃一次洋快餐。在家长和孩子眼中，洋快餐成了一种高档消费，变成了一种文化现象。

也有不少市民，当自己有了喜事，如生日、升职、股票升值等，要请亲朋好友吃饭时，也会特意选择吃一顿洋快餐，以示隆重，并且发自内心地认为，这样就有面子。另外，每当有外地亲友前来深圳时，深圳人往往也会带其至少去吃一次洋快餐，让没有见过和吃过洋快餐的内地亲友尝尝鲜，见识一下什么叫洋快餐，同时也见识一下深圳经济特区的包罗万象。总

位于深圳东门老街的麦当劳，是中国大陆第一家门店

之，对于那个年代的深圳人来说，吃一次洋快餐并不仅限于填饱肚子，而是能够带来许多其他额外的东西。

这种情况一直持续了十几年，直到近年，随着洋快餐在深圳乃至全国开了越来越多的连锁店，人们对此见惯不怪，洋快餐才渐渐地失去了那份荣耀，开始回归到"快餐"的本质，成为市民日常饮食中的众多选择之一。如今，人们选择吃或者不吃洋快餐，可能更多的是从好不好吃和喜不喜欢吃的角度去作决定，而不会像过去那样掺杂着过多别的东西。

今天，去吃一次洋快餐也就只是吃了一顿洋快餐而已，已经无法在亲友面前和社会上为你带来其他有形或无形的东西了。甚至当你去吃的时候，身边的亲友们还会劝你，说那是"垃圾食品"，让你别吃、慎吃或者少吃。不仅不能带来额外的荣耀和面子，反而会被认为日常饮食不够健康。

从天上回归到人间，从高档回归到平常，从高消费回归到正常，洋快餐在深圳这二十多年的历程，折射出了深圳社会经济发展的巨大变化。尽管洋快餐在深圳乃至全国还是有着庞大的消费群体，但是如今整个社会对其已不再像过去那样疯狂，人们已经习惯了用平常心去看待它，而不再趋之若鹜。

● 新星

上海迪斯科女王在深圳

罗湖宾馆歌舞厅，一首《悠悠岁月》的交谊舞曲刚刚奏完，舞池内又响起了疯狂的迪斯科。忽然，在一片恍惚耀眼的激光中，一位身穿迷你健美服的小姐跃入舞池。她时而扭动身姿，时而跳跃旋转，时而又做出各种各样的高难度动作。她的表演，引来了一阵阵的掌声和惊叹声。

"真棒，够劲，够潇洒！"

"想不到深圳什么样的人才都有。她的迪斯科，绝对是一流的！"……

"她叫黄丽萍，在上海金秋歌会迪斯科大赛中得过一等奖，在上海被称为是'迪斯科女王'呢。"歌舞厅经理邓女士介绍说。

两个月后的一个晚上，记者陪同几位по来的客人再次前往罗湖宾馆歌舞厅，不想再与黄小姐决诀，谁知一打听，黄丽萍跳槽了。"知道她上哪去了吗？"回答都是摇头。

深圳人流动性大，原以为很难再见到黄丽萍了，说来也巧，在一次文艺团体的聚会上，我又见到了她。"黄小姐，你可真是贵人难寻啊！"说着，她递过来一张名片，几行大字跃入眼帘：

深圳西苑交谊舞厅经理

我愣了一下，足睇望了她好一会。

"不认识了？我还是原来的我呀。"她说。

我若有所思地点点头，"数月未见，真是刮目相看哪！"

她笑了，笑得很开心，从她的笑声中我可以感觉到，她很自信，而且对目前的工作相当有偏激。

"说实在的，从一个舞蹈演员到歌舞厅经理，其中的跨度是很大的。黄小姐，能说说你是怎么超越自我的吗？"

与荧屏上表演迪斯科时的她截然相反，生活中的她很文静，连说话的声音也是纤纤细细的。

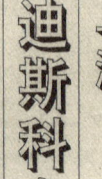

"我是经过了三次大的跳跃才找到自己的位置的。"

她从小就在上海少年宫和青年宫练跳舞，84年还演过电影《大小伙子》，她饰演的是一个个体户，也是一个爱爆爱跳的角色，自88年在上海市金秋歌会夺得迪斯科大赛第一名后，她开始了人生的第一次跳跃，留职停薪，分别在上海海深现代轻歌舞团和浙江轻音乐团担任迪斯科舞蹈演员。89年底她第一次深圳玩，几个朋友都让她上歌舞厅试试，谁知一试就被留住了，而且还有多家歌舞厅也要与她签约。无疑，深圳的演出报酬要比上海高得多，对演员锻炼和提高的机会也比上海多得多。于是，黄丽萍作出了第二次选择，辞去原上海无线电32厂的公职，只身来深圳闯天下。

她先后在十几家歌舞厅表演迪斯科，有时一个晚上就得跑三个地方。累不累？不累是假的，更何况她是个女孩，每天晚上都得二、三点钟才能入睡。但她觉得很充实，很开心，在特区，付出多少，就能收获多少。

一晃，一年多过去了，在深圳的同行业中，论收益她也算是一位佼佼者了。然而，她又陷入了新的困惑之中。跳舞，总不是一辈子的事吧，什么时候，我也能独立地管理一家歌舞厅？

其实，她提出这一想法之前，她已经尝试着磨练自己了，每到一家歌舞厅，她除了表演节目之外，还经常为经理们出些点子和建议，也正因为如此，她先后被几家歌舞厅聘为舞台策划并负责公关工作。

一天，机会终于来了。西苑交谊舞厅老板黄主，舞厅装修一新，谁来管理？有人首先想到了她。

机遇把她从一名迪斯科演员推到了歌舞厅经理的位置。她过去求干了，聚划节目，聘请演员，日常管理，公关接待，有时应客人的要求，还会表演一段她最拿手的迪斯科舞。

慕名而来的客人越来越多，歌舞厅的生意也越来越好，然而黄丽萍仍不满足。

"负责经营管理歌舞厅，这只是我的第一步计划，我最终的想法是，我能够自己开一间歌舞厅。"

"迪斯科女王"想当老板，好哇！

责任编辑：王海鸿

蹦迪

30多年来,从表面上看,深圳经济特区是一个富得流油的地方,所以许多国人总觉得这个最接近资本主义的地方是一个花花世界。尤其是早期的深圳,确实是富甲一方,放在国内颇有点鹤立鸡群的感觉,也就给予了外人这样的印象:"深圳人赚钱容易,随便都能赚取比内地人多得多的钱。"其实,深圳相对比较富固然是事实,但是深圳人活得比较累也同样是事实。

在快节奏的深圳,生存竞争压力非常大,大部分人每天早出晚归,挤公交挤地铁,开私家车则要承受长时间的堵车以及没地方停车的烦恼。在单位或公司,往往也要面临极其激烈和残酷的竞争,稍有松懈就可能会导致彻底败北出局。哪怕是公务员或事业单位、国企工作人员,都要面临很大的工作压力,各方的服务要求非常高,这都不是内地许多地方可以比拟的。

在这种情况下,许多深圳人长期在工作和生活中受到压抑,承受着极大的压力,迫切需要发泄、放松和减压。否则,长期这样下去将会憋出病来,甚至会把人逼疯。在现实生活中这样的例子并不罕见。选择放松的方式,可以是在休息时间和亲戚朋友或同学等去爬爬山、逛逛公园,也可以约亲友唱唱卡拉OK

1993年3月9日,敢为天下先的龙华镇选美活动选出三强

什么的。不过,如果说30多年来,深圳人最具代表性,也最为出名的减压放松方式,那恐怕就要数"蹦迪",也就是跳迪斯科了。蹦迪是跳迪斯科的简称,指到舞厅去跳迪斯科。它节奏感强、简单易学,并富有感染力和激情,极其符合现代人的情趣,深受人们的喜爱,有着众多的拥趸。

回首 30 多年前，改革开放初期的深圳经济特区，其实是在无数争议声中不断前进的。当时，作为中国改革开放的窗口和试验田，深圳率先对外开放，并利用毗邻香港的优势，把香港的资金、技术、人才等吸引过来，这也成为深圳经济特区早期能够顺利发展壮大的一大主要原因。与此同时，香港的文化和生活方式等也随之进来，被深圳人乃至全国人争相模仿和接纳。

也就是在那个时候，迪斯科这种 20 世纪六七十年代开始在欧美等资本主义国家兴起并风靡世界的音乐舞蹈形式也开始从香港传入深圳，使深圳成为内地最先引入迪斯科的城市。迪斯科刚刚进入中国的时候，被一些人当成是西方资本主义社会来的"牛鬼蛇神"，内地许多人对此感到很看不惯，甚至还在全国引发了很大的纷争。20 世纪 80 年代初，因为"敢为天下先"，深圳在许多内地人眼中是一个"资本主义化"的地方，认为这里的人们"穿西服、穿牛仔裤、跳迪斯科舞、留长头发"，浑身上下都是"典型的资本主义的东西"。那时候，深圳被当作异类看待。1985 年，当深圳竹园宾馆推出国内第一家迪斯科歌舞厅时，就引来国内外无数好奇的眼光和各种非议。

当时，内地许多人议论说，改革开放以后门户大开，连资本主义社会的"苍蝇蚊子"都给放进来了。因为对深圳的非议越来越多，上纲上线，导致中央派出工作组，要看看这些"夜总会""迪斯科"到底有什么问题。工作组在深圳整整调查了一个半月。为彻底了解清楚情况，工作组成员甚至还每天晚上"微服"暗察深圳的娱乐场所，以了解特区人的夜生活状态。

他们看到的是，来自全国各地的移民们在辛苦工作一天之后到歌舞厅娱乐，用迪斯科来释放压力与疲惫。通过实地调查，工作组得出结论："对外开放，文化风险不大。"因此，迪斯科才没被官方叫停。

迪斯科是一种伴随着强烈的音乐节奏和炫幻莫测的灯光，扭摆身体和挥动手臂的一种舞姿，它的动作幅度较大，频率也较高。其传入中国之后迅速普及，尤其深受都市潮流青年们的喜爱。许多时候，它甚至成为一种生活宣言和生活主张，表示"叛逆、勇敢、不羁、颓废、潮流"等。跳迪斯科首先得忘记自己的身份、地位、学历等，从理论上来说，不管你是谁，到了舞池内都是平等的。在迪斯科舞厅，男男女女们可以尽情地舞动和释放，将工作生活中所积累的压力通通丢弃一边。

不过，有时候舞厅内会因为跳舞碰撞或撩妹子争妹子而闹出矛盾来，进而演变成打架斗殴，甚至闹出人命来。这种事情导致迪斯科被"妖魔化"和"污名化"，使许多人谈迪斯科色变，认为这是一种容易引发冲突的舞蹈，正经人不宜参与。这当然过于简单和绝对了。

总之，如果要选择一种舞蹈来代表和形容改革开放30多年来的深圳，我觉得最佳的选择莫过于迪斯科了。这种动感十足的舞蹈跟深圳一样充满活力，并且同样年轻、时尚、包容、开放和平等，富有感召力和亲和力，人人可参与其中，成为其中的一员。

深圳"的士高"

江式高 摄

20世纪80年代，的士高（迪斯科）风靡深圳经济特区（江式高 摄，原载《深圳特区报》）

多年来，福田石厦村是深圳的士司机居住最多的地方

的士

对于出租车,各个华人社会有着不同的叫法,内地叫"出租车";台湾称作"计程车";深圳、广州及港澳地区等南方地区叫"的士";新加坡及马来西亚一带则称为"德士",都是指按表收费的一种公共交通工具,并且收费一般较公交车等公共交通工具高。

"的士"是一个源于香港的词汇,乃出租车英文"TAXI"的音译。香港人对"坐出租车"的说法也和内地人不一样,他们叫作"打的"。注意,这里用的是"打"字,比起"坐"字来,显得比较生猛形象。过去在香港、深圳等南方地区,因为乘坐出租车的需求较大,市场上的出租车供不应求,所以乘坐出租车的时候往往需要靠抢,那可真有种"打架"的味道。

20世纪八九十年代,有些内地人初来深圳,听到说"的士""打的",不知指的是什么,觉得很不习惯,因为他们在内地的时候说惯了"出租车"。同样一个国度,怎么来到南国深圳,"出租车"就变成"的士"了呢?因此,初次前来的人一般要经过一段时间才能适应下来。当时,从全国范围内来说,是深圳、广州等珠三角地区率先引入了"出租车"。在内地,这个行业在改革开放前是没有的，属于一个新的行业。

而对于出租车司机，深圳人又俗称其为"的哥"。他们往往集中居住在一些城中村之中，像福田区的石厦村，就是最为出名的"（湖南）攸县的哥村"了。无论何时走进该村，到处都有身穿"的哥服装"的人。此外，在罗湖区的梧桐山村、龙华新区的白石龙村等地，也都聚集居住着许多"的哥"。

从 20 世纪 80 年代后期至今，在深圳市的出租车从业人员之中，来自湖南省攸县籍的司机是最多的，占据相当高的比例。他们往往是"亲戚带亲戚，老乡带老乡，同学带同学"，呼朋唤友，成群结队，甚至整条村大部分青壮男丁前来深圳开出租的都有。大批攸县籍"的哥"聚集，也促使深圳一些地方出现了许多打着"攸县大碗菜""攸县香干"之类主打攸县特色的餐饮店。这些餐饮店主要面向在深的攸县人，但是其他地方的人有时候也会进去尝试一下，感受不同地方的风味。

的士司机曾经是一个令深圳市民颇为羡慕的高收入行业，在那个普通工人月收入仅几百块的年代，深圳的士司机月收入轻轻松松都能过万元。20 世纪八九十年代的时候，许多的士司机都挣到了钱，在深圳或老家买房建房。对于深圳的士司机来说，那可真是一个令人无比怀念和神往的黄金年代。而且在那个时候，不是怕没客，而是嫌客太多，出租车市场总体是"车少乘客多"，所以行业内竞争压力不大，也致使当时一些司机存在"挑客""拒客""宰客"等不良现象，其带来恶劣影响持续至今仍未完全消除。

深圳的的士还有"红的"跟"绿的"之分,"红的"指的是外观为红颜色的的士,"绿的"指的是绿颜色的的士。两者区别是:一个主要是在原特区内运营,但也能载客往返原特区外,这是"红的";另一个只能在原特区外运营,不能进入原特区内,这是"绿的"。"红的"的起步价较高,每公里收费也高些;"绿的"起步价较低,每公里收费也略低。因此,市民们如果在原特区外乘坐"绿的"前往原特区内的话,到了原二线关关口的时候就需付款下车,然后再转乘"红的"进入原特区内。一个城市有两种出租车制度,这对于深圳市民来说很不方便。

因此,许多"的哥"已经不再愿意从事这行了,留在行业内的"的哥"往往也只是在勉强度日。因为收入与付出的时间和精力不成正比,越来越仅是挣个"辛苦钱""血汗钱"。在深圳生存成本越来越高的今天,压力越来越大,所以的士司机群体积压了许多矛盾和不满。另一方面,许多深圳市民对出租车行业抱有很大的怨言,有许多基于在现实中的不良体验引发一系列意见,认为出租车"车型旧、服务差、收费贵……"

总的来说,在经历了30多年的发展之后,出租车行业已经变成了传统落后行业,到了需要变革的时候。否则,其将难以适应新时代的要求,不能满足市民和社会的需求,面临被市场彻底淘汰出局的命运。

流水线

流水线生产，又叫流水生产、流水作业或生产线，指劳动对象按一定的工艺路线和统一的生产速度，连续不断地通过各项工作，按顺序进行加工并生产出产品的一种生产组织形式。流水线式生产模式诞生于 20 世纪初的美国，后来成为工业时代"标准化、专业化生产"的代名词。美国轿车行业的先驱亨利·福特于 1913 年在密歇根州创立了这种名为"流水线"的生产系统，用来生产著名的福特汽车，使这种汽车的生产成本迅速降低，极具竞争力，使当时的福特一跃而成为世界市场占有率最高的汽车生产商。

这个词汇，历来被视为是工业时代最为形象的代名词。长期以来，社会各界每当描述到工厂生活时，总不免会提到它。而且，其往往被用来形容工业时代的"冰冷、机械、无情、重复"等。所以并不是一个太好的词，中性偏贬义一些。

早期的深圳经济特区，主要是依靠"三来一补"之类劳动密集型产业发展经济，在特区各个角落雨后春笋般冒出无数大大小小的制造厂、加工厂等机械化工厂，同时也涌入了大量的外来务工人员。于是，代表劳动密集型工厂文化和工作内容的"流

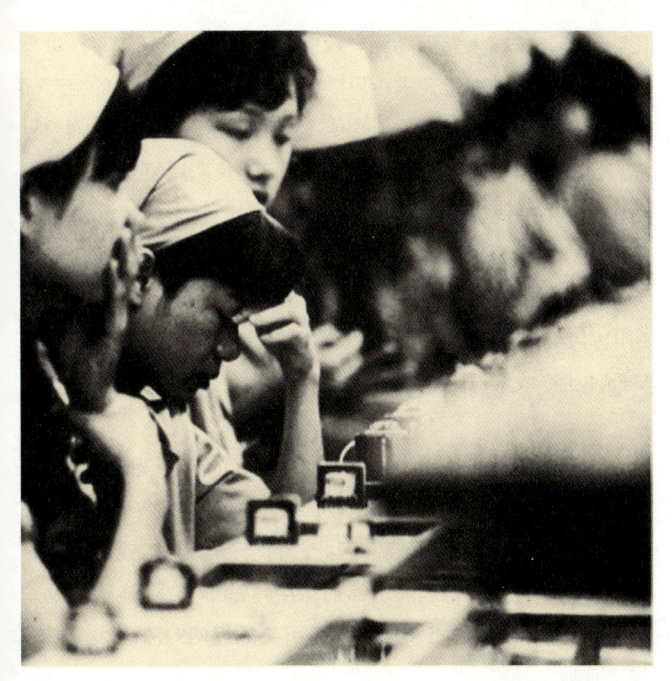

流水线上的女工。18 岁以上、25 岁以下，流水线永远保持着这个年龄结构，这是一个女孩子一生中最灿烂的岁月（张新民 摄）

水线"，也一度被外界用来形容深圳经济特区，成为特区文化和工作生活的形象代表。那时候，人们谈到深圳经济特区时，常会用"流水线"式的工作或生活来形容。

事实上，"流水线生产模式"本来是一种先进的生产模式。比起"非流水线生产模式"，它通过分工协作，"标准化、专业化"生产，能够大大提高生产效率。在这种生产模式下，每个工人按照固定的岗位要求，只需负责做好自己职责内的生产部分，而不用去管生产链条上端或下端的其他生产部分。因为只需专门负责其中一部分，所以工人们在长期反复重复操作之后，能够在熟练度提升的情况下加快生产效率并提升生产质量。因为每个分工的岗位都这样，所以当将产品整体组合或组装起来的时候，这件产品就比"非流水线生产模式"生产的产品规格要统一，可以在保质的情况下量产，而且效率也更高，从而使生产成本被压低。

不过，因为流水线生产大大地增加了工人的劳动强度，要求工人进行"高强度、高密度"作业，使工人长时间处于高度紧张的状态下，身心倍受摧残。因此，它自诞生之初就饱受各界争议。例如，美国著名演员卓别林在其20世纪30年代的电影《摩登时代》中，通过塑造主人公可笑的经历对流水线生产进行了讽刺。

因为总是长时间持续地进行同一套动作或工作方式，所以产业工人们在流水线上的工作，被认为是枯燥无味、机械重复的，久被诟病。"流水线生活"也被用来形容产业工人的日常工作生活。社会学家、心理学家从专业角度分析，认为如果长期这样，会使产业工人身心俱疲，进而会引发心理问题。例如，位于深圳龙华的世界著名代工厂富士康科技集团，前几年发生其旗下员工接连跳楼自杀的事件，就被外界指斥是因工人长期"流水线"工作，并过着"两点一线"流水线式生活。工人们

电子厂是流水线工人聚集的地方。现代电子实业公司，曾是特区一个较大的工厂，拍摄于20世纪90年代初（欧阳海 供图）

一个媒体人的"深漂"笔记

摄影者与正在劳作的流水线女工合影。拍摄于20世纪90年代初（欧阳滔 供图）

日子过得异常枯燥无味，长期如此的情况下，终于导致部分心理素质较差的员工承受不了。

在深圳经济特区成立至今的 30 多年里，国内外许多人对特区"流水线产业工人"的工作生活状况进行关注，甚至有不少人为此提出批评。许多文艺作品也通过表现"流水线产业工人"身心倍受摧残的一面，来控诉和抨击这种生产方式。同时，不少产业工人也往往喜欢将自己形容成是"流水线"上的一颗钉子，以此来形容自己内心的彷徨无助。

总之，"流水线"在带来更高生产效率的同时，却失去了对工人的人文关怀。其实，冰冷的机器后面，更需要温馨的人情味。因此，在后产业经济时代，如何在"更高效率"与"人文关怀"之间平衡取舍，如何通过创新，创造出比"流水线生产模式"更先进，也更能兼顾双方的"生产模式"，是深圳经济特区乃至内地需要面对和考量的问题。

深圳企业组织员工进行文体活动

你是我的主场

打工妹（仔）

在谈论这个词汇之前，先来重温一下这个故事：2008年，一位英国人购买了一部全新的iPhone（苹果）手机，他激活之后发现主屏幕上显示的是一张可爱的中国女孩照片，而且手机里不只一张这样的照片。他将照片发到网络上，随即被传播开来。网友们被女孩的笑容所感染，许多外国网友甚至还专门为她制作了网站，称她为"iPhone Girl"。当时，这位被称作"中国最美打工妹"的无名女孩仅用了6天时间就火遍全球。

后来，该部苹果手机上的这位无名女孩被证实是来自苹果手机的代工企业——位于深圳市龙华的富士康科技集团员工。至于这位员工的照片为什么会现身这部iPhone手机屏幕，据富士康科技集团相关负责人解释，这名女孩是该集团手机检测车间的员工，可能在进行拍照手机检测后忘记删除图片所致。

上述这起事件，是一位普通深圳打工妹遭遇到的堪称传奇的有趣故事。事实上，在过去30多年的深圳经济特区建设过程中，无数来自全国各地的打工妹、打工仔们，一样发生过无数令人难忘的故事。而发生在他（她）们身上的故事，本身就是深圳经济特区成长史的重要组成部分。

在深圳经济特区成立的头三十年里，打工妹、打工仔无疑是特区最为基本的一个群体。30多年来，一拨又一拨，成千上万的打工仔、打工妹，用他（她）们的青春年华，换来了特区的飞速发展。假如没有他（她）们勤劳的双手和付出的血汗，特区就不可能发展这么快。因此，如果把深圳经济特区看成是一个整体，那打工仔就是其中最为基本的分子单位，无数的打工仔汇入深圳经济特区的发展洪流。30多年来，无数的深圳企业家（老板）往往是先从打工仔做起，经历了一段难忘的人生经历，并通过打拼积累了一定的财富与经验之后，逐步改变自己，继续拼搏，最终拥有了自己的企业（工厂、店铺）。

为什么会把产业工人叫作打工妹、打工仔呢？原来，"打工"一词源于香港，在20世纪80年代改革开放初期从香港传入内地。最初在广东省流行开来，后来逐渐流行到各地。在广府话（粤语）、客家话等南方语言中，往往喜欢用"打"字来形容"做某事"，比如"打的""打包"等。于是，在工厂上班的青年男女就被称为"打工仔""打工妹"。在香港著名粤语歌歌神许冠杰1976年推出的著名歌曲《半斤八两》中，其头一句歌词就唱道："我地（我们）这班'打工仔'……"

20世纪90年代初，广州电视台曾推出一部名为《外来妹》的电视连续剧。1991年，该剧在中央电视台播出，因为反映的是内地青年到广东打工遭遇到的许多现实问题，所以引发全国民众的高度关注。电视剧中打工妹、打工仔们的遭遇，其实和深圳的打工妹、打工仔是一样的。改革开放之初，中国赖以吸引外资的最大优势之一就是拥有供不应求的廉价劳动力，可以源源不断地输出。因此，包括深圳在内的各城市的经济起飞，最初就是建立在这成千上万的打工仔、打工妹身上，依靠他（她）们的辛勤劳作才形成国际竞争力。

一般来说，打工妹、打工仔从事的工作都是比较辛苦的，而且往往是劳动时间长、强度大，最终获得的工资却比较少，福利待遇比较差。许多深圳人往往喜欢通过称自己是打工妹、打工仔来自嘲或调侃，哪怕其明明是大企业家大老板，可能也会经常吐出这样的"口头禅"。其实说白了，主要是为了表达自己工作比较辛苦，以及比较谦虚或不愿意让别人知道自己的真实情况。

长期以来，社会各界一直高度关注打工妹、打工仔的身心健康。近年来，深圳市政府陆续完善相关法律法规，并相继出台了许多有利于打工妹、打工仔的政策。此外，深圳社会各界也加大了对打工妹、打工仔的关爱力度，从各个方面为打工群体提供服务和帮助。因此，对于深圳的打工群体来说，现在的务工环境较之前已经有了翻天覆地的变化。

20世纪90年代初,作者在罗湖国贸片区。左上角为
1987年10月17日开业的国营外币免税商场

1979年的中国银行外汇兑换券。曾在内地流通、特定
场合使用,面额与人民币等值的一种特定货币,分为
1979年和1988年两个版本。凭外汇券可在友谊商店
等买到紧俏商品

兑港纸

港纸，指的不是香港的纸，而是指香港的货币。广东人习惯把钱叫作"银纸"，所以"港纸"就是指香港的货币，也就是"港币"。据说是因为"币"跟"毙"同音，香港人和广东人觉得不吉利，所以就不叫。所谓"兑港纸"，是指拿人民币去兑换港币的意思，所以"兑港纸"也叫"换港币"。

过去 30 多年，港币与人民币之间的汇率起起伏伏，经历了多次波折。改革开放初期，因为人民币受国家严格管控，官方定出固定牌价，所以其币值一直很稳固，而且要比港币值钱，一元人民币可以兑换高于一元的港币。因此，那个时候，港币不如人民币抢手，国人更喜欢人民币。

后来渐渐的港币的币值升了上去，并略比人民币高，变成了一百元港币可以兑换一百多元人民币。虽然只兑换一百元的话差别不算太大，但是如果数额大，就是一笔数。因此，这个时候国人变得更加喜欢港币了。这种港币币值高于人民币的时期，持续了较长一段时间。在这段时间内，香港的经济发达指数要远高于内地。因此，港币比人民币坚挺和值钱，有其经济基本面在支撑着，是一件令各方都信服的事情。

大约是在香港回归祖国十周年之后,港币的币值逐渐下降,开始低于人民币的币值,最终稳固在一百元港币兑换八十元出头人民币。这种情况至今已经持续了八九年。为什么会出现这种情况呢?这也和内地与香港之间的经济基本面发生逆转分不开的。在这期间,中国一跃而成为全球第二大经济体,香港经济则停滞不前,并越来越依赖内地。在这种情况下,出现这种逆转也就是顺理成章的事了。

从人民币与港币之间汇率的起伏波动,可以看出这30多年来,内地与香港地区双方经济实力的变化与消长。对于深圳来说,香港始终是一个绕不开的话题。正因为人民币与港币之间的汇率经常会发生变化,有不小的波动,而且深圳人以及经深圳赴港游玩、购物及商业合作的内地人又非常多和频繁,所以就不可避免地需要兑换对方的货币,由此也就在深圳各口岸附近催生了一些专职或兼职兑换货币的人。因主要业务是人民币兑换港币,所以就被深圳市民俗称为"兑港纸",即"换港币"了。

这种职业其实很早就存在了。在深圳经济特区建设初期,友谊商店只认港币不收人民币,所以人们若想到友谊商店买东西,就需先到黑市兑换港币。因此经常有从北方来的人,抵深后的第一件事就是到火车站外汇黑市换港币,然后用来购物。可见,那时候人们就需要"兑港纸"了。

过去电子银行还不发达,刷卡的话也不太方便,所以多数是现金交易。因此,如果要"自由行"去香港,就得先在深圳这边

"兑点港纸"。不然，到了香港之后，有些店铺不收人民币，或者收的时候折的点数吃水严重，那样就麻烦或吃亏了。因此，那时候要去香港的话，就难免需要与"兑港纸"的人打交道。

从事"兑港纸"的人，首先要及时掌握每天汇率的变化，不然，可能会由此而吃亏。他们依靠吃点数或收手续费赚钱。看似收得不多，如果经手数额大，他们总体收入也是非常可观的。

一般这些人都是比较讲究信誉的，不会故意把假币换给你使你上当受骗。不过，也有一些居心不良的从业人员会搞一些小伎俩，进行坑蒙拐骗。因此，深圳市民找人"兑港纸"的时候，往往会找熟人或熟人的朋友，以及熟人朋友的朋友的朋友。总之，一定要找到一个能够追溯得到的人，哪怕是陌生人，只要最终能够通过种种关系顺藤摸瓜找到他就好。这样的话就不怕他使诈，可以放心很多。

"兑港纸"的从业人员，一般分布在口岸、火车站周边区域，因为在这里来来往往的人之中，许多是前往香港的，所以很多是他们的潜在客户。他们往往会开一个售卖汽水、香烟等快销货的小店，以方便往来人员找寻，并增加自己的可靠性和说服力。

随着香港许多店铺都可以使用人民币，以及刷卡支付方便快捷等因素影响，找这类小店"兑港纸"的人已经不多了。或许，用不了多久，这个行业就会被淘汰掉，人们往返香港时再也不用先进行惹人烦的"兑港纸"了。

BP 机

现在的都市人,人手一部甚至几部手机,不仅大人手机在手,连小学生都持手机上学,平常玩个不停。所以说,手机早已是现代人所不可或缺的工作生活工具。对于许多人来说,一天不碰手机比一天不吃饭还要难受。"手机控""低头族""手机手"等手机带来的不良现象或曰危害,已经越来越多,备受各方关注。

在手机风行之前,都市人人手一部的是一个叫 BP 机的东西。那个时候,因为时尚、好用,能在一定程度上满足需求,所以 BP 机成为人们日常工作生活中所不可或缺的通讯工具。这种机器从外型上来看,不像手机演变得那么快,基本形状一直没怎么变,最多只是大小有些变化,从开始的较大较重变为后来的较小较轻而已。至于机器的颜色,一开始以黑色为主,后来有些别的颜色。

说了半天,这 BP 机到底是什么东西呢?它又叫 CALL 机、传呼机、寻呼机、呼机等,是一种接收寻呼台无线呼叫信号的个人信息终端。由于不具备发射功能,所以寻呼机是单向的接收器,是一种单向呼叫的通信工具。尽管如此,寻呼机还是开启

龙飞、邮政以及后来的润讯,是较大的几个寻呼台。因为效益好,龙飞经常组织员工去游玩,有自己的专用大巴车(黄文清 供图)

了个人即时通信时代。像手机一样,每部 BP 机也有一串由固定的阿拉伯数字组成的号码,通过电话拨打这串号码就可以呼叫到机主,让机主知道有人呼叫他,而且 BP 机的显示屏上会显示呼叫人员拨出的电话号码。于是,BP 机机主就可以通过电话回复呼叫人员,从而使双方联系上。同样,跟手机一样,BP 机也是可以随人移动的,使用它的时候无须固定在一个位置。所以,在手机普及之前,BP 机显得比固定电话要方便,通过它可以随时联系到机主。像手机可以选择不同的运营商一样,BP 机也可以选择不同的寻呼台。

BP 机和无线传呼网络于 20 世纪 80 年代出现,经过十多年的发展,于90年代末期达到了顶峰。在手机普及之前,人们普遍以拥有BP机为荣。1998年,全国BP机用户突破6546万,名列世界第一。其后随着手机的迅速普及,BP机开始迅速没落,被社会大众所抛弃。到2007年3月,国家信息产业部发表公示称,中国联通申请停止经营北京等30个省(自治区、直辖市)的198/199、126/127、128/129无线传呼服务,这标志着BP机在内地的运营正式结束。从此,BP机彻底被手机所取代,正式宣告退出中国通讯行业的历史舞台。

在早期BP机刚兴起的时候,其还是一个人身份的象征,谁拥有BP机就证明谁是有钱人,属成功人士,周边的人都会对其刮目相看。有意思的是,那时候的商务人士,腰中一定要别一个这样的机器,否则会被人认为没实力,那样就可能会接不到生意,甚至到手的生意都可能会黄掉。于是乎,许多商务人士,尤其是谈业务的,往往会咬咬牙借钱也要买一部这种价格不菲的机器充门面,以向甲方显示自己的实力。

那时候,有些精明的商业人士,在商业谈判呈胶着状态的时候,还会偷偷地按响自己腰上的BP机,然后假装有别的人或机构来洽谈业务,以此来向谈判对象施压或进行心理暗示,从而赢得该次谈判。我的家乡"中国装饰之乡"——广东陆河县的一些老板,早期在深圳经济特区起步的时候就这样做过。

有些BP机机主为了炫耀自己,喜欢把BP机别在腰间最为显要位置,生怕别人没看见,不知道他有BP机。一旦BP机响起

作者父亲于 20 世纪 90 年代
末使用的 BP 机

来的时候,其也会表现得格外夸张。有时甚至会自己故意弄响它,以让旁人注意到他腰上的机器。这种事情是那个年代所特有的,现在已成为永恒的笑谈了。不过,这种人倒是什么时代都不缺乏,只是炫耀的东西不一样而已,随着时代的不同而发生变化。

"有事你呼(CALL)我!"那个时候,人们不是说"有事打我电话",而是叫人"呼(CALL)"自己。直到现在,尽管 BP 机早已退出历史舞台了,但是仍然有一些人喜欢把打电话说成是"呼(CALL)"。比如,会这样说"我来呼(CALL)他"。这大概是 BP 机的影响在社会上所残留的痕迹。

如今,BP 机早已成为历史,化为稍为年长的人的记忆了。年轻一辈,许多人根本就没听说过这种东西。当他们见到这种机器时,往往不知道这种"古董"是干什么用的,或不知道其是怎么使用的,把它当成小孩子的玩具。在当今的科技时代,一项事物的兴起快,没落和淘汰同样也快。时代进步的车轮,就是通过这样一些具体的事物来体现的。

本地佬

在大多数深圳市民印象中,深圳市的原住民都是一帮平时不用工作,专门依靠收房租生活的人。得益于大量外来人员的贡献,通过盖房子出租收取铺租房租等方式,他们每年收入颇丰,生活富足。这些人被称为"本地人",俗称"本地佬"。有不少市民甚至认为,他们大多整天无所事事,要么是在打麻将;要么是和亲友喝茶闲聊。

此外,多数本地人给外界的印象,往往是有钱没文化。中老年人大多没上过几年学,文化素质较低下。年轻人则大多从小就不爱学习,早早就辍学,到一定年龄之后由村里(现在叫"股份公司")安排一个轻闲的工作岗位。其本身的生活来源往往并不来自这份工作,只是为了有些正当的事情做而已。在这个群体中,开奔驰宝马去上班,每月只领取两三千块钱的人并不罕见。

老一辈本地人穿衣打扮往往比较随意,有时候甚至看起来比较粗鄙。因此,有时候深圳人之间互相开玩笑时,就会说那些穿着拖鞋或卷起裤脚的人是"本地佬",意思是说只有"本地人"才会这样做。这也意味着多数本地人之间有一些较为共性的文化特征，已成为人们识别其是否是真正"本地佬"的标识。

本地人的房产往往不是按套，而是直接按栋来计算的。家里如果有几栋房子的话，比上班或做普通生意都强。"房东"成为他们共同的代称，他们为无数的深圳人提供了住房，有偿解决了许多外来人员的居住需求。在许多人眼中，本地人就等同于房东，是拥有众多房产的土豪，可以在家安坐不事生产就有大把钱收。

在早期深圳人眼中，有些本地人还比较凶，不太讲道理。所谓"强龙不压地头蛇"，这毕竟是人家土生土长的地方，所以一般外地人不太敢去和本地人发生正面冲突，以免吃亏。外地人再多，一般也多不过本地人。另一方面，当外地人和本地人发生冲突时，官方往往也会或多或少地偏袒本地人。这样的话，作为一名普通的外地人，如果不是忍无可忍的话，硬去和本地人发生正面冲突就不太明智了。

此外，在早期的深圳经济特区，如果认识几个本地人，往往还意味着掌握了一些发财的机会。因为这些本地人毕竟是本乡本土人，在深圳各个阶层的故交亲友多，加上其本身手上掌握的土地、房产等资源就多，所以手握许多发财的机会。因此，如果能够通过各种手段搞定几个有能耐的本地人，就意味着离发财不远了。

上面这些，可能就是大部分深圳市民对深圳原住民的最基本印

罗湖区笋岗村的老屋

象了。这里面当然会有以偏概全，甚或是不实的地方。事实上，在深圳原住民之中，也有许多人是比较勤奋积极向上的，甚至是社会中比较杰出的人物。在我所认识和打交道的人之中，就有不少这样的原住民。只是这些人的努力，往往被部分整天无所事事的本地人的所作所为给遮掩了。

对于未来，本地人中也有一些有识之士危机意识比较强。他们意识到，"房租经济"不可能永远安享下去，万一将来有什么波动怎么办？就算这一代人能够享受到老，那下一代或下下一代人呢？难道永远都只是依靠房租，而不去掌握其他方面的谋生技能么？那样的话，一旦社会出现波动就将会被彻底淘汰出局。

对于深圳原住民来说，他们其实也有着诸多的无奈。据统计，现在深圳常住人口一两千万人，而其中原住民只有二三十万人，占的比例非常小。小到在深圳市民中，很少有人会考虑见到的是不是"本地人"，因为那是不太容易碰到的。在这座新兴的大都市，"外来人口"和"本地人"之间的数量相差实在太悬殊了。对于占极少数的原住民来说，他们在这块自己祖辈生长繁衍的地方，反而沦为了"少数"和"异类"，成了"外人"。在这个原本属于他们的家园，他们早就失去了"话语权"，只能被动地接受历史发展波澜的安排。这30多年来，深圳早已发生了巨变，他们祖辈所熟悉的"深圳"已然不在了。总之对于他们来说，在这30多年的经济特区建设过程中，可说是有得有失。

一切改变，均源于30多年前的那个决策，当深圳被国家定为改革试验田时，这块土地就注定不会再是从前的模样了。时间将改变一切！再过个三五十年，深圳可能就没有所谓"本地人"了。到那个时候，原先的"新移民""外来人"都通通变成了"本地人"。

香港佬

对于一河之隔的香港人,深圳人可谓是爱恨交加:一方面,早期一些香港人喜欢在深圳包二奶,并且说话态度极其冲人,常常炫富,这些都无不深深地刺激着深圳人的神经;另一方面,香港人又是深圳人的师傅和最初的投资人,同一血脉,同文同种,两座城市一百多年来割不断的文化血缘联系,没有香港就没有今天的深圳。

深圳经济特区开办之后,率先大胆前来投资的就是香港商人。对于早期的深圳来说,"港商"意味着"高大上",是"大富豪"的意思。人们普遍对其持恭敬的态度,连说话的语气都是客客气气的,打从内心里把他们当"大爷"看待。香港的高度,曾经被深圳人视为是一个难以企及的高度,或者说是一个在短期内难以赶上的高度。

30多年来,尤其是在深圳经济特区成立初期的时候,诸多"港味"随着香港人的到来而被带到了深圳,成为深圳人争相效仿的榜样。比如喝早茶、说港式白话、唱香港歌曲、追香港明星等。那个年代,甚至连电视台、电台,深圳人也是直接看和听香港的,深圳本土和其他地方的反而没人会看和听。每天晚

近年来,许多深圳市民喜欢前往香港的郊野公园"行山"(即户外徒步锻炼)

上下班之后,回到家中边吃晚饭边准时打开电视机,收看翡翠台、本港台等香港电视台的节目,是那个时候深圳人的保留节目,许多香港电视明星也由此成为深圳人耳熟能详的人物。

在那个年代,深圳有许多行业的人靠赚香港人的钱发家致富。例如开出租车的、经营电话亭的,假如能够经常有港客光顾,就能狠狠地大赚一笔。那时候香港货币比人民币要略为值钱一些,而且那边的平均收入要远远高过这边,所以香港那边的普通工薪阶层,到了这边都摇身一变成为出手阔绰的大款。连香港的货车司机那时都可以来深圳充大款,轻轻松松把妹。对于那个时候的深圳人来说，谁家有一门香港亲戚，或者有一位香港朋友，都是值得炫耀的事情，也能够收到不少羡慕的眼光。那个年代，对于深圳来说，香港就代表着希望，香港就意味着财富。香港就等于榜样，一切都要尽量向香港看齐，看看香港人是怎么做的。

尽管只是一河之隔，但是那个时候内地人要去趟香港可没那么容易，一般的深圳市民是无法自由前往的。只有在那边有直系亲属，或者是公干，才能申请前去。因此，大部分深圳市民对香港充满着未知和想象，觉得那边很神秘，非常向往。于是在很多时候，香港成为令那时候的深圳人无法轻易企及的梦想。

从20世纪80年代的国贸大厦，到90年代的地王大厦，以及21世纪的京基100大厦，每当深圳人携亲带友登上本市的最高建筑，四面环顾之后，总会指着深圳河的那一边，向亲友们介绍说："喏！那边就是香港了。"这种情况折射出一个事实，那就是：深圳这30多年来，大部分时间里都是以香港为坐标来定位自己，以与香港的距离来告诉世人自己所处的位置。

时至今日，在罗湖火车站、皇岗等地，不时仍可见到过来走亲访友或者前来消费的港人。另一方面，每天也有大量的深圳人前往香港，购物、消费、走亲访友，甚至只是过去走走绿道，亲近一下香港保持良好的自然环境。许多深圳和香港市民前往这两个彼此互为邻居的友城时，往往像是回自己的家一样，都轻车熟路，非常熟悉。所以说，至少在市民层面来说，两城早已高度融合了。

因此，对于怎么看待香港人这个问题，深圳人往往会表现得比较复杂。在口头上，深圳人日常往往会把香港人称为"香港佬"，或"香港客""香港仔"等。香港人留给深圳市民的印象，既非都是好的，也非都是差的。一方面，香港人对于工作、职业、认真、负责，敢于斤斤计较，这些都让深圳人很是钦佩；另一方面，香港人骨子里的傲慢，以及以前那种有意无意炫富的态度，也让深圳人感到很恼火。尤其是"自由行"到香港，遭遇到某些香港人那种发自内心表现出来的不屑态度对待时，更是如此。

总之对于深圳人来说，环顾四周，最说不清道不明的就要属香港人了。

许多广东人有香港亲戚，这是作者香港户籍的堂姑和堂姑父

充电

2011年4月,深圳市知名摄影师周顺斌将一张拍摄于1983年夏秋时节,名为《光腚娃,你还在深圳吗?》的照片放到网上,称要寻找照片中的主角,一位他当年并不认识的孩子。寻人的消息甫一在网上发布,立刻引来不少网友的关注和感慨。在引发众多网友微博转载接力之后,"寻找光腚娃"立即成为热门话题,变成深圳网民关注的焦点。

据该照片中的场景显示:在一个夜校教室里,夜校学生们都在伏案考试,一个约三四岁光着身子的小男孩站在凳子上,正若无其事地望着周遭紧张考试的大人们,而一位年轻的女士则正在其旁边伏案奋笔疾书。这个光腚小男孩安静地坐在夜校教室里,他的若无其事与教室里大人们紧张考试的氛围形成了鲜明对比,勾起了人们对那个激情燃烧年代的温暖回忆。人们很想知道,为什么这个小男孩会光着身子坐在夜校的教室里?后来,通过《晶报》的报道,几天之后找到了照片上的"主角"。读者们通过《晶报》的后续报道得知,这位当年的光腚小男孩已经长成为一位30岁的帅小伙,正在他妈妈的公司上班。

对于许多老深圳来说,照片中的场景其实并不陌生。在20世

1983年，夜校里的光腚娃（周顺斌 摄）

纪80年代初，刚刚成立不久的深圳经济特区迎来了从全国各地蜂拥过来寻梦的年轻人。那时候，一些来深建设者的学历并不高，所以学习热情高涨，经常上夜校为自己"充电"，他们相信"知识改变命运"。离开学校参加工作之后，利用业余时间，通过各种形式学习和培训提升自己，这就是深圳人俗称的"充电"。夜校的学员白天要上班，晚上才去上课。一些家中没其他大人帮带孩子的家长，就把孩子带到夜校教室，一边学习一边带孩子。在那个时候，充分利用业余时间学习，充电提升自己，是时代强音，为许多深圳人所遵循。

与此同时，为了弥补市民学历普遍不高的问题，深圳经济特区在建设之初就非常注重成人继续教育问题。在早期的深圳经济特区，夜大一度办得红红火火，吸引了许多市民就读，以此提升自己。

许多深圳人会利用业余时间到深圳图书馆自习

据深圳大学前校长章必功回忆：在深圳大学初创期，他在深圳大学夜大任教，当时的教学氛围极好。那时深圳经济特区刚开始建设，社会上没读过大学的青年想要学习知识，都力图上进。因此，每到夜晚，自行车和汽车停满夜大教室门外，警察、公职人员、公司人员、退伍军人等都到夜大上课。这些学员上课时态度虔诚，几乎从不缺席。通过他的回忆，可以想象出当时那一代人对知识的饥渴，以及求知的坚毅态度。

30多年来，在快节奏的深圳经济特区，发展步伐可谓是日新月异,隔三岔五就会有新的变化。对于深圳人来说,如果不经常学习,及时掌握新知识的话,很快就会落伍,将会被时代淘汰。面对现今这个飞速发展的社会,恐怕没有一个深圳人敢说自己不用"充电"。因此,深圳人历来非常注重学习培训,许多人会在条件允许的情况下尽可能多地参加各种学习培训的课,为自己"充电"。社会主流一直对此也颇为赞许。

那么,为什么深圳人会把继续学习和继续教育及参加各种培训叫作"充电"呢?原来,深圳人认为,人就像是充电池一样,经过在现实生活中一段时间的打拼使用,知识储备将会有短板出现,这个时候就像充电池需要"充电"一样,人也需要通过学习培训来提升自己的知识储备,这样才能应对工作生活中的新挑战。所以,深圳人就把学习培训以提升自己称之为"充电"。

长期以来,无论是官办的成人高考、电大、成大、夜大、网大等再教育方式,还是民间商办的各种培训机构或 MBA、EMBA 等,一直都有许多深圳人报名就读。他们日常在做好自己的本职工作之余,利用业余时间去上课和考试,为自己"充电",通过这种方式提升自己。

通过不断地为自己"充电",在掌握了新的本领之后,许多原本学历较低和知识较薄弱的深圳人,利用"充电"过程中所学到的知识,走上了更好的工作岗位,使自己的人生命运发生了重大改变。对于深圳人来说,改变从现在开始,为自己"充电"永远都不会晚。

天桥底和涵洞内，是"三无"人员的聚集地

"三无"人员

这是一个每年都可以在深圳的政府文件和媒体上看到的"词汇",往往被用来指代潜在"犯罪分子"或极其不堪的城市边缘人员。在深圳经济特区30多年的建设史上,进行过无数次由各级部门发起的各种清理"三无"人员行动,掀起过一次又一次的打击"三无"人员高潮,抓捕和赶走过无数的"三无"人员。也正是因为政府文件、会议和标语及媒体的报道中,时不时就会有这类针对"三无"人员的"执法运动",所以使"三无"人员这个称谓为广大市民所熟知。

所谓"三无"人员,其实是一个汉语简称,关于这个词汇的含义有很多种。这里说的"三无"人员,是指"无合法证件、无固定住所和无正当生活来源"的流浪乞讨人员,这些人被视为是城市的顽疾,乃潜在的犯罪嫌疑人,是导致治安混乱的"麻烦制造者",所以过去是"收容遣送"的对象。

深圳经济特区历年打击"三无"人员的行动,几乎每次都来势汹汹。例如,2011年4月,深圳警方宣布,为保证于当年8月在深圳举行的第26届世界大学生运动会顺利举行,即日起开展一场"治安高危人员百日行动",遣散8万名在深的"高危人员"。这一消息甫一公布,顿时在网上引发极大争议,被指深圳为举办大运会不惜赶走8万人,从而把深圳警方推到风口浪尖。在深圳警方所说的这8万"高危人员"之中,很大一部分就是"三无"人员。2012年7月,因在南山大沙河桥底铺设水泥锥防被"三无"人员占据,也引发网上热议,被网友指责深圳的城市管理者缺乏人道关怀。

上述这两件事,是深圳政府部门近年清理、打击、防范"三无"人员的行动中,比较广为人知的两次行动,其他还有无数次没有在网上引起波澜的大小行动。

为了对付"三无"人员,深圳市政府甚至还曾专门出台了相应的法律法规。例如,1995年,深圳市城市人口管理领导小组出台了《关于加强人口管理清理"三无"人员的通知》(深人管〔1995〕1号),这是一个规范性文件,直到2003年8月才被公开声明废止。

在1989年8月20日中共深圳市委、深圳市人民政府下发的《关于加强综合治理力度 两年内实现社会治安更大好转的决定》中,甚至有这类字眼:"对无证出租的,限期补办手续;对居住在出租屋而无合法证件,无正当职业的人员,一律清走。要继续清理、收容和遣送'三无'人员。市里要制定有效法规,建立对'三无'人员实行'边教育、边劳动、边审查、边遣送'的基地,解决'三无'人员屡遣屡返问题。"

那么，应该如何看待城市里的"三无"人员？客观来说，确实有不少犯罪分子藏匿其间。正常来说，一个人在城市里"无固定住所"还好说，但"无合法证件"和"无正当生活来源"，就不得不令人起疑了。因此，城市管理者们对这类人加强管控不能说完全没道理。作为一名守法公民，必须持有"合法证件"，否则的话，假如没有"合法证件"的人犯事了，将增加城市管理者的追查难度，这反过来又容易诱发治安事件。从这个角度来看，不能简单地"一刀切"否定政府部门对"三无"人员加强管控的行为。在特定时期，该项管控曾起到过一定的积极作用。

其实，"三无"人员并不就等同于"坏人"，也不一定就是潜在的"犯罪分子"，他们之所以"三无"，往往也是各有各的特殊原因，不可"一刀切"对待。在深圳的历次执法行动中，因为基层执法人员为完成任务或理解不到位以及别的原因，导致经常出现偏差，误抓或者执法扩大化，将一些守法市民当成"三无"人员打击，制造了一些"冤假错案"。

在"法治社会"，只要没有犯法就是无罪的人，不管其是否"无合法证件、无固定住所和无正当生活来源"，政府部门都不可以将其定为"潜在犯罪分子"，以其有可能会"违法犯纪"或一旦"违法犯纪"将难以追究为由，对其进行清理和打击。再说，就算某些人犯法了，也应该在证据确凿的情况下对其进行依法起诉，由法院进行判决，然后再依据判决执行相应的惩罚。而不是由公安机关或行政机关直接对这些人进行不加审判的清理和打击。

水客

这个词汇源于香港,指的是走私带货的人。香港的货物,价格普遍要比内地便宜,而且质量也要好,所以许多深圳人平常尤其是节假日的时候喜欢到香港"扫货",也就是购物。与此同时,有些人针对那些因种种原因不能自己到香港去购物而又需要香港货物的人群,看中这个庞大的市场需求,就自己或雇人到香港大量购物,然后不进行通关报税,偷偷携带到深圳,再出售牟利。对于这种走私带货的人,一般就习惯称其为"水客"。

那为什么会叫"水客",而不是"陆客"或"天客"呢?原来,过去这些从香港走私到内地的人,因为陆地边防巡查得比较严,口岸也严查,所以很难经这些途径走私进来。而幅员辽阔的大海,海上水天一线,浪涛茫茫,经常波澜变幻莫测,加上夜色的遮掩,深圳乃至广东又有着极其漫长的海岸线及沿海无数小岛,这些都使水路(海路)成为粤港两地走私的最佳途径,"大飞(即小型快艇)"则是最佳的走私工具。通过水路走私,可以来去无踪,路线多变,能够将被查获的风险降到最低。于是,过去粤港两地人习惯将走私的人叫作"水客"。

不过,也有种说法称"水客"这个名称是源于"水货"。因为外国港口往往准许海员（船员）免税带少量（自用）物品上岸，海员（船员）则偷偷将其出售赚钱。由于这些物品免了进口税，所以售价较低，在外国港口往往有专店收购此类货物，并称其为"水货"。现在所俗称的"水货"，就是指通过"非正当途径进口的货物"，也就是走私货，而走私者就被称为"水客"。

从香港经深圳往内地走私货物，这是从 1949 年以后就一直持续未断的一种社会经济现象。过去甚至是大规模地进行，在改革开放初期尤为突出。近年来，大型的走私活动经深港两地边防和警方的打击已经大为减少，但是"蚂蚁搬家"式的经口岸正常途径过关，通过人海战术携带货物走私入境的"水客"行为却一直未少。

近年来，被香港人广为诟病的内地人把香港奶粉"抢购"一空的事情，其实大多就是"水客"们干的。这些人到香港以后大肆采购，然后通过蚂蚁搬家的方式把这些货物多次出入境携带，将其搬运到深圳。接着再通过地下渠道将这些货物出售牟利。

"水客"每天多次往返深港两地，携带的私货种类繁多，主要是市场需求大、销路好、携带方便、有差价的物品。目前主要包括食品、药品、烟酒、日用品以及高科技产品，如电脑硬盘、数码产品、手机等高值高税产品。经过与口岸边检人员的长期交手，现在他们往往会使用典型的先"化整为零"，然后

20世纪80年代深圳经济特区内的免税店

再"变零为整"战术。首先在境外将私货"化整为零",然后由"水客"多次多批量携带入境,私货在境内又"变零为整"重新包装,然后销售牟利。幕后有人操纵控制,组织严密。目前,"水客"走私贩私已由原来的个人行为逐步发展到被走私团伙操纵控制,呈现出"职业化、智能化、集团化"的特点。

"水客"往往只负责带货，赚取运费，至于"带什么货、货物的成本、谁负责收购、如何倒卖"等都有专人负责。

做"水客"其实很辛苦，时刻担惊受怕不说，每趟所携带的货物往往严重超限，导致非常沉重。尽管一般会利用小拖车进行搬运，但是拖拉过关时仍是很重很累人。一趟下来，累个半死，也就赚个一两百块，纯粹是挣个辛苦钱而已。

为什么"水客"屡禁不绝，他们的货物为什么能够那么好销呢？其实对于"水货"，许多深圳市民都耳熟能详，且不少人或多或少购买过。一般来说，"水货"的价格要远较通过正常途径购运进来的货物低，这也是为什么"水货"一直有庞大市场的主因。试想一下，大部分商品进口报税都是很高的，现在"水客"们通过走私的方式把同样的商品带进来，其成本少了原有的税费减去带货费用这部分，一些税高的商品往往可以少去一大截。因此，对于一些市民来说，"水货"是很有竞争力的。

当然，少去的这部分其实本来是国家应收的税费，也就等于买卖双方合伙赚取了国家的应收税费。税收是国家（政府）公共财政最主要的收入形式和来源。税收的本质是国家为满足社会公共需要，凭借公共权力，按照法律所规定的标准和程序，参与国民收入分配，强制取得财政收入所形成的一种特殊分配关系。因此，"水货"损害的是国家税收，也即是公共利益。相信随着社会的发展，人们思想意识的提高，"水货"的需求会越来越少。

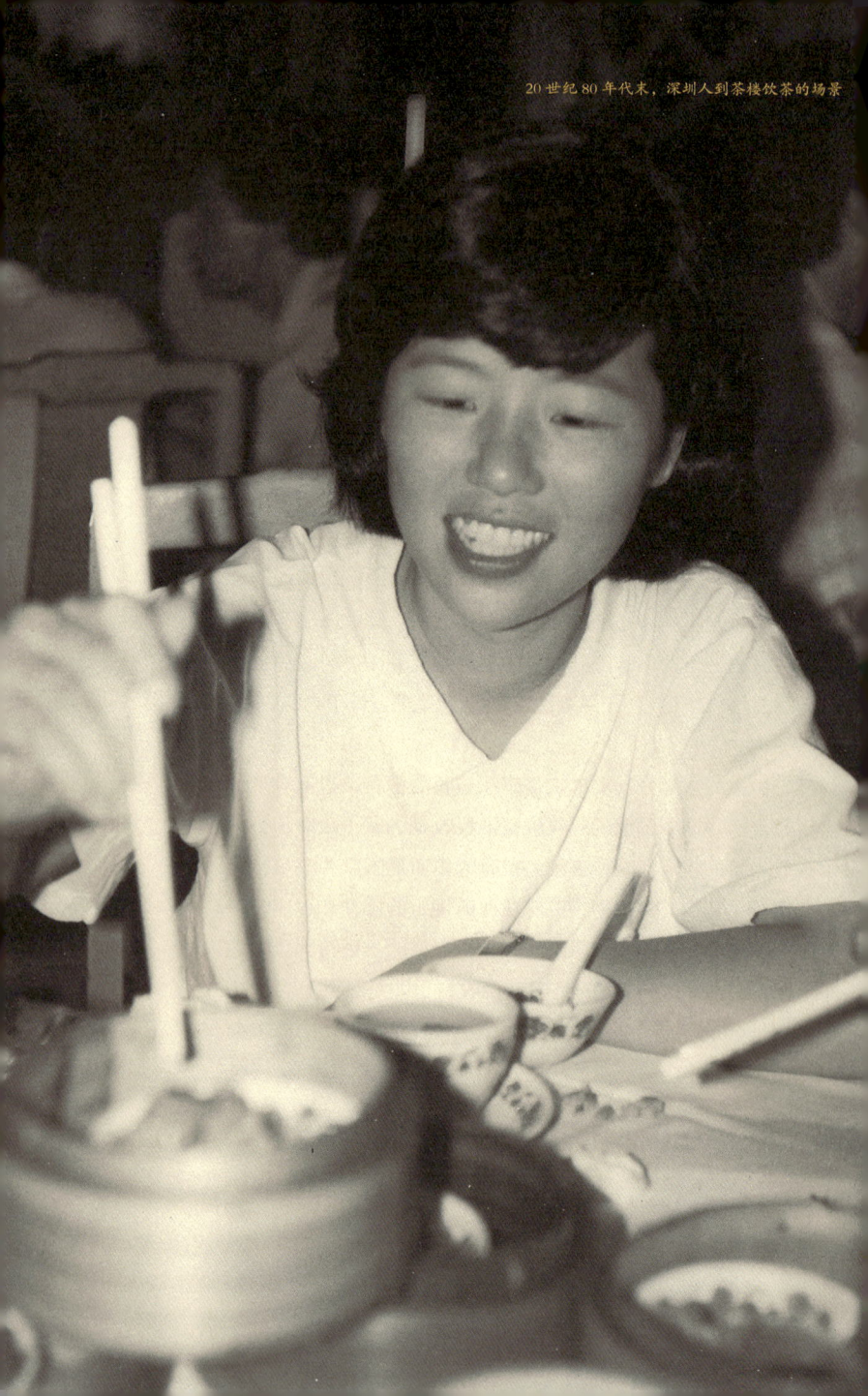

20世纪80年代末,深圳人到茶楼饮茶的场景

饮早茶

许多内地人在来到深圳之前，他们的脑海中喝茶还只是指喝茶，并不知道还有吃点心的意思。直到来到深圳之后，在亲友或同事的带领下，去喝过几次广式"茶"之后，才知道原来"茶"还可以这么喝。

深圳人说的"喝茶"，指的是去茶楼（一种餐饮店）"喝茶"，一般叫作"饮茶"，实际上叫"吃茶"更为贴切。在那里，喝茶只是其次，主要是吃各种点心，将此当做早餐、午餐、晚餐及宵夜，分为"早茶、午茶和夜茶"，其中以"早茶"为多，所以一般叫"饮早茶"或"喝早茶"。在早期的深圳经济特区，因为香港人尤为喜爱"饮茶"，所以促使这种餐饮文化在深圳经济特区大为流行，一时间成为一种餐饮时尚。那时候，深圳人以香港人为师，极度推崇香港流行的各种文化，其中就包括这种"饮茶文化"。

对于深圳人来说，一般很少自己一个人去"饮茶"，多是呼朋唤友或约上生意伙伴。很多时候，深圳人认为，"饮茶"并不仅是为了填饱肚子，而且还可以顺带八卦一下各种最新消息，并维系一下友情，或在"饮茶"的同时直接洽谈生意。总之，

"饮茶"可以有多种目的。深圳人和朋友去"饮茶",尤以沟通感情、洽谈业务和疏通关系为多。至于吃什么东西,许多时候反而变得不怎么重要了。

通过"饮茶"的方式沟通,不像正式请客吃饭那么严肃,气氛相对较为轻松,可以边吃边谈。同时,"饮茶"的场合基本上是不喝酒的,所以也就免去了许多现代都市人极为厌烦的"应酬喝酒",比较健康。加上吃的东西全是点心,不像正餐那样多大鱼大肉,所以不用怕肥胖。要吃什么也比较随意,花式种类多,每个人可以凭自己的喜好叫,不够的话随时可以再加,非常方便。

也有些公司单位,同事们喜欢中午相约到办公楼附近的茶楼"饮茶",同事间"侃八卦、聊工作、谈心事",于边吃边聊中消解日常工作中的紧张和疲惫。在这种场合,大家都比较放松,氛围也比较好,往往比较放得开,敢说敢讲。彼此敞开胸怀交流之后,心情舒坦了,再大的矛盾往往也就随之得到了化解。许多时候,这种方式要比正式开会严肃探讨达到的效果好。

茶楼推出的点心,制作精细,种类繁多,常见的有:凤爪、虾饺、烧卖、香芋蒸排骨、叉烧包、马蹄糕、糯米鸡等,以及艇仔粥、菜干粥、皮蛋瘦肉粥等各种广式粥,菜单上琳琅满目的食物名称往往让人眼花缭乱。其中,凤爪、虾饺、烧卖等著名广氏点心几乎是深圳市民去"喝茶"时所必点的。这些点心一笼的分量不多,所以假如人多的话,往往需要点两笼或两笼以上才够吃。

此外，既然叫作"饮茶"，茶也是不可或缺的一部分，不然的话就名不符实了。一般来说，深圳茶楼常见的茶有乌龙茶、菊花茶、铁观音、普洱茶、单枞茶、绿茶等，任客人选择。有时候，因为同桌的人多，以及口味不同，所以可能会点两壶以上的茶。收费方面，有的按壶收费，有的是按人头收费。还有一些比较讲究的客人，喜欢自己从家里带茶叶过来喝，认为自己带来的茶才是好茶。他们将茶叶郑重地交给服务员，细心吩咐她们要如何冲泡。

去深圳茶楼"饮茶"，点"菜"环节也比较特别。一般都是让客人自己在菜单上勾画，要吃什么以及多大的分量自己选择，选定之后就自己或勾或圈上。也有一些茶楼是由服务员推着铁皮车到客人面前任由挑选，铁皮车可以对食物加热保温，所以里面的点心端出来都是热的。又或者是由客人直接走到餐品集中摆放和保温的地方，现场边看边点，并随点随拿，看中哪个点心就叫服务员或者自己直接将其拿走。

有人说，美食最能代表一个地方的文化。因此，每当有亲朋好友从内地过来的时候，许多深圳人往往喜欢招待他们去"饮茶"，让他们体验一下广东的独特餐饮文化，见识一下广东人"喝茶"的不同，品尝一下广东风味的美食。对许多深圳人来说，在他们眼中，最具广东特色的餐饮文化莫过于"饮茶"了，并认为内地人过来之后假如没有去"饮茶"，那就等于白来深圳乃至广东了。

宵夜

"宵夜"或"夜宵"？这两个词汇很有意思。因为把它们的次序颠过来倒过去竟然都是可以的，而且意思也都一样。这两种说法都有人说，基本上大家都习惯了两个一起交替使用，一会儿用这个，一会儿用那个。这样子竟然也不会令别人感到有什么不对，反而觉得很正常。

不管是宵夜也好，还是夜宵也罢，说的都是指晚餐以后再吃东西，一般以清淡的小吃小点为多，不会像正餐那样大鱼大肉，相当于白天正餐以外吃的点心。广东各地的居民都有吃宵夜的习惯，尤其是以广州、深圳等大城市最为普遍。尽管吃宵夜的习惯并不是源于和仅限于广东，但是广东无疑是国内吃宵夜最为兴盛的地区之一。为什么会这样呢？因为岭南地处亚热带，昼长夜短，晚饭吃得早的话，到了午夜容易饿，加上广东人普遍习惯晚睡，所以就有吃宵夜的习惯。甚至连《辞源》"宵夜"条注释也说："粤人夜市之食肆亦谓宵夜。"

多数深圳人比较习惯晚睡，在这座竞争激烈的城市，市民往往很少能够早睡。一般来说，内地人可能晚上九点多至迟十点多就已经上床睡觉了，而许多深圳人因为下班回家晚等原因，这个时候往往还在忙碌着，要到晚上十二点左右才能上床睡觉。在深圳的城中村，甚至晚上十二点以后还非常热闹，许多居住在里面的居民这个时候才开始活跃起来。

因为睡得比较晚，所以如果晚餐吃得比较早，到了晚上十一点十二点的时候，肚子就饿了，需要吃点东西补充能量才行。否则，长夜漫漫将很难熬。因此，许多深圳人就养成了吃宵夜的习惯，一晚不吃肚子就会受不了，会被折磨得睡不着。

炒河粉（粿条、粄），深圳比较常见的宵夜之一

说到深圳人吃宵夜,不得不说起在早期的深圳,人们吃宵夜的时候特别喜欢吃"炒田螺"。当时,几乎所有的深圳人到街上大排档吃宵夜时,都会点上一盘"炒田螺",这是深圳人当时吃宵夜必点的一种美食。然后一桌人慢慢地吸田螺。那吸田螺的声音此起彼伏,成为街头一景。甚至于,"炒田螺"曾经一度成为深圳人吃宵夜的代名词。

那种全民吃"炒田螺"的场景,现在已经不可能再现了,毕竟现在的物质比那个时候要丰富得多,民众对于饮食也趋于多元,不再众人都追捧某一种食物。当时,许多内地人刚来到深圳的时候,还不太敢吃"炒田螺",也不懂得要怎么吃"炒田螺",常发生吸不出田螺肉来的事。由此,还曾闹出过不少笑话,比如去吸田螺的尾部等。后来慢慢吃得多了才吃习惯,懂得要怎么吃,并且许多人变得特别喜欢吃。

许多内地人本来没有吃宵夜的习惯,来深圳几年之后,却变得一个晚上不吃宵夜就会受不了,心里会总想着有件事情还没完成,睡也睡不好。因此,很多时候吃宵夜就是一种生活习惯,当其变成生活习惯之后就很难再改回来了。因此,也有一些人不管怎么诱惑,总是态度坚定地坚持不吃宵夜,主要就是怕一旦吃得多了,就会变成一种再也难以戒掉的生活习惯。

好在深圳是一个不夜的城市,不管多晚睡都是"正常"的,且无论多晚都可以在外面找到吃的。此外,在深圳这座包容开放的城市,来自全国各地的美食都有。它们有的开在通衢大道边上,有的开在里弄小巷里,有的在高大上的商业综合体,也有的藏身于城中村的小铺里。各种餐饮店、大排档、食肆,乃至路边摊等,可谓丰俭由人,应有尽有。也就是说,不管你是来自何方,也不管你是喜好何种口味,总有一档能够满足你的口味,也总有一种适合你的消费。

呼朋唤友,三两知己,到某新开的场子或老地方相聚,久未谋面,一起吃个宵夜,维系下感情,交流下近况,以及看看接下来有没合作的机会。随着夜幕的降临,有些深圳人一天的生活如此这般才真正开始。白天大家都忙,没有时间和精力正儿八经地约饭吃大餐,反而不如一起吃宵夜来得随性和方便。因此,吃宵夜有时候又不仅限于吃宵夜本身,它还是沟通和联络感情,洽谈业务的一种方式。

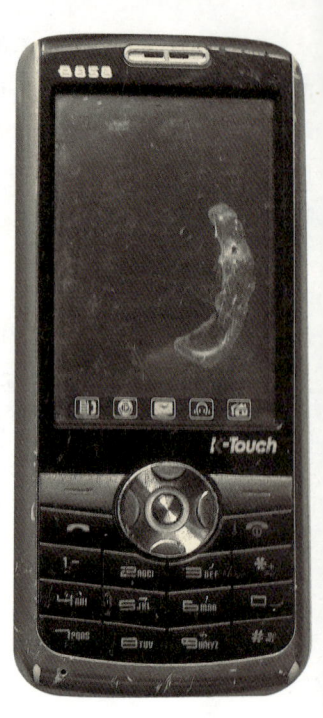

这类价格低廉的国产手机曾经攻占国内国际很大一部分市场

山寨机

大概是从 21 世纪前十年中期的时候起,曾经一度全国流行"山寨"一词,"山寨产品"也在各地摧城拔寨,风行全国。这个词汇是否源于深圳不详,但无疑是深圳将它推到了极致,通过海量的"山寨电子产品"使其为国内外无数人所熟知。"山寨"的意思,是指模仿知名品牌的产品,生产出与之高相似度却质量较差的同类产品,且售价远低于正品。

在那个"山寨"横行的年代,在电子产品领域,深圳是绝对的"山寨行业"霸主,堪称是这一领域的"山寨之王",而华强北则是深圳的"山寨之都"。以至那个时期,深圳市民一谈到"山寨电子产品"必会说是出自华强北,甚至以"在华强北买的"来形容"山寨电子产品",用来自嘲、问询或调侃别人。

鼎盛时期的华强北,单是每天从这里发出的"山寨手机",数量就达数万或几十万部,每年则高达数千万上亿部,流向全国各省各市,乃至东南亚、南亚、中东、非洲、南美等第三世界国家和地区。围绕着华强北这个庞大的"山寨市场",还催生和养活了无数大大小小的山寨手机生产厂商、经销商、店铺和相关从业人员,以及无数赖以为生的物流快递公司。

"山寨"电子产品并不仅限于手机,还包括数码相机、MP3、复读机、笔记本电脑等。其中尤以"山寨手机"最为出名,规模也最大,备受各方的关注。因此,那个时候的深圳市民,多少会对华强北的"山寨产品"有所了解或有所接触。那个时候,"山寨文化"俨然开始登堂入室,由原来的不入流摇身一变而为庙堂之学,成为各方争相总结和模仿的"先进经验"。

直到2011年,一方面是受深圳大运会即将举办的影响,深圳官方加大了对"山寨电子产品"的打击力度;另一方面是因为随着智能手机的普及,老式直板的"山寨手机"渐渐开始没有了市场,在国内外都卖不动了。在这种情况下,以"山寨手机"为代表的"山寨电子产品"才开始萎缩,生产厂家和从业人员纷纷开始转型。由此,深圳的"山寨"头衔才渐渐地淡出世人的视线,不再以"山寨"名闻天下。

尽管"山寨市场"早已严重萎缩,"山寨文化"也早已淡出,但是"山寨"这个词汇却至今仍然保留在深圳人的日常用语之中。对于一些质量较差的伪劣产品,市民们依然喜欢用"山寨"一词来形容。一旦遇到类似的情况,市民们就会不由自主地使用它。

"山寨"这个词及其衍生出来的"山寨文化",从其诞生起就一直饱受各方争议,引发了互相对立的争论。一方认为,"山寨"不值得提倡,其不尊重知识产权,没有创新,属剽窃别人的劳动付出,如果任其长期发展下去,将形成"劣币驱逐良币"的现象，无人敢再去研发创新，从而拉低整个社会的创新能力，对社会经济发展来说后患无穷，所以应该予以严厉的禁止；另一方则认为，"山寨"不是简单的剽窃，而是一种有微创新的模仿，人类的任何进步都是先从模仿开始的，当模仿到一定程度，积累到足够的经验之后，就会走上自主创新之路，所以不应对"山寨"一味地扼杀，要包容对待，给予一定的生长空间，让其自由发展。

上述这些言论，究竟谁对谁错呢？其实都对，又都不对，各有一定的道理。总的来说，不管怎么样，还是要按照规则行事，一切都要依照法律来。要在讲究一定规则的前提下进行，而不能一味地生搬硬抄，要有一些自己的东西，要有"微创新"，从而做到逐步积累，走"自主创新"之路。

作者的小男，从事建筑装饰行业，于 20 世纪 80 年代后期在深圳荔枝公园拍摄

老板

"老板,你好!""你好,老板!"

老板,指的是商铺或公司企业的主人,原本只是俗称,现在则早就登上大雅之堂,成为人们日常的口头和书面用语了。不过,深圳人对于"老板"这个词的使用,并没有那么严格地按照字典里的解释来用,经常会在口头上把自己的顶头上司喊做"老板",甚至连政府部门的人都这样。于是,走在深圳的街头巷尾,人人都可以是"老板",你想叫谁"老板"都可以。

30多年来,包括深圳人在内的内地人,经历了从改革之前耻于和不敢做"老板",到改革之初羡慕、崇拜和争相做"老板",以及现在以平常心看待"老板"的过程,这期间发生了不小的变化。从"老板"这个词汇30多年来的经历,可以看出中国改革开放的前进脚步,并显示出中国社会已经发展到一个较为成熟的阶段。

如今在深圳,因为简化了开办公司的工商注册程序,并且取消了对"注册资本"的验资,所以任何市民要做"老板"都不难,只要花点小钱去注册一个公司即可,那样你就是某公司的

"董事长""总经理"或任该公司的任何职务,只要你喜欢都可以自我任命。然而,要做一个成功的老板就没那么容易了,这可不是一件简单的事。

"近来闲得没事做,所以开了个公司玩玩。"在别的地方,"开公司"可能是一件很了不起的事,或多或少会被身边的亲友所羡慕。而对于深圳人来说,"开公司"早已不是什么"高大上"的事了,一点都不觉得稀奇,自己和别人都不会为此而大惊小怪。在深圳,假如你心中有一些好的想法,就可以赶紧去注册一个公司尝试一下,用市场来检验自己的想法是否行得通。如果被证明行得通,公司运转得好,那就继续做下去。如果被证明行不通,公司难以维持,那就赶紧关门了事。

对于深圳人来说,无论是公司开业,还是公司关门,都是极其正常的事情。尤其是对于公司倒闭的事,没有人会去嘲笑,"宽容失败"是深圳的城市文化之一。跌倒了也不气馁,赶紧爬起来,拍干净身上的土,又重新投入新的奋斗征程,开始新一轮的拼搏。不怕失败,敢于失败,可以失败,这就是深圳人的创业观。深圳人知道,老板并没有那么好当,做老板除了要有智慧,还要有胆识和责任感,以及一点点运气。况且,市场瞬息万变,形势往往比人强,之所以会失败,可能并不是你想法和做法出错,而只是市场已经发生了巨大的变化,乃"非战之罪"。因此,对于深圳人来说,"创业失败"并不可怕,更不可笑。

在这座城市,合伙创业的人很多。看中一个项目或者有一个好的想法，就赶紧寻找合适的合伙人，一般以两三个人为佳。找到合适的合伙人之后，说干就干，赶紧把公司办起来或把商店开起来，并迅速开始运作，大家边做边磨合。经过一段时间以后，如果合得来就继续，合不来就散伙。对于深圳人来说，这些都是再正常不过的事了。

因为创业成风，所以许多深圳人的名片都是什么"董事长""总经理""总监"之类的头衔。以至于在深圳的地头，天上掉下一块板砖，砸到十个人的话，至少有八九个是这"总"那"总"，或这"经理"那"总监"。对了，许多深圳人还喜欢身上随时带着几张不同的名片，一个人往往会有好几种身份角色，不同的场合使用不同的名片。也正因为这样，所以一般这种大头衔"唬"不到深圳人，不管你是什么"总"，互相都是平等的，彼此要互相尊重。

在深圳，如果别人叫你老板，那可能只是一句普通的问候而已，不代表他真的把你当老板了。前面已经说过，深圳是一个逢人就喊"老板"的地方。哪怕对方仅是一个小伙计，一样可以喊其"老板"，喊的人和被喊的人都不会觉得奇怪或不妥。在深圳人的潜意识里，可能会觉得对方尽管现在还不是"老板"，但并不意味着以后一直都不是，其随时都可能会摇身一变成为"老板"。这种例子，在过去30多年来的深圳经济特区曾无数次上演过。总之，对于深圳人来说，谁都可以是老板，不管是现在还是将来，总是有机会的。

行走在深圳街头的悬挂粤港两地车牌的车辆

悬挂粤港两地车牌的车辆，可以通行于香港与深圳之间

两地牌

走在深圳街头，细心的你可能会发现，有一种车的车牌跟内地的其他车牌不一样，两者大小不一样，且颜色也有所不同。内地其他车牌是蓝色，而这种车牌有两块，一块是黄色，上面只有字母和数字号码；另一块是黑色，上面除字母和数字号码外还写着"粤Z""港"字样。再仔细看一下，还会发现这辆车的外形与内地车辆的风格不太一样，而且车内的驾驶员座位（即方向盘位置）也和内地车辆不同，内地车辆的驾驶员座位在前排靠左位置，而这辆车却是在前排靠右位置。看到这里，你可能心里会觉得不解：这辆奇怪的车究竟是什么来历？

其实，你看到的这辆车就是悬挂着"粤港两地车牌"的香港车辆。挂这种车牌，显示该辆香港车已获内地政府相关部门批准，可以驶进内地，开上内地的道路。因为深圳毗邻香港，两城仅一河之隔，所以在深圳街头不时可以看到这种车，深圳市民对此也早就见惯不怪。

在深圳，悬挂着"粤港两地车牌"的香港车辆，一般被深圳人俗称为"深港两地车牌"车，简称"两地牌"车。通常所说的"两地牌"，就是指拥有广东和香港两地车牌，可以直接往来内地和香港两地的车辆，有客运的也有货运的，一般是指客运的。

30多年来，随着社会经济的发展，内地跟香港的交流越来越多，包括到香港购买产品、旅游和经商，为了更好地通行于两地，便产生了粤港两地均可使用的车牌。推出粤港两地车牌，有利于相关人员来往于内地和香港，出入境用车也方便。这极大地方便了有相关需求的公司接送两地客户，可谓既方便又实用。因此，拥有粤港两地车牌备受一些富豪的青睐，甚至一度成为事业成功的标志。为爱车配上一块"深港两地车牌"，这对于经常往返于深圳和香港之间的商人来说很有吸引力。因为有了"深港两地车牌"，就能够便捷地穿梭于深港两地谈生意，不用再受限于交通工具，可以大大地节省时间成本。

那么，要如何才能办理这种"两地牌"呢？按照广东省公安厅交通管理局相关规定，国外或香港、澳门、台湾地区的商户，在广东省山区实际投资40万美元，在上一年度缴税15万元者；或是在非山区投资100万美元，在上一年度缴税30万元者，在合同有效期内可办理1辆港澳私人小汽车入出内地行驶牌证（即俗称的"粤港两地车牌"）；特大型投资商户可适当地增加港澳私人小汽车入出内地行驶牌证。除此以外，在广东省捐赠兴办公益事业达1000万元人民币的海外华侨、港澳人士，以及政协委员、人大代表也可以办理"粤港两地车牌"。据2014年6月深圳海关的相关数据显示：来往粤港运输企业有2800多家，来往粤港的车辆有53000多辆，跨境运输工具驾驶员有近 6 万名。可见，悬挂这种车牌的车辆不少，是一个不小的群体。

随着近十多年来深港两地交流越来越频繁，这类挂有"粤港两地车牌"能够直接开往深港两地的车辆也越来越抢手，所以许多内地人或公司通过各种方式去办理，使自己能够控制一辆或多辆悬挂"粤港两地车牌"的车辆。而因为一块"粤港两地车牌"除了登记一位主司机之外还可以登记几位副司机，所以有些人还将手中的车牌拿去出租，以此牟利。据说，一块车牌一个月可以租几万块钱。近年来，随着经香港机场飞往海外的深圳人越来越多，有许多深圳市民会租用这种拥有"两地牌"的香港车辆，从口岸出发前往香港机场乘机。这样一来，确实可以节省不少时间，为深圳市民带来方便。

这类悬挂"粤港两地车牌"的香港车辆驶上内地的道路，其实还是蛮危险的，尤其是对于初次将其开到内地的"新手司机"来说。这是因为，香港沿用的英式交通规则与内地很不相同，其中最大的不同就是两地道路的行驶方向不一样，两者是完全相反的。因为左行，且驾驶室在右边，香港车辆又被叫作"右钛车"。从香港驶入深圳，首先要适应对"左""右"线的切换，在香港都是靠左开，而进入深圳后就都是靠右开，这对于司机来说，无论是技术上，还是心理上都要有一个适应过程。一不小心，就可能会引发交通事故。

你是我的主场
深 地

蛇口（文靖 摄）

蛇口

这里是打响中国改革开放第一炮的地方,这里开发的时间甚至比深圳经济特区建立的时间都要早。早在 1979 年蛇口就开始了轰轰烈烈的建设,比 1980 年 8 月才正式建立的深圳经济特区要早上一段时间。这里就是当年曾震惊海内外的蛇口。

蛇口,一个听起来有点吓人的地名。这是一个位于南中国海深圳湾畔的小半岛。说是半岛,其实也就是陆地稍微往大海里延伸出去的一个小岬角而已。在改革开放前的千百年时间里,这里默默无闻,跟中国漫长海岸线上的其他无数个小海角没什么区别。那个时候,大概只有一类人会知悉和关注蛇口半岛,就是那些朝思暮想从深圳湾偷渡去香港的人。这里与香港隔海而峙,只有一个内海海湾的距离,对于一些游泳好手来说,这点距离并不是问题。因此,在改革开放前,有不少人是从这里偷渡去香港的。其中也有不少人因为水性不熟或其他原因,在偷渡的时候葬身大海。

1979 年,袁庚代表招商局向中央要来了这个南中国海边上小到几乎可以忽略不计的半岛,陆地总面积只有 1.24 平方公里,小到中国地图上都找不到它的位置。然而,不管是大是小,它总是一块特殊的试验田。于是，冒着依然笼罩在中国大地的政治严寒，以袁庚为首的蛇口建设者们，甩开膀子开始了轰轰烈烈的建设。首先是依托香港，对外开放，对内改革，打响中国改革开放第一炮，将其搞成一个工业区。通过炸山填海的方式平整土地，建成一栋栋厂房，办起"三来一补"的出口加工产业，赚到了"第一桶金"。

不过，蛇口对中国改革开放所做出的贡献，绝不仅仅是开办工业园区。当时，蛇口率先提出和实行的工资制度、人才制度的体制改革，以及在思想观念上率先提出全新且颇具冲击力的新观念，都极其深入人心，为全国各地所接受，影响深远。这些有益探索才是对中国改革开放的最大贡献。

当时，蛇口在行政上一方面隶属于深圳经济特区，另一方面又有很大的独立自主性。甚至在某些时候，蛇口成为与深圳经济特区相提并论的改革开放"双子星"，是实践改革开放的两种模式，乃两块不同类型的改革试验田。对于改革开放初期的中国来说，蛇口的名字可谓如日中天，全国各地的人们经常可以听到深圳经济特区下面这个地方所闹腾出来的动静，纷纷从各地蜂拥过来参观学习，试图取点真经回去推广。

对于早期的蛇口来说，当时的蛇口就等同于袁庚，是袁庚的个人能力和魅力在推动着蛇口不断前行。然而，蛇口毕竟面积太小，土地一下子就用完了，而填海也不可能无限地进行下去，于是，很快就没有了支撑其继续发展下去的土地。另一方面，

2008年6月的蛇口，高楼密布

随着中国改革开放进程的深入进行，已经不再需要像蛇口这样一个面积如此之小的改革试验田进行探索了。因此，有一段时间，随着袁庚的淡出，蛇口逐渐走向平庸和没落，不仅不再一枝独秀，而且开始混然于众人。

客观来说，蛇口在改革开放初期取得的巨大成就，固然要得益于以袁庚为首的蛇口建设者们勇于开拓，敢于创新，大力推进，没有这些就不可能有那时蛇口社会经济的迅速发展，以及随之取得的较高知名度和影响力。然而也应该看到，蛇口之所以能够取得这些成就，很大程度上是因为在那个特殊历史时期，蛇口率先获得了特殊的政策，被允许先行先试，拥有很大的发展自主权；并且毗邻香港，容易引进香港的资本、人才和技术等。因此，当这个特殊时期一过去，特殊政策也随之消失之后，蛇口就注定难以再取得举世瞩目的成就了，它的一举一动注定很难成为改革焦点。这是历史的必然。

好在，前几年国家在批复成立和建设广东省自贸区的时候，又将蛇口划进去，成为深圳市与前海同时入围的两个地方。这对于早已淡出历史舞台的蛇口来说，是一大利好消息。于是，蛇口又开始重新进入人们的视线。或许，从此蛇口将再次震撼海内外，取得新的成绩和新的高度。

20世纪90年代初,作者的父亲在蛇口游玩

蛇口的标志——女娲补天塑像,拍摄于20世纪90年代初(黄文清 供图)

一个媒体人的"深漂"笔记

曾经的神州第一高楼国贸大厦

国贸大厦

如今的国贸大厦早已湮没在深圳市密密麻麻的"石屎森林"之内，默默无闻于深圳市一众更高更大更气派的摩天大楼之中，成了特区的一处"历史陈迹"。如果单以高度而论，这座曾长达10年占据全国第一高楼位置的摩天大楼界元老级的"风云人物"，现在连深圳市前十名都排不上。

它的全名叫"深圳国际贸易中心大厦"，"国贸大厦"是它的俗称。其坐落在深圳市人民南路与嘉宾路交汇处东北侧的罗湖商业区高层建筑群的中心地段，是一座由中国人自己设计、施工和实施物业管理的综合性多功能超高层建筑。从1982年10月开始建设，至1985年12月29日竣工，共历时37个月，占地面积2万平方米，建筑面积10万平方米，创造了当时国内新的高楼建设纪录。国贸大厦以方形塔楼为主体，楼高53层（地下3层），共160米，地上第49层为旋转餐厅，地上第50层屋面设有直径26米的直升机停机坪。塔楼北侧为高5层（地下1层）、长150米的裙楼，为一个规模宏大的商场。

在早期的深圳经济特区，国贸大厦素有"中华第一高楼"的美称，是深圳接待国内外游客的重要景点，国家领导人邓小平、江泽民、李鹏等曾先后光临国贸大厦，国际政要尼克松、老布什、海部俊树、李光耀、加利等也曾先后到国贸大厦访问过。那个时候，国贸大厦是"深圳经济特区的窗口"，也是"中国改革开放的象征"。

曾经闻名于全国大江南北，也是深圳经济特区最重要的形象符号之一的"深圳速度"，就是源于国贸大厦建设期间。当时，深圳国贸大厦"三天一层楼"的建设速度，震惊海内外，举国上下为之惊呼。这也成为经济特区制度可以极大地解放生产力和创造空前的生产效率的最佳注解。因此，深圳国贸大厦从来就不只是一座大楼，而是一座被赋予了无数的政治符号，满带政治和历史使命的大楼。

20世纪80年代中期到90年代中期，外地人来到深圳之后，往往会首先点名要去国贸大厦看看。那里每天人流如潮，大多都是操着外地口音的游客，来自大江南北、长城内外，且许多人都是拖家带口，携老扶幼前来。我记得1991年暑假和我父亲第一次来深圳经济特区游玩时，在深圳打工的亲朋就极力推荐我们去国贸大厦走走。那次去国贸大厦参观，是我们第一次坐扶手电梯和升降电梯。我至今还记得，当时站在国贸大厦第49层的旋转餐厅，极目望去，只见深圳到处都是工地，遍地黄土飞扬，机器轰鸣。20世纪90年代初深圳经济特区热火朝天的建设场面令我至今记忆犹新。记得当时要上国贸大厦那个旋转餐厅，必须穿戴干净整洁，否则服务员会将你拒之门外。我就曾看到有人因为穿拖鞋前去而被拒之门外，不准其上去。

公元一九八五年一月二十七日

1985年1月27日，在建的国贸大厦。《深圳特区报》报道称是全国最高的竹脚手架，由汕头竹器二厂搭棚队25名工人搭建

一个媒体人的"深漂"笔记

谈到深圳国贸大厦，自然不能不提邓小平。1992年1月20日，正在"南方视察"途中的邓小平，登上了深圳国贸大厦的旋转餐厅，在这里倾听了深圳市主要领导关于特区建设的汇报，并眺望了不远处尚未回归祖国的香港，发表了关于改革开放和深圳经济特区建设的重要讲话。这一天对于深圳国贸大厦来说，堪称空前绝后，是其最为辉煌的一天。当时许多深圳市民听说邓小平要到国贸大厦视察，纷纷从市内各地赶过来，在楼下及周边守着，想真真切切地从远处望一望这位备受民众爱戴、改变了许多人和国家命运的伟人。

21世纪以后，尤其是最近10年，国贸大厦就像它所在的罗湖区一样，渐渐地被其他一些"兄弟"赶超了。相比福田、南

1990年8月12日，从国贸大厦望东门方向，最前方为东门片区，十字路口为深南大道与人民南路交汇处（张俊波 供图）

20世纪80年代末90年代初的国贸大厦，在楼群中可谓鹤立鸡群

山、宝安等区的经济总量都在其上，罗湖区已不再是深圳经济特区聚光灯下的唯一或最大的宠儿，渐渐地沦为了"老区"。国贸大厦也一样，高度不断被同城其他的高楼大厦赶超，渐渐地从"主角"沦为了"边缘人物"。如今的国贸大厦，名气依然很大，但那是因为历史惯性的缘故。许多人现在去国贸大厦主要是找寻往昔的记忆或痕迹，这栋已略显老旧的大厦，记录了这座城市早期的许多发展史实，包含着深圳经济特区何以能够成功地超常规发展的密码。

深南大道昨全线贯通

横贯市区中心地段、东西走向的公路干线被铁路两处切断的状况结束

【本报讯】横贯深圳市区中心地段、东西走向的公路干线——深南大道，1月27日凌晨1时全线贯通。至此，深南大道连成一线。

深圳建立经济特区后，新建的深南大道被广深铁路、外贸专用铁路及一批建筑物载或三段，车辆被迫绕道而行，在公路和铁路的交叉口，交通十分拥挤，成为深圳市区交通的"肠梗阻"。1月20日，铁路高架桥通车后，市政府组织有关部门日夜施工，总过7天7夜的努力，终于在1月27日凌晨1时，把深南大道穿过铁路高架桥的两个孔道全部打通。现在，深南大道上交通畅顺，昔日车辆争道、拥挤不堪的局面得到极大的改善。（黄期祥）

1987年1月27日，深圳市把铁路用高架桥托起，6.8公里长的深南大道全线贯通，被深圳人自豪地称作"十里长街"。（原载《深圳特区报》）

深南路

根据地段位置不同,深南路分别被称为深南大道、深南东路或深南中路,是深圳市一条东西向的重要交通主干道。这条路东始于罗湖区深南沿河立交,西终于南山区南头检查站,全长约28公里,横穿深圳市的罗湖、福田、南山三个行政区,沿途经过深圳市各主要组团,包括商业区、工业区和旅游区等,许多深圳地标性建筑在这条路沿线上。事实上,它本身就是深圳的地标,2004年被评为"深圳八景"之一,整条路为深圳著名景点。

这条路真正的名字叫深南大道,不过许多老深圳市民依然习惯叫它为深南路。它始建于1979年,是深圳市最大最长最繁华也是最重要的一条道路,经过的区域都为深圳市最为繁华的核心区域,是名副其实的"深圳第一路"。

也许有些人会以为,深南大道是指其在深圳南部的意思。确实,从地理位置来说,深南大道位于深圳市的偏南部,是一条位于深圳南部的东西向交通大动脉。然而,其得名的真正原因并非如此,而是因为当时深圳市政府希望通过修建这条路连接深圳镇和南头古城,所以就各取两地首字组合而成"深南"路名。这条路最先修筑的首段是从蔡屋围到上海宾馆一段,当时是由几百位从广东省陆河县招募而来的民工完成的。此后这条路停停修修，整条路全线修好贯通则是十几年后的1994年的事情。在早期深圳人心目中，只要过了上海宾馆，再往西就是深圳经济特区的"郊区"了。

既然是大道，那其最主要的功能就是交通方面了。深南大道是深圳市最早的一条东西向主干道，连接宝安、南山等深圳相对较晚一些开发的西部组团和罗湖、福田等较早开发的中心区域。现在深南大道仍是深圳市与滨河—滨海路、泥岗路—北环大道、红荔路等平行的东西向主干道之一。每天行驶在其上的车辆，当以数十上百万辆计，是真真切切的城市交通大动脉。30多年来，这条大道为改善深圳交通和促进深圳的社会经济发展做出了很大的贡献。

现在走在繁华的深南大道上的人们可能很难想象得到，当时最初修建这条路的时候，所经过的地方都是荒山野岭、农田鱼塘、坟场水沟等极恶劣的环境，与现在高楼林立的繁华景象反差极大。那时候修建这条路的人也绝对没想到后来会发生这么大的变化。2015年1月，我曾向当年参与了深南路首段修筑的罗志江先生了解过修建此路时的一些情况。他是广东省陆河县人，现在在大芬油画村以画画为生。他表示，当时和同乡们主要是依靠从老家带来的木板车、锄头、铁锹、畚箕等土工具修筑这条路，基本上没有现代化的修筑设备，所以是在极其艰苦的条件下将深南大道首段修筑好的。

拍摄者站的地方为现深圳市老干部活动中心,前面在建的建筑为现新城市广场。1992年7月拍摄（张俊波 供图）

上步路与深南大道交汇处,前方为现城市广场和巴登片区。1992年7月拍摄（张俊波 供图）

一个媒体人的"深漂"笔记

深圳最重要的一条路——深南大道

无论是从长度还是宽度来看,深南大道在国内都首屈一指,甚至在世界范围内都极其罕有。而且,深南大道途经的全是城市最为繁华的地段,沿途高楼林立,经过蔡屋围、华强北、岗厦、车公庙等摩天大楼聚集区域。加上路中间和两边极其宽阔漂亮的绿化,使这条路被许多人誉为中国最美的一条路,堪称现代城市道路的典范。

2002年,曾经有人建议将此路改名为"深圳大道",认为这样才更符合这条道路的实际情况和定位。该建议最终搁浅了。因为,对于深圳市民来说,还是习惯叫其为"深南路"或"深南大道",认为这条深圳经济特区最重要的道路,见证了特区的飞速发展史,所以完全没有必要去改名。

许多深圳知名的旅游景点也依次分布在深南大道上，比如邓小平画像广场、市委门前著名的拓荒牛雕塑、何香凝美术馆、锦绣中华、世界之窗、民俗村和欢乐谷，以及深圳报业集团、深圳大学等。因此，每当外地人来到深圳时，深圳市民总会建议其去走走深南大道，感受一下深圳的城市美学。

走在深南大道上，两侧绿树成荫，中间花团锦簇，道路笔直宽敞、干净整洁，整个道路环境非常和谐自然，使人感觉仿佛是穿行在花园之中。只有在看到不时从两边行道树上冒出来的高楼大厦，才会被拉回现实，想起这是穿行在南中国大都会——深圳市最为繁华的核心地带。

这是一条有生命的大道，从其诞生以来就一直在不断地完善，越变越美。30多年来，深南大道的变迁史折射出了深圳经济特区的不凡发展历程。

1992年作者的外婆在深南大道市人民医院段留影

坚持党的基本路线一百年不动摇

位于深南大道边上的邓小平画像广场，是许多外地游客的必游之地

小平画像广场

按照常理来说,这里本不该成为一个旅游景点,因为这个位置实在没什么旅游资源。然而这里又是一个非常热门的旅游景点,因为到这里来代表着向一位世纪伟人和一座伟大的城市致敬!这里就是位于深南大道与红岭路交汇处的"邓小平画像广场",是深圳经济特区的地标之一。这幅巨型室外宣传画竖立于1992年6月28日,近年来已成为海内外游客缅怀这位中国改革开放总设计师的最佳去处,深圳各大旅行社早已将"小平画像广场"列为深圳游必不可少的一站。

说是广场,其实这里并不是很宽阔,没有人们印象中的"广场"那么宽大。而且,这个广场所在的路口也仅是几十公里长的深南大道上一个极其普通的路口,跟其他的路口没有什么区别。就是现在这个巴掌大的"广场",也是因为竖立在这里的邓小平画像越来越出名,前来参观和缅怀的人越来越多,政府才硬挤出这么一小块地方,将其建设成广场,以方便人们前来参观和缅怀。实际上它一开始的时候什么都没有,就只有一块画像牌而已。

尽管只是这么一块狭小的地方,却是外地人前来深圳的必游之地。许多外地朋友初次来深圳游玩，往往会点名要去这个地方走走，因为早在报纸、电视或网络上看到过，印象极为深刻。许多人都想去这个广场，跟敬爱的邓小平合个影，感恩他坚定不移地推行改革开放政策，从而改变了自己、家庭乃至整个国家的命运。在推行改革开放最落力的地方，缅怀大力推行这个政策的伟人，是不少国人来到深圳后的一大心愿。对于许多人来说，假如来深圳没有去邓小平画像广场，那将会是一个很大的遗憾，也意味着这趟深圳之行不够完美。

至于深圳市民，则每逢深圳经济特区建立周年纪念日、邓小平诞辰和忌日以及清明、十一等节假日，都会自发地前往邓小平画像广场，缅怀、感恩或祭奠邓公，向画像献上鲜花，以及合影留念。这几乎成为不少深圳市民每年必做的保留事项，再忙再累也要抽时间去做。广场的硬件条件远谈不上好，却能够吸引到如此之多的市内市外民众自发前来参观，这完全是拜邓小平人格魅力所赐。

当初，深圳邓小平画像广场是全国唯一在邓小平仍健在时就在户外贴出巨幅邓小平画像的地方。因为当时邓小平本人不允许这样做，所以全国其他一些地方类似的行动就被叫停了。然而，对于深圳来说，邓小平有着极其特殊的地位，市民和城市都对他充满感激之情，甚至可以说没有邓小平就没有今日的深圳。因此，尽管不允许，但是深圳依然将这个画像竖立起来，并一直延续到今天。

迄今为止，广场上的邓小平画像共有四个版本。第一个版本制作于1992年；第二个版本制作于1994年；第三个版本制作于1996年国庆前；目前的邓小平画像为第四个版本，完成于2004年8月15日。目前这个版本，画像上邓小平身后的深圳景色，从左到右为深圳20世纪80年代、90年代到21世纪初的标志性建筑，如深圳国贸大厦、地王大厦、市民中心等。画像规格为高10.35米，宽30.47米。早期张贴出来的邓小平画像显得比较粗糙。后来几经更换，画像制作越来越精美，人物也画得越来越传神，上面的邓小平语录也随之更换过几次。广场每一次更换邓小平画像，都会引起海内外各界的热切关注，成为一起大事件，是各方争相报道的大新闻。

广场没有进行封闭式管理，呈完全开放式，没有围栏或其他东西遮蔽阻挡，任何人都可以自由前往，不会有人予以阻拦。同时，也可以自由拍照，没有什么特别的限制。多少人，在广场前与画像中的邓公合影从青少年到如今即将步入中年。时代在变，深圳市民缅怀邓公的心却没变。

年复一年，转眼已经二十多年的时间过去了。每一天，面对着深南大道这条深圳市最为重要和最为繁华道路上的滚滚车流人流，邓公的眼神一如既往地坚毅，仿佛在鼓励着拼搏在这座大都市的人们，要继续往前闯，只有敢闯才能赢得未来。

20世纪80年代初期，渔民村是著名的"万元户"村（江式高 摄，原载《深圳特区报》）

渔民村

多年来，每当到了深圳经济特区建立的重要时间节点，比如二十周年、三十周年等，有个"村子"总是会被深圳媒体拎出来大说一通。尽管这个"村子"近些年早就归于沉寂了，但是因为在改革开放初期的辉煌历史，它是当时深圳乃至全国农村发展的典型和标杆，尤其是因为中国改革开放总设计师邓小平曾去视察过，所以一度成为当红的"政治明星村"，并一直被深圳官方和媒体念叨至今。

今天的深圳市民，大多对渔民村已经没什么印象了。不知道这个比南岭村更早的深圳经济特区"政治明星村"在 20 世纪 80 年代的历史。那时，渔民村可谓风光无限，如日中天，风头一时无二。30 多年来，先后有多位国家领导人到这个小渔村视察。

值得一提的是，深圳之所以屡屡被外界说成改革开放前是南中国海边上的一个小渔村，很大程度上就是因为渔民村的关系。尤其是当年邓小平视察之后，，外界更是异口同声地这样说，认为深圳是由一个小渔村一夜之间变成了一座现代化大城市。不过，许多改革开放前的老深圳以及深圳市的文史研究人员却极不同意这种说法，他们认为，其实深圳（原宝安县）在改革开放前本身就是一个不错的边境县，尤其是县城深圳镇建设得还算不错。并且因为要对香港"统战"的缘故，经济相对还好一些，物质相对也还丰富一些，经常有国家和省级文化艺术团体和知名文化艺术大师前来表演和考察，绝非什么"小渔村"和"文化沙漠"。

不管怎么样，在深圳官方和媒体的语境中，渔民村往往被描绘成是深圳经济特区建设的叙事起点，是唱响"春天故事"的地方，还往往被视为是改革开放 30 多年来取得辉煌成就的样本。一个原本穷得响叮当的"小渔村"，现在变成富裕、现代化的大都市主城区组成部分，这种对比够强烈，由此也就更加能够凸显改革开放和深圳经济特区的伟大成就。

据《渔民村村史》记载，渔民村人最早是漂泊在东莞一带的水上人家。当年，这些被称为"水流柴"的打鱼人路过罗湖桥时，发现深圳河水清鱼肥，于是就定居于此，依然以打鱼为生。直到 20 世纪 50 年代，在政府的鼓励和帮扶下，这些整天水上漂的渔民才上岸盖草棚、辟鱼塘，开始过上定居生活，渔民村也逐渐形成，然而生活依然非常清苦。直到改革开放以后，在建设深圳经济特区的大好形势下，他们才抓住机遇，率先破局，赚取"第一桶金"，成为远近闻名的富裕村。

渔民村的"发家史"是这样的：改革开放初期，渔民村利用其特殊的地理优势，开展小额贸易，组建运输车队和运输船队，发展养殖业，办起了来料加工厂。到 1979 年的时候，渔民村已经有酒楼和珠宝加工等几家香港工厂来村里投产，厂房租金都被分到了村民口袋里，村民开始富裕起来。

相关资料显示，1981年渔民村的集体收入达到60多万元。全村35户村民，每户平均收入10588元，在全国率先实现了"万元户村"。当时，村里还为村民们统一筹建了新住宅，33栋米色别墅式小洋楼拔地而起，每栋面积180多平方米，不仅有花园和围墙，还带一个小鱼塘。当时刚刚开始流行的"三大件"——电饭煲、电冰箱、电视机，村民们家里都有了。20世纪80年代初，渔民村已经是远近闻名的中国最富庶村庄之一。

1984年1月25日，邓小平前来渔民村视察，村里翻天覆地的变化给他留下了深刻的印象。"政策肯定会变，但只会越变越好！"总设计师的肯定和允诺，使渔民村被彻底镀上了"改革开放政治明星村"的名号。从此，渔民村只能前进和成功，不能后退和失败，否则就意味着改革总设计师说话不灵验了。

今天，作为深圳经济特区第一代"政治明星村"，渔民村依然会时不时出来露下脸，给后辈们谈谈过往，回忆一下改革开放初期的艰苦奋斗历程和取得的辉煌成就。村里的老人们也会讲述当年邓小平视察时的点点滴滴。不过，也就仅限于此了。除此以外，该村已很少能有新的亮点引起世人的关注。

对于大多数普通深圳市民来说，似乎对渔民村并没有太多的感觉，总觉得其与自己离得很远。大多数人往往认为，渔民村之所以能够取得成功,并不是他们的能力有多强,而主要是因为他们运气好,处在一个地理位置如此优越的地方,想不发财都难。

应该说,渔民村的人应该感恩改革开放。在1949年以前,像他们这种水上人家是没什么社会地位的,大多穷困潦倒,勉强生存。改革开放前,日子也过得比较穷困艰苦。改革开放后在好的政策下,他们一跃而成了社会上最为富裕的一批人。30多年来,中国改革开放事业改变了千千万万人的命运,渔民村人只是其中一小部分而已。

20世纪80年代，渔民村经常接待各界来访。图为1985年1月29日媒体报道，李默然、白杨、陈强、陈佩斯等著名电影表演艺术家和演员一行前来参观（原载《深圳特区报》）

南岭村

在深圳经济特区发展史上，有两个值得一书的村落，除了"渔民村"，另外一个就是"南岭村"。这两个特区村落，一个在20世纪80年代，另一个在20世纪90年代到21世纪初，都曾是深圳经济特区农村城市化建设的发展标杆，被政府部门树为特区新农村建设的旗帜。因此，从某个角度来说，这两个村落无疑是深圳最为知名，也是被官方提及最多的两个村落。

公开资料显示，南岭村是深圳市龙岗区南湾街道的一个村子，面积4.12平方公里，户籍人口800人。这里高高矮矮的楼房林立，建筑密度非常大，入住了大量外来人口。尤其是近年深圳地铁龙岗线开通之后，许多原本居住在原特区内的市民，或买或租，纷纷搬到这里来居住。这里通过地铁或公交大巴，到罗湖中心区域仅十几二十分钟的路程，非常方便快捷，成为在罗湖及附近区域工作的人的重要居住地之一。

南岭村本是深圳市龙岗区下面一个自然条件非常差的客家村落，地处丘陵地带，山多田地少，曾因为贫穷被戏称为"鸭屎围"。村里的原住民为张、袁、林、李、谭五姓，祖上是约三百年前清朝康乾年间"迁海展界"之后从闽西等客家地区迁

位于南岭村的求水山公园，节假日吸引许多周边市民前往

来。直到改革开放初期，这里还是交通不便，土地贫瘠，是一个贫穷落后的深圳普通村落。当时，在深圳市成百上千的村落之中，属于较为默默无闻的一个，没什么特色，历史上也没出过什么大人物或出过什么惊天动地的大事。

在深圳经济特区成立之后，南岭村抓住地处原二线关布吉关、沙湾关附近，紧邻原特区内先发核心区域罗湖区的地理优势，积极发展工业，并通过建设厂房出租发展"厂租经济"等方式，大力发展村集体经济，迅速发家致富。因为村集体收入高，村民分红多，所以其一度被誉为"中国第一村"。多位中央领导都曾前去南岭村视察，所以令该村人气倍增，成为深圳乃至全国都极其当红的一个特区村落。在其如日中天的时候，几乎所有的深圳经济特区人都在谈论它，并羡慕这个特区村落的村民分红收入。也正因为如此，这十几二十年来，只要一提起"南岭村"，在深圳人的印象中总觉得其跟"政治"相关，是一个"政治明星村"，同时也感叹该村村民们在家坐着就有大把钱收。

跟深圳的其他村一样，南岭村早就不是中国传统意义上的"村"了，这里商场林立、工厂云集、楼房密布，常住人口众多，完全是一派繁华都市景象。因此，与其说这里是"村"，倒不如说其已经发展成为一个繁荣的市镇更为准确。

在深圳人印象中，总以为南岭村原住民的经济收入一直就是依靠收取厂房租金。其实，该村也在商业、旅游、酒店等方面做过努力。比如兴建了布吉片区最大最好的"求水山公园"供周边市民游玩，并在其旁建有布吉片区最好的酒店——"求水山酒店"，属五星级。在求水山公园内还建有南岭客家民俗园，里面不仅陈列具有客家代表性的器具物品，而且还有许多表现旧时客家人生活场景的蜡像。在这些蜡像群中，有锄禾的、有插秧的、有鞭牛耕地的、有摇风车车米的、有踏水车车水的，还有举行婚礼的场面和一家人吃饭的场面。不少深圳市民带孩子前来参观，可以从中了解旧时农业社会的耕作和生活场景，可算作是对孩子进行一场"忆苦思甜"的感性教育。

在经济总量上，南岭村一直在大布吉片区占据着举足轻重的地位。2006年主要以南岭村为主，加上沙湾、丹竹头、李朗等片区，从原布吉街道办事处拆分出，成立了南湾街道办事处，办公地点就设在南岭村。

近年来，南岭村面临着转型升级的问题。该村（现在叫股份公司）的领导对村集体经济未来的发展有所担忧，希望能够引入一些高新产业，使南岭村不再一味地依赖厂租经济。这种想法很好，但是要实现起来却并不容易。因为，这不是单纯依靠投钱就行的，主要是人才和技术，同时还要有合适的体制环境，涉及方方面面的因素。

南岭村求水山公园内的一段仿建长城

1984年，南岭村因发展商品经济得力，获宝安县相关评比特等奖，奖品是一辆汽车

警惕的哨兵

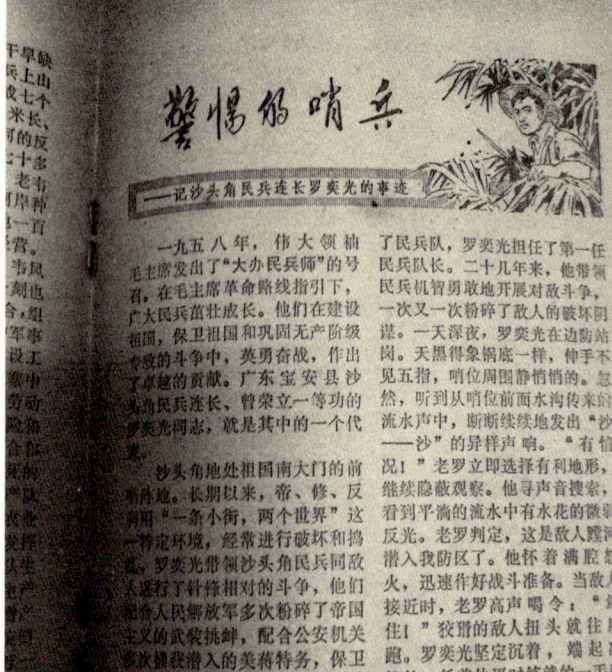

——记沙头角民兵连长罗奕光的事迹

一九五八年,伟大领袖毛主席发出了"大办民兵师"的号召,在毛主席革命路线指引下,广大民兵茁壮成长。他们在建设祖国,保卫祖国和巩固无产阶级专政的斗争中,英勇奋战,作出了卓越的贡献。广东宝安县沙头角民兵连长、曾荣立一等功的罗奕光同志,就是其中的一个代表。

沙头角地处祖国南大门的前哨阵地。长期以来,帝、修、反用"一条小街,两个世界"这一特定环境,经常进行破坏和捣乱。罗奕光带领沙头角民兵同敌人进行了针锋相对的斗争,他们配合人民解放军多次粉碎了帝国主义的武装挑衅,配合公安机关多次捕获潜入的美蒋特务,保卫了边防的安全,维护了祖国的尊严。

（一）

一九五一年,沙头角镇成立了民兵队,罗奕光担任了第一任民兵队长。二十几年来,他带领民兵机智勇敢地开展对敌斗争,一次又一次粉碎了敌人的破坏阴谋。一天深夜,罗奕光在边防站岗。天黑得象锅底一样,伸手不见五指,哨位周围静悄悄的。忽然,听到从哨位前面水沟传来的流水声中,断断续续地发出"沙——沙"的异样声响。"有情况!"老罗立即选择有利地形,继续隐蔽观察。他寻声音搜索,看到平淌的流水中有水花的微弱反光。老罗判定,这是敌人蹚河潜入我防区了。他怀着满腔怒火,迅速做好战斗准备。当敌人接近时,老罗高声喝令:"站住!"狡猾的敌人扭头就往后跑,罗奕光坚定沉着,端起冲锋枪,凭着他平时练就的一手硬功,"达、达、达"一个点射,敌人"哟"的一声倒下去了。就这样,二十多年来,罗奕光和他所在的民兵连配合公安机关,

1975年《华南民兵》第18期,刊登沙头角民兵连长的故事

沙头角

在 20 世纪八九十年代的深圳乃至全国,沙头角的名头可谓如日中天,远近闻名。许多从外地前来深圳的人,甫一下火车或飞机往往就会首先指名问询"沙头角",并表示这趟深圳之行一定要去一趟沙头角。那时候,在不少人眼中,沙头角几乎等同于深圳经济特区,那里是特区最为重要也最值得一去的地方。

其实,沙头角仅是深圳市盐田区下辖的一个小镇(现在叫街道办事处)。当时,这个方圆不足一千平方米的小镇,一条环镇街道只需十来分钟便可走完,是一个非常小的地方。然而,因为这里与香港相连接,商业异常发达,成为深圳借以闻名全国的"购物天堂"。

在那个国门初开的年代,沙头角代表着可以直接连通"东方购物天堂"香港,因为内地居民那时不能轻易前去香港,所以去了毗邻香港的深圳沙头角,在许多内地人眼中就等同于去了一趟朝思暮想的香港。在这个南国小镇,可以近距离观看和体验一下从小就在政治书、历史书和报纸电视上被"批黑批臭"的香港,亲眼看看这个"资本主义社会"究竟长什么样,那里的民众是不是真的"生活在水深火热之中"。

因此,对于那个年代的许多国人来说,"沙头角"是一种情怀和向往,代表着"高大上"的社会主义居民可以亲眼看见"落后腐朽"的资本主义社会一角。在干了几十年"拯救全世界另外三分之二仍然生活在水深火热的人类"这种苦力活之后,国人普遍期盼能够近距离观察一下外面的世界,看一看那边是否真的如宣传中所说的那样不堪。

当然,这只是初期的事情。后来大家自然认识到,河对岸的香港不仅不是"生活在水深火热之中",而且还拥有着极其丰富的物质文明,远比我们这边过得好。那个时候,相对于内地来说,香港产品显得物美价廉。长时期的物资匮乏,导致国人在购物消费方面有着庞大而迫切的现实需求。好不容易来一趟深圳,当然要尽可能地为自己及老家的亲朋好友多买点港货了。于是疯狂的内地消费者一发威,顿时让香港人倍感震惊。曾经一度,内地人在沙头角消费购物已经不是用"买货"来形容了,可以直接称作"扫货",简直跟"抢"差不多,仿佛那里的东西全都不要钱似的。

在此后的很长一段时间内,人们到沙头角去大多是为了去那里的"中英街"购物。所谓的"中英街",指的是深圳与香港所共有的一条小街道,其一边属内地,另一边属香港。也就是说,同是这条街道,一边属社会主义阵营,另一边属资本主义阵营。这种"一街两治"的奇景,在全世界范围内都极其罕有。在改革开放前,"中英街"是东西方冷战对峙的最前沿之一,双方的军警都荷枪实弹,随时准备战斗,气氛异常紧张。那时候,有些内地人千方百计想混进这条街里面,期望能够通过这里"逃港"。不过,因为当时管制极其严格,所以成功率非常低。

驰名中外的"中英街",实际上只不过是一条长不足一里,宽不到两丈的普通商业街。两旁店铺拥挤,东边属深圳沙头角镇,西边属香港境(1997年7月1日后为香港特别行政区)。水泥路的街心埋有五块四棱柱花岗石,石上镌刻的英文已模糊不可辨,这就是所谓的"界碑"了。街两边的商店塞满了中外商品,琳琅满目。20世纪80年代的时候,许多内地人去"中英街"主要是为了购买黄金饰品,一如现在许多内地人喜欢到香港购买黄金饰品一样。因此,"中英街"曾经一度金铺密集,金店多过米店,里面销售的黄金饰品供不应求,内地人像潮水一般涌入进去抢购。

记得大概是在1992年的时候,我曾和母亲来过一次深圳,当时就曾和她一起去过一次沙头角。那时候,有些亲戚在沙头角,在口岸、中英街等周边从事一些外围工作,赚些收入。我们那次坐公交车摇晃了许久才到达那里,还在那里住了一晚。尽管时隔多年,但是至今仍然记得当年沙头角人潮涌动的情景。

1997年香港回归祖国以后,香港与内地的交流日益增多,已不仅局限于一条小小的"中英街"。加上当时"中英街"销售的假货多,名声越来越不好。于是,"中英街"迅速没落,人气一落千丈。到21世纪初的时候,"中英街"已经基本退出历史舞台了。从那以后,深圳市民或外地人前去的话主要就是为了怀旧,一些有人文历史情怀的人才会去,普通人已经对此失去了兴趣,转而通过"自由行"直接赴港游玩和购物。与之相伴的是沙头角也跟着沉寂了下来,不再像过去那样赫赫有名。

作者的表弟，拍摄于1991年8月21日的深圳街头，天桥下面是等车去沙头角的市民

一个媒体人的"深漂"笔记

东门的昨天（吕翔 摄）

东门老街

说到步行街,深圳人肯定首先想到甚至只知道东门老街。这里是深圳最为著名的购物街,也是深圳最早最大和人气最旺的步行街。在休闲购物领域,它是深圳购物街的代表。不过跟其他城市的步行街比较起来,东门老街没有太大的特色,除了建筑外观有些许不同之外,本质上几乎没有什么不同,这点全国各地都一样。

然而,也不是说东门老街与其他城市的步行街就完全一样,它还是有自身特色的。骑楼、庙宇、书院、祠堂等颇具岭南特色的建筑和物件,共同构成了东门老街的独特之处,这些是它跟其他城市步行街不一样的地方。

据悉,东门步行街是深圳市历史最为悠久的商业区,是深圳最传统的商业旺地之一。深圳经济特区建设初期,东门商业街是最为繁华的地段。但随着特区建设的迅速推进,它也开始没落,后来一度演变成主要是一些小摊小贩在此经营,商品也以低档为主。20世纪90年代末,为了改变这种状况,使东门老街重获生机,深圳市政府投入巨额资金对其进行大规模的现代化改造。改造后的东门步行街于1999年10月1日正式启用,

深圳最为著名的步行街——东门老街入口　　人潮熙攘的东门老街。每逢节假日，人流十分密集

包括8条市政道路、1条风貌街和3个大型的休闲广场，成为保留了传统韵味的现代化新型商业步行街区，集购物、休闲和旅游观光于一体。

尽管建墟已经有数百年历史，也在周边一带小有名气，但是东门老街的历史其实并不算太显赫。其真正登上历史舞台还是1911年在此设立火车站以后，它才日渐繁华，成为深莞惠地区的名墟。然后，待到深圳的前身宝安县于1953年把县城从南头古城迁到深圳墟（镇），这里也就随之一跃而成了宝安县的政治、文化和经济中心。从那时起一直到改革开放初期，这里都是宝安县乃至深圳市最为繁华的区域。作为深圳经济特区建设初期的商业中心，东门老街曾一度引导和左右着深圳的消费潮流。

古代深圳的根，在南头古城；而近代深圳的根，则在"深圳墟"。这个"深圳墟"就是现在人们所俗称的"东门老街"。可能有些人会误以为东门老街只是一条街，其实不是这样的。所谓"东门"，指的是原深圳墟的四个门之一的"东门"。现在人们所说的深圳东门商业步行街区，其北至立新路，南至深南路，东到东门中路，西至新园路，总占地面积达17.6万平方米。

深圳人尤其是年轻人，非常喜欢逛东门老街，前往购物消费。到节假日的时候，更是把这个小小的街区挤得水泄不通，其中尤以春节前夕最为热闹。不仅许多深圳市民每年必逛，而且外地来深的游客们，往往也必会前去走走看看并买点东西。值得一提的是，来这里逛街的人群之中尤以年轻姑娘居多。在这个区域，那些打扮入时的美女靓妹已经不是按个计数，而是成群结队。因此，也有一些深圳男青年们，到东门老街逛街纯粹是为了去看漂亮姑娘。

一年365天，几乎每天中午以后前去东门老街，都是人来人往，极其密集，很少会有门庭冷落的时候。遇到高峰期，举目望去，全是熙熙攘攘的人群，或大或小的店铺，里里外外到处人头涌动。这个时候，要想从街区穿过的话，可得费一番劲了，弄得不好可能会被人挤伤。

许多深圳人可能不知道，在东门老街还有一家店，是"中国第一店"，那就是位于老街的麦当劳快餐店。这家店是美国快餐品牌连锁店麦当劳进入内地所开的第一家店。1990年10月8日，这家麦当劳餐厅在深圳市解放路光华楼西华宫正式开业。

改革开放开始几年以后，曾经长期是深圳商业中心的东门老街区域逐渐被边缘化，深圳新的商业圈位于罗湖口岸和火车站，以及国贸大厦附近。直到后来经过1999年的大规模改造之后，东门老街才焕发新生，重新成为这座城市的商业中心，再次繁荣起来。不过，近十多年来，深圳其他地方也涌现出不少著名的休闲购物商业街区，比如华强北商圈等，与东门老街展开了激烈竞争。加上购物公园、万象城、海雅缤纷城等大型商业综合体的崛起，分流了东门老街的许多中高档客流。

如今全国各大中小城市几乎都有步行街，都大同小异，连跻身其中的品牌店也大部分雷同，所以越发使一些喜欢新奇独特的人觉得没意思。这也是为什么东门老街现在对于新新人类越来越没吸引力的原因。面对新时期的新情况，东门老街何去何从，如何再次突出重围，重新杀出一条血路，是摆在城市管理者面前的一大课题。希望能够再次通过现代化改造提升，使有着数百年历史的深圳老街焕发新姿，走向新的辉煌。

每逢节假日就人山人海的东门老街

一个媒体人的"深漂"笔记

工人文化宫

在许多老深圳口中,经常会提起一个地方,那就是深圳市工人文化宫。包括较年长的深圳原住民和改革开放初期前来深圳的外来人员,都对这个地方充满了感情和回忆。他们认为其是深圳经济特区早期的一个重要休闲娱乐文化场所,承载了许多老深圳关于特区的城市记忆。

在那个年代,下午下班后到离工作地点不远处的工人文化宫逛逛,或者晚上茶余饭后去那里走走,是每天的寻常事。那个时候,深圳墟周边除了去工人文化宫之外也没有其他去处可供民众休闲,这里是深圳墟周边区域唯一可以去的地方。工人文化宫可说是深圳最早乃至当时唯一的一个文体公园,承载了一两代深圳人的温馨记忆。许多老深圳至今仍对它念兹在兹,难以忘怀。

据查,深圳市工人文化宫始建于 1953 年。那是工人阶级领导革命的火红年代,工人阶级是国家统治阶级的主体之一,发挥的是先锋队的作用。所谓"咱们工人有力量",所以工人阶层的日常工作生活需要照顾好。因此,建设这个服务于工人的群众性文化场所也就是顺理成章的事了。

20世纪80年代的工人文化宫（梁兆欢 供图）

这个离深圳镇中心不远的工人文化宫建成之后，深受周边民众的喜爱。从其所处的位置来看，初建的时候这里相对于当时的深圳墟来说，位置算是有点偏了，属于县城的郊区。当时，这里曾长期是宝安县县城（深圳墟）及其周边民众娱乐休闲的唯一场所，乃深圳墟居民逢年过节必到的地方。曾经在很长一段时间内，对于深圳（原宝安县）民众来说，过年的时候一家人到工人文化宫游玩，成为每年春节的保留节目，是标准的过年模式。每逢春节期间，里面就张灯结彩，装扮得具有浓厚的过节氛围。民众则拖家带口从四面八方汇聚过来，一起游园、赏花、猜灯谜、跳交谊舞、玩溜冰等，大家开开心心地感受春节的喜庆。几十年下来，每当提起过春节，许多老深圳人总会情不自禁地想起工人文化宫，因为这里留存有许多他们过春节的

20世纪80年代，深圳人喜欢春节期间携家带口到工人文化宫游玩（欧阳滔 供图）

难忘场景。

那个时候，工人文化宫需要购买门票才能进去游玩。直到1996年，市民还需购买门票才能进去。据说，最高峰的时候光凭5毛钱一张的门票，工人文化宫一年的门票收入就70多万元，由此可见当时深圳市工人文化宫的受欢迎程度，以及客流量之多。哪怕是需要收费，也阻挡不了民众前来游玩的步伐。

作为深圳中心区域唯一的文化休闲娱乐场所，当时这里还承担着文化广场和群众广场的功能，经常会举办各种文化活动和其他群体活动，甚至在这里举办群众大会。反正在那个年代，深圳人总不免要与工人文化宫打上交道。

改革开放初期，当时初生的深圳经济特区中心区域罗湖，仍然缺少群众性的文化娱乐休闲场所，因此民众仍然只能前往工人文化宫游玩，只有工人文化宫才能满足民众关于休闲娱乐方面的需求。当时许多人谈恋爱的时候，经常会和恋人一同前往，这里也就承载了许多人永恒的回忆，见证了他们的爱情故事。

随着深圳这30多年来的迅猛发展，工人文化宫早已不是唯一可供深圳市民欢度新春的休闲娱乐场所了。全城到处都有更新更酷更好玩的休闲娱乐场所,场地更宽更大,基础设施更现代更美观,设备更先进更完备,这些都不是工人文化宫所能比拟的。对于普通的深圳市民来说,大部分人已经不会再去这个地方了,因为它实在缺乏吸引力,找不出前去的理由。许多年轻的深圳市民,更是完全不知道深圳还有这么一个地方,更遑论知悉它的辉煌历史了。

如今仍在对外开放的工人文化宫,它现在的角色更多的是体育场馆,主要是提供给市民进行体育锻炼。尽管如此,它至今仍延续着当年的一些传统。例如,每到春节的时候,工人文化宫仍会举行各种庆祝活动,会举办像游园活动、给市民送春联之类的庆贺活动,并且里面的体育场馆于春节期间还免费对外开放。因此,逢年过节的时候,工人文化宫依然会比较热闹。

工人文化宫承载了许多老深圳人的春节温馨记忆。图为作者表弟表妹(摄于1991年春节期间)

1989年9月对外开放的锦绣中华景区。拍摄于当年10月8日

锦绣中华

如果从旅游资源的角度来看，深圳市在这方面是比较匮乏的，全市没有多少真正过硬的旅游资源，尤其是在名山大川或名胜古迹方面更是几乎没有，跟国内一些旅游强市是没法比的，属于旅游资源较为薄弱的城市。不过，深圳市却又是一个旅游强市，每年前来深圳旅游观光的人非常多，为深圳旅游业创造出了不菲的价值。

为什么会这样呢？原来，尽管没有过硬的旅游资源，但是深圳人从很早的时候起就通过现代化的手段自己创造一些旅游景点，使其同样能够吸引各方游客前来参观游玩。30多年来，在人造景观方面，深圳有着极其丰富的经验和丰厚的收获，早已在国内旅游业界形成了一种特有的"深圳模式"。

深圳市是主题公园的首创者之一，是最早引进这一现代旅游业造景模式的城市之一。20世纪80年代的时候，当华侨城推出以浓缩国内最为著名的各主要旅游景点于一园的锦绣中华景区，打造微型人造景观，让游客可以在一个小小的园区内同时饱览全国各地风景名胜时，一下子就引爆了主题公园产业。

当年，锦绣中华开业之初，市内外的游客蜂拥而至，其接下来持续多年成为深圳人和深圳人接待外地来深亲友的必游之地。每天前往锦绣中华景区的公交大巴都是满满的，景区里面则人山人海，每逢节假日更是水泄不通。因为游客太多，华侨城和深圳市政府甚至曾在某年节假日的时候公开对市民喊话，让大家不要在高峰期前往，把这段时间让给外地过来的游客。担心前来的游客太多，所以对潜在游客喊话，请其改天再择日前往。今天听来，这也算是深圳旅游史上的"神话故事"了吧？

那个时候，锦绣中华是深圳最为知名的旅游景点，在内地极具号召力，许多人前来深圳经济特区之后都指名一定要去这里走走看看。在那个年代，锦绣中华就是深圳旅游业的代表。许多深圳市民前去的次数还不止一次，三五次都是很正常的事，多的甚至达十几次。

竟然如此成功，连经营者华侨城都觉得颇有些出乎意料。于是，华侨城又趁热打铁，陆续推出了中国民俗文化村、世界之窗等类似性质的主题公园，主打人造微缩景观，将国内国外著名景点都收罗一地。这些新的主题公园推出之后，同样非常火爆。记得我 1992 年夏天前来深圳的时候，小姨就带我和我妈妈一起去刚开业不久的中国民俗文化村游玩了一天，给年幼的我留下了极其深刻的印象，至今仍记忆犹新。

把国内国际各地最为知名的旅游景点收集于一园，使人们可以在一日之内游遍海内外，了解海内外，这也可以看出当时深圳经济特区的远大抱负。作为中国改革开放的窗口，深圳本身的定位就是联结海内外，既让世界经过深圳了解中国；又让中国人经过深圳了解世界，深圳起的是国内国外沟通桥梁的作用。因此，华侨城推出的这些人造微缩景观式的主题公园，符合深圳这座城市的定位，两者相得益彰。从某种程度上来说，这种景点也只有在当时的深圳经济特区才能火起来。

如今，一方面社会趋于多元，可供消遣休闲的场所和方式有很多；另一方面深圳人早就已经走出去了，不仅国内各地的秀美山川，而且连国外各地的风景名胜，许多深圳人也都已经去过了。因此，已经没必要再靠参观微缩景点来过瘾。所以近年来，锦绣中华、民俗村、世界之窗这些主打微缩景观的老牌主题公园，经营状况每况愈下，已经不再吸引深圳市民的关注了。只有当这些景点在一些重要节日搞活动的时候，才会让人想起，吸引一些市民参与。

不过华侨城在同一区域推出的以机械游戏为主打的欢乐谷，以及在盐田区新建设的东部华侨城，至今仍然非常火爆，每年都吸引许多市内外的游客前往，是深圳旅游业的重要卖点。这些新建的景区，为深圳旅游业注入了新的活力，使深圳旅游资源有了新的拓展。总的来说，"一招鲜吃遍天"的年代已经过去了，只有不断创新才能适应新的发展形势。

1987 年 11 月 22 日，作者的小姨在蛇口海上世界游玩。从此图可以看出，当年船在海里

海上世界

在20世纪80年代的时候,大多数深圳人都知道,"海上世界"是一艘船,停放在蛇口,是当时深圳一个非常知名的旅游景点。这艘船并不是一艘普通的船,而是一艘有着极其辉煌历史的船。甚至可以说,这是改革开放初期中国知名度最高的一艘船。

这艘船名为ANCEEVILLA("海上世界"的原船名),由法国人制造。1962年8月7日,该船由法国总统戴高乐剪彩下水,作为其专用豪华邮轮。1973年4月7日,中国在马耳他接收这艘大船,同时将其改名为"明华",这个名字至今仍铭刻在这艘船的船身上。1973年6月,明华轮投入中国至坦桑尼亚的航线。1978年6月,国务院派明华轮前往越南接中国侨民。1979年1月,明华轮到柬埔寨桃邑接在此工作的专家和工作人员。1983年8月14日,明华轮营运最后一航次结束。1983年8月27日,明华轮抵达深圳蛇口,由广州远洋运输公司调拨给"海上世界"股份有限公司。1983年12月16日,公司迎接第一批客人上船(试营业)。1984年1月26日,邓小平来到"海上世界",并为"海上世界"题字。回溯这艘船的辉煌历史,你会发现当时深圳市领导人将其拉回深圳是一件极其明智的事情,等于为深圳留下了一张十分闪亮的文化名片。

如今，当你站在深圳蛇口"海上世界"前，会发现其离大海有较长的一段距离，一点也看不出是"海上世界"。因此，初来乍到的外地人，或者较为年轻的深圳市民去的时候，大概会感到被其名字欺骗了，觉得这"海上世界"有点名不副实，根本就不是在海上。确实，现在的"海上世界"与其说是在海上，倒不如说是在陆上，早已被陆地所包围。

有些不知内情的人，可能就会觉得奇怪：当初怎么会给它取这么一个名字呢？这艘大船又是怎样给放到这"大陆"上来的？30多年来，这中间发生了怎样的沧海桑田故事？

其实，在20世纪80年代初，这艘船刚来到深圳经济特区的时候，当时停放的位置确实属于大海的一部分，这艘船也是名副其实地停靠在海岸边，所以才会叫作"海上世界"。至今，仍有不少深圳市民留存有当时的照片，证明当时"海上世界"所在的位置是在海上。

众所周知，过去30多年，深圳经济特区的发展一日千里，不仅在陆地上如此，就是在海上也同样如此。"海上世界"所在的蛇口，是打响中国改革开放第一炮的地方，是改革开放前沿中的前沿，深圳经济特区最早开发的区域之一。因此，其最初划定的区域1.24平方公里陆地面积早已开发殆尽。同时，作为蛇口半岛区域外围的南山片区，经过20世纪90年代中后期开

20世纪90年代初的蛇口海上世界（欧阳洵 供图）

始的大开发大发展，到21世纪以后，也面临土地枯竭的问题，自身在土地问题上已经无以为继。在这种情况下，蛇口区域作为一个半岛已经没有了退路。

在本身没有了继续发展的空间，以及身后没有了可供继续开发的腹地的情况下，假如还要继续发展的话，只能朝前看，向海洋要土地。换句话说，蛇口假如要增加社会经济发展所必需的土地的话，只能依靠填海。改革开放30多年来，蛇口地区一直在填海，通过填海来增加土地供应成为其主要扩张方式。从蛇口工业区开始建设到现在，蛇口先后通过多次填海，增加了不少土地，使蛇口的土地面积大为扩大，总共增加了十几二十倍。据2016年年初的最新官方消息，深圳市接下来可能还将会在蛇口区域继续填海，以扩大深圳的土地供应。

正是因为蛇口不断地填海，所以就导致"海上世界"逐渐被动地朝陆地内部"移动"，其距海岸线的距离也就越来越远，直到彻底脱离大海，被各种障碍物所阻绝。也就是说，其实"海上世界"自己没有移动，还是一直待在原来的位置，但是"海岸线"不断地在变动，逐渐地朝外移去，其离"海上世界"也就越来越远。

通过"海上世界"离海岸线距离远近的变迁，可以看出深圳经济特区这30多年来的飞速发展，折射出深圳发生了巨大的变化。这30多年来，深圳发生巨变的地方当然不仅限于此，其他许多地方也发生了巨变，变得使老深圳都不敢认了。不过在这许许多多的巨变之中，"海上世界"的变化是较为典型的一个，所以完全值得继续关注。

位于蛇口的海上世界，当年邓小平为其题名

一个媒体人的"深漂"笔记

2017年2月19日,邓小平逝世20周年,许多深圳市民自发前往莲花山邓小平铜像广场悼念

莲花山

与其说这是一座山，倒不如说是一个小土坡，因为它海拔才一百米左右，远没有深圳许多摩天大楼高。例如四百多米高的京基 100 大厦，三百多米高的地王大厦等，通通都要比它高很多。而在深圳的各大小名山巨峰之中，单以高度而论，它是较为靠后的一座山了。它是如此之矮，以至快的人只需几分钟就能一口气从山脚下冲到山顶，完全不费吹灰之力。

然而，可别看这座山不高大威猛，却是深圳赫赫有名的一座山，单凭知名度和地位来说，甚至可说是深圳数一数二的一座山了。它不仅在深圳极其有名，在周边区域也具有较高的知名度。真应了那句古语："山不在高，有仙则名。"深圳莲花山，虽然没有仙子，但是却同一位世纪伟人深深地联系在一起。他，就是中国改革开放总设计师邓小平。

许多外地人初来深圳的时候，深圳的亲朋好友们往往会推荐去莲花山走走，并一定要他登到山顶上去。这样，一来可以俯瞰深圳市中心区全景，观看那由摩天大楼构成的"高楼大厦丛林"；二来可以瞻仰改革开放总设计师邓小平的铜像。对许多对改革开放心怀感恩的人来说，深圳市的高楼大厦看不看无所谓,但是上去瞻仰和缅怀邓小平以示感恩却一定要去做。哪怕是时间再匆匆,行程再赶,他们也一定要抽时间去。同样,每年清明节或邓小平诞辰、忌辰的时候,也会有许多市民自发前往位于莲花山山顶的邓小平铜像广场,献上鲜花,自发缅怀、纪念和感恩邓小平,人群中不乏事业有成的大企业家。

前几年,时任深圳市委书记李鸿忠曾撰写过一篇文章,名叫《莲花山,你是圣山》,刊于2007年第2期的《人民文学》。里面的大概意思是:将深圳"莲花山"称之为中国共产党的"圣山",并将其和与早期中国共产党颇有渊源的江西"井冈山"、陕西延安"宝塔山"相提并论,认为这三座山代表了中国共产党三个具有转折意义的历史时期。其中深圳"莲花山"代表的是整个中国的"改革开放"事业。

谈到深圳莲花山是否属于中国共产党的"圣山",这可能是一件见仁见智的事情,普通民众也不好过多地说"是"或者"不是"。然而,如果说它是属于深圳市民的"圣山",或者说是深圳市民极其喜爱的一座山,那就是没什么可争议的了。不信的话,你大可在任何一个天气晴好的白天前去看看,哪怕是数九寒冬,北风肆虐,那里也一样游人如织,人声鼎沸。你也可以随便抓一个深圳市民,问问他是否有去过莲花山,大部分人肯定会告诉你去过。

长期以来,每到节假日,莲花山肯定是人山人海,前来游玩的、放空发呆的、带小孩的,什么样的都有。有的人在放风筝，也有的人在晒太阳，还有的人在歌唱，这里是深圳市民最为熟知和最为常去的户外"游乐园"。许多年轻的市民约会时，往往也会选择这里。因此，这里又是一个"爱情胜地"。

莲花山是深圳中心区的后花园，也是深圳市的守护神。这是一座位于深圳市核心地带的山，也可以说是离深圳市民最近的一座山，同时也是深圳市民最容易亲近的一座山。因此，深圳市民普遍对其饱含感情，热爱着它的一草一木。尽管全国各地有许许多多高矮大小不一的"莲花山"，但是在深圳市民眼中，只有深圳这座"莲花山"才是最正宗最好的一座。

若问莲花山为什么能够如此深受深圳市民的喜爱？这也跟其所在的位置交通极其便利有关。单以正门来看，深圳市主干道之一的红荔路从这里经过，地铁几条线路均在附近有站。而且，其大约处于深圳的地理几何中心位置，从深圳市的东西南北各处过去距离都算适中。因此，如果深圳市民要去游玩的话，在全市各地前去都比较方便。

多年来，深圳市政府年复一年地大手笔投入巨额资金对莲花山公园进行各方面的改造建设，使莲花山公园各种设施日益完善。因此，哪怕市民们已经去了几十上百次，隔上一段时间没去的话，依然会感觉对这座市政公园有点陌生，因为其又发生了一些变化。

地王大厦

地王大厦

从 20 世纪 90 年代中期到 21 世纪前 10 年,这座高楼大厦一直占据着"深圳市最高建筑"的宝座,而且刚建成的时候甚至还曾是"全亚洲最高"的一座建筑物,它就是被深圳市民俗称为"地王大厦"的信兴广场。

因为"地王大厦"这个称号实在太深入人心了,致使它本来的真实名称"信兴广场"反而不为人所知。现在如果问深圳市民知不知道"信兴广场",估计百分之九十九的人会说不知道,但是假如你追问一句知不知道"地王大厦",则可能百分之九十九的人会说知道。

相关资料显示:地王大厦,正式名称为信兴广场,是全国最为知名的摩天大楼之一。大厦高 69 层,总高度 383.95 米(实际建筑高 324.8 米),建成时曾是亚洲第一高楼,也是全国第一个钢结构高层建筑。1995 年 6 月 9 日,地王大厦主楼封顶。大楼建筑体形的设计灵感来源于中世纪西方的教堂和中国古代文化中"通、透、瘦"的精髓,它的宽与高的比例为 1∶9,创造了世界超高层建筑最"扁"和最"瘦"的世界纪录。实际上,地王大厦(信兴广场)由商业大楼、商务公寓和购物中心三部分组成。主题性观光项目"深港之窗"坐落在地王大厦顶层，是亚洲第一个高层主题性观光游览项目，在此可以俯览深圳市容，远眺香港。

既然真名叫作信兴广场，那它这个"地王大厦"的名号是怎么来的呢？原来，当年竞拍建设这座大厦的土地时拍出了超高价——大厦所占土地当年拍得深圳土地交易最高价格，震惊了全国。于是好事的媒体就把这块土地称之为"地王"，而在这块土地上建造起来的高楼大厦自然就是"地王大厦"了。这个名字传开之后，市民普遍认同，所以其本名反而一直没人叫。后来，大厦所有者也干脆在对外时使用"地王大厦"这个名字。

在很长一段时间内，地王大厦是举世公认的深圳地标性建筑，也是深圳最具标识度的一座建筑。除了建筑形体比较独特，呈典型的扁瘦型之外，大楼的颜色通体深绿色，也比较罕见。因此，一看到这座长得骨骼精奇的高楼大厦，人们就知道这是深圳。位于深南大道上的这座大楼，是整条深南大道上所有的摩天大楼之中最具号召力的一座。

是它，曾长期独力撑高了深圳的天空，使特区可以傲然屹立于世。那些年，当深圳市民面对兄弟城市的朋友询问时，总是可以骄傲地回复说："我们深圳也有摩天大楼，比如地王大厦，一点也不比你们那里的大楼矮和差。"长期以来，地王大厦一直使许多深圳人感到骄傲和自豪。

曾长期鹤立鸡群的深圳地王大厦（拍摄于 2006 年 11 月）

如今二十年时间过去了，地王大厦早已不再是深圳的最高建筑了，在其身旁的不远处有一栋比它高得多的京基100大厦。甚至于，地王大厦连深圳"老二"的位置都不保，在离其稍远一些的福田中心区，有更高的平安金融大厦，是最新登顶的"深圳第一高楼"。然而，时至今日，地王大厦仍然被许多人视之为深圳的地标，甚至仍然被认为是深圳最具标识度的一座建筑，比那些后起的超高层建筑物更具个性，也更加好辨认。

多年来，地王大厦除了以高度和外形闻名于世以外，其周边配套完备的成熟商圈也为其加分不少，比如与其仅隔着深南大道相对望的万象城大型商业体。这些围绕地王大厦形成的商圈成为深圳市民前往该处的重要理由之一，地王大厦商圈是深圳市最为出名和最为高档的消费商圈之一。在这种情况下，"地王大厦"已经不仅仅是指这座大厦本身，而且还包含了大厦周边的整个区域，也就是说"地王大厦"已经成为代表这个区域的地名。深圳市民说去地王逛逛，有可能并不是说去地王大厦这座大楼逛，而是去其周边的商圈逛。又抑或是约朋友前往该区域见面、吃饭、谈业务等，彼此都会通过报出"地王大厦"的大名来确认方位。

此外，地王大厦每年举办的"徒步爬楼梯登顶"比赛也非常有意思，该项赛事极大地提升了它的知名度和影响力。这么高的大楼，要爬楼梯上到楼顶，体力不好的话可不容易爬上去，更别说要比赛谁爬得更加快速了，所以极具挑战性。这项赛事已经持续多年，是深圳同类比赛之中持续时间最久，影响力最大的一项赛事，每年都会吸引不少市民参加。

蔡屋围小学 1983 届毕业照。1993 年，因建设地王大厦的需要，蔡屋围小学被拆，其设备和师资迁至红桂小学

一个媒体人的"深漂"笔记

繁华的华强北街头

华强北

深圳有一条街，它不长也不大，走进去乍一看也不觉得有什么特别。可是，知悉内情的人知道，这条街可不简单，其一举一动都将会给国内电子市场带来颇大的影响。

这条街就是号称"神州电子第一街"的华强北。"华强北"只是深圳市福田区华强路的一段，并不是指全部。另外，需要注意的是，它并不处在华强路的最北部。在华强路北部，有一个叫"华强北"的公交站，其实它离一般深圳市民所说的"华强北"区域还有一段距离，需要走上一段路，过一个红绿灯才到。因为受公交站站名的"误导"，经常会有一些初来深圳的人乘坐公交车在此站下车后，发现周边是居民小区，一点也不像是传说中聚集诸多电子大卖场的"华强北"，为此感到很惊讶。后来一问路人才知道是搞错了，被公交车站名误导在错误的地方下车了。好在该处与真正的"华强北"相距不算太远，走上一阵就到了。

许多人可能不知道，"华强北"本来只是始建于 20 世纪 80 年代的上步工业区内的一条普通道路而已，跟该工业区内的华富路、华新路、振华路等没什么两样。后来，因为这条路上的商铺较早转为售卖电子产品的卖场,逐渐发展成为深圳乃至全国著名的售卖数码电子产品的聚集地和卖场,才名扬天下。

后来因为"女人世界""天虹""茂业"等大型商超的进驻和崛起,使华强北不仅局限于售卖数码电子产品,而且还售卖成衣、鞋类等生活必需品。再加上一些电影院、K歌场所等休闲娱乐场所的进驻,逐渐地使"华强北"成长为与"东门老街"齐名的深圳两大逛街和购物消费胜地。

不过华强北最出名的还是要数电子数码产品。几乎可以说,无论要买什么样的电子数码产品,只要你说得出来,都可以在华强北找到。全国各地,无论是大江南北,还是长城内外,内地许多地方售卖的电子数码产品,追溯起来,往往都可以发现其源头是华强北。这里是全国最大的电子产品批发销售市场,除了诸多实体卖场之外,还有无数依附其上的网店,隐身在周边的区域内。

华强北电子大卖场的铺位,绝大部分都是精确到几平方米。别看这些才巴掌大的铺位,每个的租金可不便宜,而且其创造的经济价值和产出也不低。多年来,无数人依托华强北发家致富,赚得钵满盆盈。因此,对于一些人来说,他们的"深圳梦"就等同于"华强北梦",是"华强北"成就了他们的梦想。

当要购买电脑、数码相机、监控设备等电子数码产品时,多数深圳人的首选必定是华强北。甚至于,当深圳人走到外省外市时，如果去到当地的电子数码卖场，或者是看到一些新的电子数码产品时，往往会不加分辨地脱口而出："这些产品在华强北都有卖！"

每天从华强北发出的货物，不仅流通到全国各地，而且还流通到世界诸国。尤其是诸如中东、非洲、南亚、东南亚等地区，更是与之联系极为密切。走在华强北的街头，经常可以见到满带异国腔调的外国人。在这里见到外国人的概率非常大。所以久在华强北的人，对于外国人可谓司空见惯，无论见到哪国人都不会觉得稀奇。

如潮水般涌进涌出的大批量货物，还带旺了这一带的速递业，据说盘踞在华强北区域的速递物流公司有上千家。这些大大小小的速递物流公司，既有国内国际的物流巨鳄，也有许多不知名的小公司，它们依附华强北而活。这些速递物流公司，每天将华强北的货物运往各地，又将一些元器件或成品件从各地运来，使这里成为全国著名的电子产品集散地。华强北电子数码产品的价格涨跌在全国具有风向标的作用。前几年，华强北甚至还推出了反映国内电子产品最新动向的"华强北指数"，这在全国属第一个，大概也只有深圳华强北有此魄力和胆量推出这个指数。

最近几年，因为地铁建设和街道改造等原因，使华强北区域的商业大受影响，实力和影响力已经大不如前。加上深圳各地现在也相继开辟了许多类似的大大小小电子产品卖场，分流了不少华强北的物流客流。因此，华强北在电子产品界的"风云人物"名头能否继续保持下去，是否还是中国最具影响力的电子产品售卖一条街，可以说还是一个未知数。

华强北是亚洲乃至中国最重要的电子数码产品交易市场之一

南头关

对于许多家住宝安区的深圳市民来说,他们最熟悉的一个原深圳经济特区二线关检查站,莫过于南头检查站了。这个位于宝安区与南山区交界处的原二线关关口,是宝安区大部分区域民众进入原深圳经济特区内的必由之路,所以也可以说是深圳经济特区的"西大门"。

深圳经济特区南头检查站,俗称南头关,于1984年底建成,是深圳经济特区管理线上的一个重要标志性建筑,也是深圳经济特区二线关上最为著名的几个重要关口之一,乃深圳市民所熟知的重要大关之一。南头关距宝安中心区仅2.5公里,距前海桂湾片区仅2.2公里。其北接广深公路,南接深南大道,还可通过北环与107国道互通立交连接北环大道和月亮湾大道。这里常年车辆众多,人流密集,每天车如流水马如龙,是进出原特区内外的最重要通道之一。

这个关口之所以会叫南头关,是因为这个位置是南头古城所在地,为原宝安县的老县城,直到20世纪50年代初原宝安县县城才从这里搬到深圳墟(即现在的东门老街区域)。在南头关周边有南头古城和南头中学,以及深圳较早的公园之一的中山公园。一直以来，有些深圳市民前去南头关，不一定是为了进出原特区内外，而可能是为了去上述的古城、名校和公园，尤其是去中山公园闲逛。

从 20 世纪 80 年代开始，南头检查站曾是无数满怀梦想的青年人踏足深圳经济特区的第一道关口。在这个时期进入过原深圳经济特区的人都不会忘记，必须凭"中华人民共和国边境地区通行证（即俗称的'边防证'）"和居民身份证，并经过边防战士的仔细检查核对方能通过。当时要办理一张边防证的难度非常大，普通人需凭"关系"走后门才能办到。当时在南头检查站门口，经常能够看到一批批满怀梦想的内地青年，他们几经长途颠簸眼看就要进入深圳经济特区了，却在南头关被拦了下来。因为没有边防证，他们只好成群结队地坐在关口的草坪上，眼睁睁地看着同车前来有证的人员通过，顺利进入特区内。这就像是跑马拉松到最后冲刺阶段突然被叫停，内心肯定是非常不甘的。那时候，假如因此进不了深圳经济特区，对他们来说就意味着失去了改变命运的机会。

在南头关关口处设有一个较大的公交站场，有许多公交线路途经这里，并且都会在这里停上一阵，使这里成为深圳市极为重要的公交中转站之一。从这里几乎可以乘坐公交车通往深圳市原关内关外任何地方。当年，许多宝安人要往原特区内时，或原特区内的人要往宝安区许多地方时，若是乘坐公交车前往，往往就会坐到这里中转，从这里再转乘别的公交车前往目的地。

位于南头关卡旁的南头古城，曾是宝安县（新安县）的县城

高峰的时候，行驶107国道经南头检查站进关及到南头检查站接驳站的公交线路有32条之多。在早晚高峰时段，有近600至800台公交车辆经南头检查站进关或到南头检查站关外接驳站。在高峰时段，这里公交车连着公交车，排着公交长龙，蔚为壮观，导致拥堵情况加剧，南头关变成了"难关"。

南头关之所以会如此拥堵，除了进站的公交车多之外，还与它周边交通线路设计不太科学有关。在南头关往原特区内200米的位置处有4个分岔口，分别通往深南大道、北环大道、宝安大道、月亮湾大道方向，每一条都是车流量非常庞大的交通主干道。这样一对多，当同一时间驶过来的车一多，就必定会制造交通拥堵。

说起当年的南头关，老宝安们往往是对它又爱又恨，感情复杂多陈。说爱吧，是因为这里公交车多，交通方便，要去深圳市某个地方的话，假如不知道坐什么公交车前去，那就到这里来，几乎从来都不会令你失望。说恨吧，是因为这里进出都非常拥堵，尤其是高峰期的时候，提起南头关就让人后怕。

总之，"南头关"是令大多数老宝安人极其难忘的一个二线关关口。

曾经"一夫当关"的布吉关，已于 2015 年被拆除掉了，如今正在改造。待完成之后它将以全新面貌展现在市民面前

布吉关

"那天我在华强北,半夜的时候,上来两个粗壮大汉,浑身酒气,我问他们'先生,请问去哪里啊?'他们两个都说一口不太标准的普通话,一个说'不急',另一个说'很赶'。我听了之后就直纳闷,这可到底要开快呢,还是要开慢呢?于是就又再问了一次'先生,请问去哪里啊?'结果,这俩人仍然是一个说'不急',另一个说'很赶'……"

某次晚间打的前往大布吉片区的时候,司机告诉我这样一个故事或段子。据说,他后来闹了半天才明白过来,原来这两位客人,一个是要去"布吉",另一个则是要去"横岗",是顺路的两个地方。只是俩人的普通话都不太标准,加上明显都饮酒过量,所以说成了"不急"和"很赶",使他无所适从。

布吉关,也叫布吉检查站,位于龙岗大道(即原"深惠路")上,是连接龙岗区和罗湖区的重要交通枢纽,乃深圳经济特区原二线关上最为重要的几个关口之一。查"布吉"的得名,据说与其俗称"布隔"有关。三百多年前,在现在布吉关位置的铁路西侧,有一个莆隔村。因为客家话中,"莆"与"布"发音相近,到了清朝中期,其逐渐被称为"布隔"村。清朝咸丰二年，也就是1852年，在村的南面建起了丰和墟。1911年，广九铁路通车，在此设立了一个"布吉站"，大概是因为广府话读起来，"布吉"和"布隔"音近。从此"布隔"就被称为"布吉"，并一直沿用至今。直到现在，深圳本地的一些老人还称"布吉"为"布隔"。

所谓的大布吉片区，其实是一个很大的区域，不仅仅是指现在龙岗区布吉街道办事处所管辖的区域，而且还包括龙岗区的南湾街道办事处和坂田办事处，三个街道办事处合称为"大布吉区域"。过去，这三个街道办事处同属于一个布吉镇（街道办事处）管辖，后来直到2006年才一分为三，拆分成三个街道办事处。

在布吉关关口的位置，这里土地原先是属草埔村的。因此，布吉关关口又叫草埔，许多在此设站的公交站就叫草埔站。许多外地人初来深圳时，因为不知道去布吉关得乘坐到草埔站的公交车，曾有过不少被误导和茫然的事情。布吉关关口，和梅林关关口、南头关关口一样，也是一个较大的公交站场，有许多公交车在此始发或途经设站，是深圳市民前往原特区内外各地的重要中转站。

如本文开头所述，"布吉"可谓是一个被深圳人调侃得最多的地名了。每次说到去布吉，深圳人总不忘随后再加上一句"不急不急"的调侃话。那里是深圳最为拥堵的交通关键节点之一，所以许多时候急也没用。过去，布吉关乃龙岗中心城、横岗、平湖等片区的人不走水官高速时进入原深圳经济特区的必由之路。因为穿过布吉关的龙岗大道（深惠路）沿途两边建满了密密麻麻的建筑，所以进出布吉关堵车是寻常事。尤其是在布吉农批市场没有搬走之前，以及龙岗大道沿线修地铁的时候，布吉关区域更是成为深圳人谈之色变的"超级拥堵地区"，有"好汉难过布吉关"之说。那个时候，就算你急也没用，"布吉关片区"会堵到你没脾气，最终只能接受"不急"的结果。

例如，2010年8月16日，当时深圳地铁龙岗线尚在建设阶段，深惠路布吉荣超花园入关路段遭遇大堵车，上万名家住原特区外却在原特区内上班的上班族为了上班不迟到，不得不浩浩荡荡地徒步进布吉关。这件事当时曾震惊整个深圳，"万人徒步上班"的悲壮无奈场面深深地刺痛了许多上班族。

如今，包括布吉关关口在内，原来的二线关边检站等建筑和路障设施等已于2015年被拆除掉了，正在进行改造。不过在原布吉关关口处，每天早晚高峰期进出原特区内外时，依然非常拥堵，"好汉难过布吉关"的事情依然在上演。对于深圳市民来说，如果高峰期要从布吉关经过的话，仍然不能心急，必须做好堵车的心理准备。加大改造和优化力度，让"好汉难过布吉关"彻底成为历史，还有很长的一段路要走。

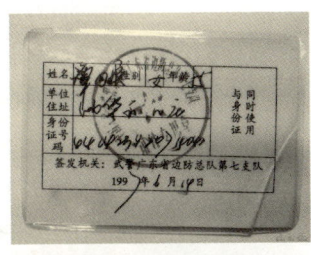

20世纪80年代设立二线铁丝网后，为了方便线上周边民众耕作，曾留有一些口子，需持广东省边防总队七支队发的耕作人员出入证通过。此为布吉关旁的比华利耕作口出入证（欧阳洁 供图）

梅林关

多年来,在深圳江湖武林中,一直流传着这么一句话:"英雄难过梅林关。"这句话被用来形容梅林关的交通拥堵。意思是说,哪怕你是再厉害的英雄,来到梅林关也毫无用武之地,只能乖乖地接受被塞被堵的命运。一些素质较差的司机,被堵得一烦躁就狂按喇叭,这样可不好,制造噪音吵人吵己。你看这可是连"英雄"都棘手无奈的事情,何况我等平凡人乎?所以,还是安心被堵吧,不要吵也不要闹,且慢慢朝前挪。

因此,对于深圳市民来说,"梅林关"这几个字就代表着"拥堵"的意思。长期以来,受限于设计不够科学、车流量过大等原因,这里经常堵车或只能缓行,所以慢慢地就固化了市民们脑海中的这种认识。以至于后来,在许多市民心目中,每当从梅林关经过时,拥堵是正常现象,不堵反而是稀奇事,是"大新闻"。总之较长一段时间以来,谈到深圳堵车现象,必定会提到"梅林关",这里是深圳交通最为拥堵的节点之一。

过去在深圳地铁龙华线开通之前,如果早高峰到梅林关口,可以看到汽车排着长长的车龙。与南头关、布吉关一样,梅林关也有一个较大的公交站场,许多往返于原特区内外的公交车在这里始发或停靠，是深圳一个十分重要的公交中转站。以前，许多龙华、坂田和观澜片区的民众，习惯到梅林关转乘其他线路的公交车。那时候，每天早上高峰期在梅林关排队乘坐开往原特区内公交车的人，排成长长的人龙。

说了半天，梅林关是在深圳的哪个位置呢？梅林关又叫梅林检查站，是深圳原二线关最为重要的关口之一，其处在福田区和龙华新区（原宝安区）交界处，因为所在地方名叫梅林而得名，这里是原特区外龙华坂田观澜片区前往原特区内的必经之路。近年来，由于龙华坂田观澜片区人口数量激增，导致梅林关区域交通拥堵现象极为严重，成为许多上班族心中的"痛"。

拆除和改造完成后的梅林关，拍摄于 2016 年 11 月（刘宁宇 供图）

那么梅林关究竟有多堵呢？下面来看一个案例。首先要说明的是，这个案例是在深圳地铁龙华线开通两年之后发生的。2013年6月21日，梅林关瘫痪4小时，导致数万人上班迟到，因为这天刚好是星期五，所以被受此影响的市民称为是"黑色星期五"。网上有人这样写道："这真是一个灰暗的早晨，一场发生在城市主要交通节点的事故让梅林关的早高峰从早上8点延续到11点还未结束，车龙绵延几公里，拥堵从道路条线辐射到区域，地铁一度断票，数万人上班迟到。如果不是亲眼所见，亲身体验，你无法想象这个城市的交通有多脆弱。"

当时，梅林关超级大塞车使许多市民果断转向地铁，希望通过乘坐地铁的方式突围，杀出一条血路，顺利前往原特区内的工作地点上班。可没想到的是，因为这样想和做的人实在太多，结果都快把人逼疯了。对此，网上有人这样写道："梅林关今天疯了！塞车的那阵势不输春节那时候，转向地铁的人潮就像那游戏一样将有一波僵尸靠近，我也像沙丁鱼一样挤进地铁，脸碰脸背贴背地在地铁里摇摇晃晃，途中还有妹子揽我的腰。因为人太多，失去重心，所以也没在乎。妹子一次又一次搭肩揽腰的，旁边的人看得我浑身不自在，来到公司已经筋疲力尽。"

据悉，之所以会这样，是因为当天早晨6时37分许，皇岗路南行梅龙天桥段发生一起大货车与小车碰撞事故，造成2人当场死亡。由于事故货车拉载大量钢筋，并骑跨中间隔离护栏，交警紧急调用两台100吨吊车进行拖吊处理。事故造成梅林关大拥堵，直到当天上午10时22分道路才恢复通行。也就是说，这场梅林关大拥堵持续了约4个小时。许多市民正常工作日整整一个上午的时间就这样给堵没了，全耗费在这被他们明里暗里咒骂嫌弃过无数次的"梅林关"上面。

关于梅林关，还有这样的一个段子：家住民治片区的某男，其女友和他吵架之后告诉他说，明天上午将在原特区内的家中等他，如果9点钟没看到他就乘坐飞机永远离开深圳，然后还把手机关了。结果，她等到10点也没等来他，于是就生气加失望地离开了深圳。她不知道的是，其实某男在早上7点的时候就已经出发了，结果却被一直堵在梅林关……

尽管只是段子，但是却反映出"梅林关"之拥堵给深圳市民所留下的深刻而痛苦的印象与记忆。假如没有到过深圳，许多内地人可能体会不到大城市的拥堵，不了解高峰期究竟有多塞。而不到梅林关的话，许多深圳市民可能也不一定能真切地体会到深圳的拥堵，了解不到塞车使人抓狂的那种心境。

如今原二线关的关卡已经拆掉了，梅林关的改造也在进行之中。未来，梅林关还会这么堵吗？深圳人还会在梅林关遭遇"堵途"么？拭目以待吧。

深圳大学

提到深圳经济特区,深圳大学是一个绕不开的话题。因为,创办深圳大学是深圳经济特区 30 多年建设过程中的一件大事,对深圳经济特区的文化、教育、科技、社会、经济等都有着重大影响。时至今日,在许多人眼中,一提到深圳的大学,往往就只知道深圳大学。他们始终觉得,深圳就只有一所大学。确实,在改革开放初期的一段时间内,深圳的大学就等同于深圳大学,那时它是深圳市唯一的高校。因此,深圳大学办得好不好,代表的是整个深圳市的形象。

深圳大学 1983 年经国务院批准创办,简称深大,学校办学层次由学士、硕士到博士教育,是一所综合性大学。截至 2015 年 10 月,深圳大学设有 28 个教学学院,84 个本科专业,有深圳(后海、西丽)、汕尾(深汕特别合作区)(筹)等校区。

现在许多年轻一些的深圳市民可能不知道,当年深圳大学是在条件极其简陋的情况下办起来的。而且是在教学楼还未建好时就开始招生办学,先借别的场所办学,而后迅速把这所属于深圳人的大学办了起来。对于 20 世纪 80 年代的深圳经济特区来说,不仅盖大楼用的是"深圳速度",办大学也一样用的是

主持深圳大学建设，并打开局面的深大第二任校长罗征启。摄于 2015 年 3 月 24 日

"深圳速度"。当时，对于深圳这样一个边陲小县，刚刚大规模开发没多久的地方，一下子就要办这么一所举世瞩目的综合性大学，不打破常规肯定是不行的，必须超常规发展才行。

2015 年 4 月，我曾与当年主持深圳大学早期建设的该校第二任校长罗征启座谈，倾听了他关于当年建设深大的回忆。他表示，深圳大学之所以能够成功创办，与当时深圳市的主要领导人梁湘是分不开的。深圳经济特区创办第三年，梁湘就决定筹办深圳大学，当时深圳财政收入每年 1 亿多元，市委决定拨款 5000 万元建设深大。梁湘说："我们当掉裤子也要建深圳大

2016年6月，作者的表妹于深圳大学毕业

学。"假如没有梁湘的大力推动，深圳大学就不可能那么快办起来，也不可能一下子就办得风生水起。

这是一所只会诞生于深圳的高校，因为它身上有着极其浓厚的深圳基因。30多年来，深圳大学培养了成千上万名学生。对于深圳经济特区这30多年来的社会经济发展，深圳大学做出了不小的贡献。其培养的学生，许多都留在深圳，扎根深圳，服务深圳。不过也应该看到，相对于深圳市政府和市民长期以来对其所寄予的厚望，截至目前，深大对这座城市社会经济发展所做出的贡献还不够，并没有达到当初创办者对它的期许。

在深圳经济特区建设初期，深大的地理位置极其偏僻，远离城市中心区域。现在经过30多年的发展，那里已经成了城市的繁华地带。位于深南大道边上的这所大学，其一举一动始终牵动着深圳市民的心。每逢深圳大学出件什么事,一下子就会在市民中间传开。对于许多深圳市民来说,深大就像是自己的"孩子",总是对其心存好感,疼爱有加。

毕竟,它是这座城市少有的高校之一,也是这座城市最老牌最有实力的一所高校,已成为这座城市的文化名片。当外地人说到他们那有什么著名高校时,深圳人往往也不会心慌,因为觉得深圳有"深大",且认为它并不比别的学校差。在平日的工作生活中,深圳人总是会与一些毕业于深圳大学的人打交道,甚至亲朋好友之中总会有一两个就读于这所学校。可以说,每个深圳人都多多少少会与深大扯上一些或深或浅的关系。

30多年来,有这么一个现象:深圳市民喜欢让自己的孩子读深大,不想让其到别的城市就读,除非是出国留学。哪怕自己的孩子考的分数可以上比深大更好的学校,许多深圳家长也会让孩子报读深圳大学。究其原因,主要还是因为家长们不想让自己的孩子离家太远,脱离自己的掌控,另一方面从孩子将来就业的角度来说,在深圳就读大学的话,对其在深圳就业会有好处。在前些年深圳大学还是二本线的时候,外地人要想考进去就读的话,必须要高出一本线不少分数才行,比许多一本线的学校还牛。正是因为市内外的人都看好深圳的社会经济环境,所以才会愿意哪怕是高分低配也要就读深大。

期待未来的日子,深圳大学能够继续对深圳市的社会经济发展做出更大的贡献。

位于罗湖区的深圳火车站（摄于 2017 年 5 月）

火车站

每当走到位于罗湖区的深圳火车站,首先会被其楼顶上的"深圳"二字所吸引。尤其是初次踏临深圳的旅客,往往看到这两个大字心中就踏实了,确认自己真的已经来到了传说中的"深圳经济特区"。过去从网络、电视广播、报纸杂志和亲朋好友间所传递接触到的正规渠道及道听途说的所有关于"深圳"好的坏的消息,立马可以通过亲身体验,一点一点地去实地验证其是否真实了。

对于许多深圳人来说,深圳火车站既是他们踏入深圳的第一站,又往往是他们返家的起点,所以对这里有着极其特殊的感情。30多年来,每年的冬春季节,哪怕是天寒地冻的天气,也依然阻挡不了返乡大军从这里归家的坚毅脚步,或者是南下大军前来闯荡特区的豪迈与迷茫。

因为这里是广深铁路始发的地方,在过去广深高铁没有开通之前的很长一段时间内,深圳市民如果想乘坐火车往返广州、东莞的话,就必须从这里上车或下车。所以很长一段时间里,对许多深圳市民来说,说起深圳火车站,往往印象中就是去乘坐"广深动车"。直到现在,每天依然有许多深圳市民选择从这里出发去东莞、广州或者从广州、东莞回来。

说起来，深圳火车站已经有超过一百年的历史，算是一个老火车站了。该站始建于1911年，位于罗湖区，紧靠罗湖口岸，是广深铁路的南端起点。深圳经济特区成立以来，先后历经1983年7月、1990年6月、2003年三次改扩建。目前，每天有多班火车往来于深圳与各大中城市。该站附近是深圳地铁一号线的起点罗湖站和罗湖边检大楼，旅客在罗湖边检大楼办理出境手续后就能到香港搭乘九广东铁前往九龙和香港东部的新市镇。隶属广州铁路(集团)公司管辖，现为一等站。通过广深铁路北接京广、京九铁路，南通香港九广铁路，与香港仅一桥之隔，是联系内地与香港、中国与世界的重要枢纽。

其实一开始的时候，火车站的位置并不在这里。它原来在深圳墟，所以名为深圳墟火车站，原址位于今天的罗湖区解放路、和平路路口，即东门老街附近。1911年10月8日，该站随着广九铁路中方段建成通车同时启用，为客货兼营车站。1950年，深圳墟火车站从老街迁至罗湖桥头，与香港的罗湖站仅一桥之隔。火车站的设立，使本已十分繁华的深圳墟更是商贩云集，很快就超过了当时周边的其他墟市。1953年，因为经济重心已经东移至深圳墟，所以当时的宝安县政府由南头古城迁至10多公里外的深圳墟，即今罗湖区域，深圳墟改名为"深圳镇"，而深圳墟火车站也改称深圳站。一个小火车站的设立最终竟然导致县城迁移，这恐怕是早先修建铁路的人所没想到的。

20世纪70年代末的罗湖火车站,后方不远处就是罗湖桥(梁兆欢 供图)

值得一提的是,深圳火车站上的"深圳"两个大字是邓小平所题写。1990年深圳火车站改扩建完工之后,时任深圳市委书记、市长的李灏到北京请邓小平题词,老人家出于对深圳经济特区超常规发展的期望,决定不单为车站题词,而是要给全体深圳人民题,因此特意少写了个"站"字。于是,深圳火车站成为全国唯一由邓小平题词的车站,同时也是唯一没有"站"字的车站名。

曾经的深圳火车站,是无数前来深圳经济特区追梦人"深圳梦"开始的地方。在20世纪八九十年代,坐火车前来深圳的人往往特点鲜明:有衣冠楚楚的知识分子,也有简单背个包只身前来闯荡的年轻人,更多的则是肩扛手提棉被衣服进城打工的农民……嘈杂喧闹成为深圳火车站的一大特色。这里一直都鱼龙混杂,形形色色的人都有。

不仅深圳火车站里面,连火车站周边也极其复杂。表面上看,火车站区域各种酒店、旅馆、食肆、娱乐场所、商铺……极其繁荣。可是在光鲜的外表背后,却往往掩藏着无数的肮脏污垢。曾经抢劫强夺、坑蒙拐骗,各种犯罪分子把这里当成犯罪的天堂,依附其中,通过各种违法行为牟利。近年来,在公安部门的大力打击下,深圳火车站区域已经变好了许多,安全不再成为问题。市民走在火车站区域,也不用再提心吊胆了。

许多初闯深圳的人刚从深圳火车站出来的时候,往往是迷茫中透着踌躇满志,对接下来的特区生活不安中充满期盼。待到从深圳火车站归家的时候,则各有不同心态。有的经过自己的打拼闯出了一片天,有的仍在迷茫徘徊中保持期待,有的则在考虑结束这段人生旅程挥别这里。那些决心不再来深的人,心中又不免会有些不甘和不舍,想着再看深圳一眼,于是深圳火车站就成为他们与深圳最后的牵连。30多年来,深圳火车站迎来了无数的陌生人,又送走了一批批或长或短的"深圳客"。

随着深圳社会经济的飞速发展,火车站自然不能仅有一个,否则就无法满足民众日益增长的需求了。于是这些年来,先后开通了几个火车站。目前,深圳共有四个火车站,分别是:深圳火车站、深圳北站、深圳西站和深圳东站。此外还有三个动车站和高铁站,分别是福田站、光明城站和坪山站。

如今,各地的人们若要来深圳,可以选择的交通工具有很多,包括飞机、火车、客车或自驾等,火车只是其中的一种选择。因此,往返深圳的客流已不再像过去那样集中于火车站了。

2011年春节前,在街头代售点排队购买火车票回家过年的深圳市民,神情各异

2013年11月27日，深圳宝安机场老航站楼迎来最后一批旅客

宝安机场

从宝安机场出发,飞往国内各地及世界各国去公干、旅行或探亲访友,对于许多深圳人来说是再寻常不过的事情了。"乘坐飞机"这种在改革开放初期还是特权人士才能享有的福利,如今早已成为普通民众均可自由享受的寻常事情了。宝安国际机场前两年刚建成的新航站楼,大气、宽敞、现代、美观,是一个比国内国际各大城市的机场都毫不逊色的现代化机场航站楼。

如今的深圳市民,人多可能已经不了解当初深圳经济特区建设国际机场的不易,还以为这是理所当然的事,不知其背后的艰辛。当年深圳经济特区开始建设的时候,深圳与外界相连的交通是极差的,不要说机场,连火车站都是破旧的过境站点。

经过初期的迅猛发展,到 20 世纪 80 年代初期的时候,深圳经济特区好不容易拉来了一个直升机机场。那时的深圳市领导和市民,将这件事当成重大成就来宣传和议论。毕竟那时的深圳经济特区才刚刚起步,常住人口还不是太多,实际需求也不大。所以,假如那时候深圳说要建一个国际性综合机场,肯定会被别人当成是在说梦话,连建普通机场都八字没一撇呢。

可能许多较年轻的市民不知道，早期深圳的机场并不叫宝安机场，而是叫黄田机场。这本来是没什么问题的，因为机场所在地正是宝安福永黄田村。这种给机场命名的方式在国内很普遍。按照国家民航总局及国际航协的规定，每个机场都必须取一个具体名字，一般以机场建设地命名。深圳机场因建在宝安区黄田村，1998年起正式定名为黄田国际机场。可是几年之后，发现许多乘客有意见，这些乘客都是台湾籍、潮汕籍和福建籍的。原来，"黄田"用普通话读没事，如果用闽南话读，就会与"黄泉"音很接近，极容易错听。对于比较注重传统的闽南语系人来说，极为不吉利，所以他们意见很大，甚至不愿意从这里乘机或降落。

面对这个问题，深圳这边可真有点"哭笑不得"的感觉。不过，还是觉得要照顾这些同胞的感受，不能让他们觉得被冒犯。另一方面，从机场自身的角度来看，也犯不着去得罪整个闽南语系这么庞大的市场客户群体。因此，2001年10月，在上报国家民航总局并经其同意之后，"黄田机场"改名为"宝安机场"。"宝安"与"保安"谐音，也含有"保护平安"之意。其实这样一改也好，更加简洁明了地点明了机场的位置，"宝安区"的名气毕竟要远远大过"黄田村"，"黄田机场"常让人找不着北。

深圳宝安国际机场是集海、陆、空联运为一体的现代化国际空港，也是国内第一个采用过境运输方式的国际机场，1991年10月正式通航，1993年成为国际机场。现在是世界百强机场之一和中国五大机场之一。2013年11月，客运业务已经搬迁到新的更大更现代化的航站楼。随着新航站楼正式通航，意味着深圳市成为一个拥有"陆港（火车站）""海港"和"空港（机场）"的大城市，这在国内各大城市中是极为罕见的。深圳机场的建成，提升了深圳的档次，提高了深圳的格局，为深圳进一步经济发展奠定了基础。一座现代化的大都会，不能没有一个大型的综合性国际机场。要发展经济，交通必须先行，交通发达了，财富才会流通过来。

珠三角地区的香港、澳门、广州、深圳、珠海，各自拥有一个大型国际机场。在这么狭小的区域内竟然建了五大国际机场，经常被各界诟病。不过，我觉得这其实并没什么不好的。因为这样就会有竞争，也就是可以确保服务质量。有竞争才有提高嘛！而且这样也方便各市市民就近乘机，减少市民的出行麻烦。

目前，深圳机场服务的群体并不仅限于深圳市民，还包括周边区域的民众。比如惠州、东莞、河源、汕尾等市的市民选择乘坐飞机出行时，许多人会选择从深圳宝安机场出发；回来时，也会选择停落到深圳宝安机场。

一个雄心壮志的城市，要有一个辐射力强的现代国际机场，深圳在这方面还须继续加油！

你是我的主场
深 史

1987年1月，深南大道正式通车（许光明 摄）

边防证

现在全国各地的人们，假如要来深圳，非常方便，只要坐上飞机、火车、大巴等交通工具即可，或者直接自己驾车也可。可是在此前相当长一段时间内，还须先办理证件，即俗称的"边防证"，然后才能进入深圳市二线关内。"边防证"全称是《中华人民共和国边境管理区通行证》，它是进出中华人民共和国边境管理区人员的通行证明。

那时候，深圳市被一条"深圳经济特区管理线（简称'二线'）"划成两个部分，一部分是被二线边防线围起来的里面部分，叫作"关内"，严格来说，这部分地区才叫深圳经济特区；另一部分在二线边防线外面，叫作"关外"，一开始全部叫作宝安县，后来又分成宝安区和龙岗区，再以后又陆续分出龙华、坪山、光明、大鹏等新区。关外的面积要远远大于关内。这条二线边防线是实线，用铁丝网将关内关外隔开，在许多地段还铺设有青石板路，以便边防武警巡逻，防止有人攀爬偷进关内。

说起"边防证"，那些早期前来深圳的人最是记忆犹新。一开始的时候，要凭单位证明才能到户籍所在的公安机关办理边防证，审核非常严格。因此,那时办理一张边防证得"讲关系",甚至要请客送礼。如果掌握边防证审批权或是能够拿到盖了章的空白边防证,是一门很赚钱的"生意"。因此,不乏相关公职人员与外面的人相勾结倒腾"边防证"牟取暴利的事情发生。

有些内地人不了解深圳经济特区实行"边境地区管理通行证"制度,必须办有"边防证"才能进去,所以买了张车票就径直前来,到了二线关关口才发现进不去。于是,要么就乖乖地打

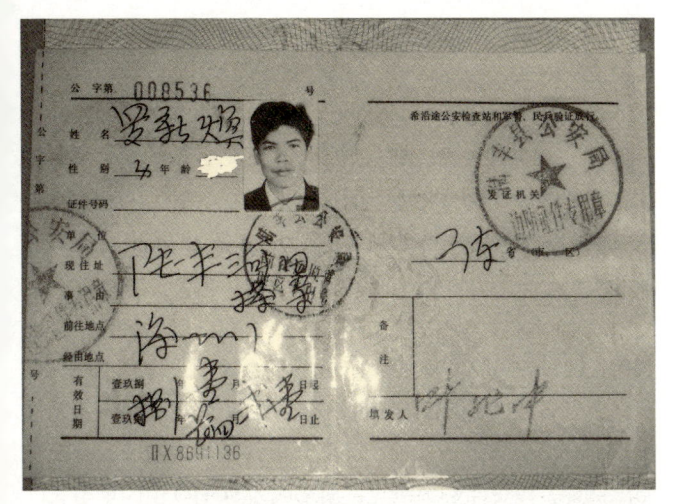

作者父亲 1988 年的边防证

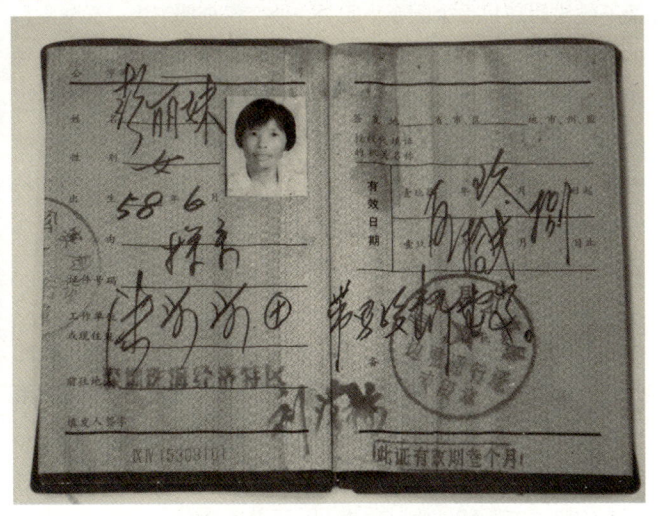

作者母亲 20 世纪 90 年代中期的边防证

一个媒体人的"深漂"笔记

239

道回府，要么就是各显神通，通过各种合法或不合法的方式方法混进关内去。

那时候，每天围绕着二线关混饭吃的形形色色的人很多。例如，有专门带外地前来而无合法边防证的人到附近偏僻的地方去钻或爬铁丝网的；也有专门制造和贩卖假边防证的；也有高价叫卖"合法"边防证的，围绕"边防证"的生意很多。

说起边防证，可以勾起老深圳的许多回忆，这张薄薄的纸见证了许多老深圳当年前来深圳时最初的艰辛历程和遭遇。甚至许多知名的企业家，当初前来深圳时也曾因为边防证问题而受阻。例如，1988年春节刚过，后来成为SOHO中国董事长的潘石屹当时还只是个国企小职员，他变卖全部家当，连睡觉用的棉被也一并卖掉，毅然辞职南下深圳。当潘石屹到达南头关时，身上只剩下80多块钱，这便是多年后外界描述的潘石屹的"创业资本"。由于没有"边防证"，潘石屹进不了深圳经济特区。无奈之下，潘石屹只得拿出50元找"蛇头"带路，从二线关铁丝网下面的一个洞里偷偷爬进了深圳经济特区。要知道，当时的50元可是一笔数目不小的"巨款"呀。

朱丽菲女士来自广东省陆河县，她告诉我，20世纪80年代的时候，她和丈夫就是靠在二线关关口贩卖"边防证"挣到第一桶金的。据她说，因为当时边防证上的人名和日期等是手写的，所以有时候将已经用过的合法正牌边防证，用水或药水将上面的墨迹清洗掉，然后再填上购买者的名字，又可以正常使用,这样就等于一张边防证可以反复多次使用。

当时,一张边防证曾经难倒无数欲前来深圳经济特区闯荡,或欲前来参观了解深圳经济特区的人。我记得自己 1992 年夏天和母亲一同来深圳经济特区探亲游玩的时候,在过二线关关口时,因为当时我年纪还小,是在母亲的边防证上写着"携带一名小孩"并附有我的照片。那时候我已经长得比较高了,证照上面的照片显得与现实中的本人不太像,所以验证大厅的公安边防叔叔仔细看了我许久,又详细询问了我母亲,然后才放行。当时吓得我不敢说话,非常紧张。这件事尽管已经过去了二十多年,我仍记忆犹新。

随着 2015 年 6 月初深圳将 16 个二线边防关口拆除(余下南头关未拆),过去存在长达 30 多年的二线关终于完成使命,不再影响进出深圳经济特区的人们了。此外,因为早在 2010 年深圳就已经上报并经国务院同意,撤销二线边防线,将深圳经济特区的范围扩大到深圳市全市范围,实行深圳市关内关外一体化。因此,理论上深圳已经不存在关内关外之说了。不过,实际上原关内和原关外在各个方面依然有较大差距,尤其是涉及民生方面的医疗、教育、交通等。原关外地区还须加紧"补课",加大投资力度,加快建设步伐,这样原关内外才可能逐渐融合,真正实现一体化。

二线边防管理线上曾竖着"边防警戒区,无关人员不得进入!"字样的告示

二线关

过去的很长一段时间里,国人一般习惯把山海关以外的东北地区称之为"关外",也叫"关东",所以历史上曾把到关外东北地区闯荡叫作"闯关东"。在中国传统语境中,"关外"意味着充满异域风情,有着与"关内"中原地区完全不同的风貌。

对于深圳人来说,"关外"则是指深圳市所管辖的原二线边防线以外区域,即原宝安县所辖的未划入深圳经济特区的区域,后来曾长期设为宝安区、龙岗区两个区,也就是现在深圳市的宝安区、龙岗区、坪山新区、光明新区、龙华新区和大鹏新区等区域。

也就是说,深圳过去"关外"和"关内"的分界线是二线边防线,其上设有连通"关外"和"关内"的关口,叫作"二线关",比如布吉关、梅林关、南头关等。这条二线边防线由水泥柱或铁柱混合铁丝网筑成,西起珠江口侧的安乐村,东至大鹏湾畔背仔角,最初规划的长度是84.6公里,后来延长到90.2公里。它于1982年4月开始动工建设,1985年3月交付使用。沿途以巡逻公路及高2.8米的铁丝网分隔,沿线最初只设置布吉、南头、沙湾、白芒、盐田坳、背仔角等6个检查站,后来发展到包括梅林在内的 17 个检查站。

这道二线边防线，给许多老深圳人带来的是极其痛苦和难忘的回忆：在相当长的一段时间里，从外地及深圳二线关关外地区进入深圳经济特区内（即"二线关关内"），需要下车到关口的边检站接受检查，必须持有"边防证"才能通过。否则，轻则不准进去，重则被收容遣送。当年，无数人就这样到了深圳经济特区门口却被挡了回去。也有许多心存不甘的人，通过爬和钻二线边防线的铁丝网或是用假边防证等各种方式，企图混过去。这些人之中，有的成功了，也有的不成功。此外，当时有一些人下车接受检查完了之后，发现自己所乘坐的车已经走了，只得改乘其他交通工具进去。

从其正式设立以来，尽管饱受争议，并且管理上经历过无数次忽松忽紧，但是这道"二线关"却一直存在着。后来，它越来越成为一道极具象征和现实意义的束缚，严重地阻碍了深圳的社会经济发展。直到 2010 年 7 月，经国务院批准，深圳经济特区版图扩至二线关关外地区，即深圳全市，从此关于"关内关外一体化"的呼声越发高涨。直到 2015 年 6 月，深圳市将二线关上的 16 个关口（边检站）被拆除，从此深圳二线关名存实亡。

尽管物理上的"二线关"已经拆除，但是民众心理上基于现实巨大差距的"二线关"却依然存在着。30 多年来，原"关外"地区和原"关内"地区的差距一直都非常巨大，可谓天差地别。过去，尤其是在 2011 年深圳大运会之前，原"关外"是一个杂乱无章、不讲秩序、法治难行的地方，而且治安普遍较差，尤其是原"关外"一些较为偏远的地方更是如此。深圳市建市 30 多年来，对于原关外地区的历史欠账较大。时至今日，这种状况依然存在。因此，有一种说法称：原"关内"地区像欧美日，原"关外"地区是亚非拉，一道二线关将一座城市分成截然不同的两个部分，一边极其发达，秩序井然；另一边发展缓慢，杂乱不堪。

在 2011 年深圳地铁通往原"关外"地区的龙岗线、龙华线及罗宝线延长线正式开通之前，对于大多数工作和生活在关内的市民来说，到原"关外"去一趟，仿佛等于是去了一趟西伯利亚。哪怕是去原"关外"较为中心和繁华的龙岗中心城、宝

深圳经济特区原二线边防管理线，典型的铁丝网和石板路，现为市民散步健身的绿道

安中心城都会觉得遥远和奔波,更不要说是去平湖、坪山、坑梓、大鹏、观澜、石岩、沙井、松岗和福永等较边远的地区了。另一方面,从交通的角度来看,那时候去一趟原"关外"地区也不容易,需要耗费较多的时间,堵车、折腾是比较常见的事。

谈起原"关外"地区就色变,那时候如果让在原"关内"上班的人到原"关外"去上班,许多人会选择辞职,哪怕是加薪也不愿意到原"关外"去上班。许多人对到原"关外"工作生活很抵触,觉得不可接受,甚至有些人内心会觉得那是被"流放"。

哪怕同样是历来就被冠以"脏乱差"的"城中村",原关内也要比原关外好,更加干净整洁,所租住的人的素质也要高一些。原关内的"城中村"管理相对要更加有序,环境卫生也要好一些。

总之,假如你是一位外地人,如果你仅是在原"关内"转一圈,你会得出深圳已经赶上发达国家的结论,认为这座城市如同花园一样,到处都高楼林立,非常漂亮,人员素质也较高。然而,假如你在原"关外"转一圈的话,你可能又会得出深圳不过尔尔的感觉,认为这座城市到处乱糟糟的,距离先进城市还有很大的距离。

原"关内"的面积要远比原"关外"小,而且原"关内"目前基本已开发完毕,已经没有多少空置土地可供开发。而原"关外"则仍有较大的空间,可供后续开发。从发展的角度来看,原"关内"和原"关外"正好互补,彼此有对方所需要的东西,加快发展原关外地区,可以全方位促进深圳市的进一步发展。

如果原"关外"地区未能赶上原"关内"地区,原"关外"的科教文卫等基础服务方面未能向原"关内"看齐的话,那么深圳市作为一个整体就不能算是成功,而且将无法形成一个真正的整体,也就缺乏合力。目前,原"关外"地区正在逐步赶上来,深圳市政府也在加大对原"关外"地区的投入,偿还历史欠账。

随着"关内外一体化"进程的加快,深圳市政府对原"关外"地区投入的加大,尽管现在市民口头中仍然会有"关内""关外"之分。但是事实上,两者的差距已经在日渐缩小,深圳经济特区"一体化"正在逐步成为现实。相信经过一段时间的努力,终将彻底淡化甚至消除"关内""关外"之分,"心理二线关"终将被彻底拆除,从而使深圳市彻底融为一体,以一个整体的"深圳市"面向世人。

铁皮房

在早期的深圳经济特区,许多人都住过一种由铁皮搭建的房子,俗称"铁皮房"。记得20世纪90年代初,我第一次来深圳时,在福田的巴登街一带,到处是这种"铁皮房",当时是五湖四海的人前来闯荡深圳时的住处。里面住的人形形色色,大都是外来务工人员,跟后来的"城中村"差不多。

这些铁皮房大部分是由本地人所搭建,然后出租给外来打工者居住。也有少数人向某块地皮的主人租或借,然后自己买来材料搭建。至于水电和生活垃圾方面,政府部门尽量给予解决。其实,这类"房子"只不过是一种临时居所而已,后来逐渐被拆除,由宅基地所有者们在原有的土地上盖起高矮不一的楼房。

记得这种"铁皮房"的墙壁大多并不是由铁皮搭建,而是由耐火砖砌成,只有房顶是由铁皮覆盖,普遍都不是很高。有些"铁皮房"房顶的铁皮盖得不是很严密,一到雨季,雨水就会顺着缝隙或窟窿流进来,使房内成为水帘洞,甚或一片泽国。这个时候,房内的人就必须拿出大大小小的桶或其他盛器去接这些从天而降的家伙。可以想象,当初那些早期的来深建设者

20世纪90年代初,许多外来务工人员住在"铁皮房",许多人在这里举办人生大事。摄于1993年冬季的福田区巴登埔尾

们是在怎样一种艰苦的条件下参与特区建设,每天为之付出辛勤汗水,换来的收入部分留存,部分寄回老家。

说到"铁皮房",其实老深圳们对其最为惨痛的记忆倒还不是漏水,而是刮台风的时候。狂风伴着暴雨在外面肆虐,鬼哭狼嚎,掀得房顶的铁皮起起伏伏并"噼里啪啦"地作响,仿佛随

一个媒体人的"深漂"笔记

时都会把整个房子吹走。试想一下，假如这个时候你置身其中，会不会感到惧怕？

对于早期深圳经济特区的发展，这类"铁皮房"也做出了一定的贡献。因为，当时特区的社会经济超常规发展，非常迅猛，导致大量外来人口一下子涌入进来，致使许多配套的基础设施建设跟不上，其中就包括住房问题。一下子涌进这么多人，住在哪里确实是个大问题。当时如果不是允许社会自行搭建这类"铁皮房"作为临时住所的话，那么许多外来人员就要露宿街头，从而可能引发一系列社会问题。

所以说，在当时特定的历史条件下，"铁皮房"在一定程度上帮助政府解决了相当一部分外来人员的居住问题，使之能够安心参与特区建设，避免引发各种社会问题。尽管这种居住条件并不好，"铁皮房"的居住体验非常差，"铁皮房"周边的居住环境也很差，但是总归是有了一个较为固定的住处，不至于流落街头，等于满足了最为基本的居住需求。

既然是"铁皮"盖的房子，那就可想而知有多么不好住了。因为铁"冬冷夏热"的特点，这些都毫不例外地体现在"铁皮房"身上。每当夏天，铁皮房内就特别热，尤其是白天太阳曝晒的时候更是如此。而到了冬天，铁皮房内又比较冷，尤其是有一些盖得不好的，露出空隙，就成为寒风潜入房子的孔道。夏天许多人因为"铁皮房"内实在太热，晚上给热得受不了，睡不着，于是就干脆搬张小床到门外睡。

"铁皮房"在当时历史背景下所起的作用不应该被漠视。对于深圳经济特区来说，当时是一个极为关键的发展阶段，进则从此顺风顺水，退则可能直接夭折。在这样一个发展阶段，假如没有相当数量的外来人员涌入，又假如这些涌入进来的人员因为无处可住而离开深圳，那深圳当时可能就无法发展得那么快了。从这个角度来说，"铁皮房"确实为深圳经济特区的发展做出了不小的贡献，在特定的历史时期为促进特区发展提供了有力保障。

尽管对于深圳经济特区30多年的建设史来说，这些"铁皮房"的存在时间并不是太长，真正形成规模没几年就大部分被清理掉了。然而，它们却承载了许多老深圳的不灭记忆，是他们来到深圳后最初居住的地方，里面有着无数的故事片断。

铁皮房内景。图为作者大舅、小姨、小舅1991年8月10日在巴登埔尾村的铁皮房内合影

布吉农批

俗话说"民以食为天!"对于中国来说,自古以来,民众的吃饭问题就是最大的问题。只有民众的吃饭问题解决了,才能够长治久安,也才谈得上发展。否则,社会就将会出现动荡,引发诸多问题,甚至生出乱局。

深圳经济特区的常住人口,在极短的时间内从二三十万人增长到几百万乃至一两千万人。这种爆炸式的发展,所带来的最直接问题就是如何解决这么多人的"吃饭问题"。这个问题如果解决不了,深圳经济特区的发展就是"空中楼阁",很快就会出大问题。在特区创立之初,这个问题确实曾被极其尖锐地抛在了主政者面前,甚至一度搞得主政者焦头烂额。因为在那个年代,粮食靠全国统购统销,不能在市场上自由流通。

正是为了彻底解决这个困扰特区持续发展的瓶颈问题,1988年,经深圳市人民政府批准,专门成立了深圳市农产品批发公司。次年(即 1989 年)10 月,占地面积 15 万平方米,建筑面积 25 万平方米的布吉农产品批发市场正式开业,当时属农批界的"巨无霸"。随后,其发展到来自全国各地的经销商 3000 多家,经营品种有蔬菜、水果、粮油、土特产、茶叶、冻品等

位于"二线关"关口边的布吉农批市场，曾经人潮涌动。如今大部分业务已搬到平湖

10 多个大类，其中蔬菜、水果分别占到市民消费量的 80% 和 90% 以上。1995 年，布吉农批市场经过扩建，按交易品类分为 A、B、C、D、E、F、K 座，以及天光交易区和加工配送区等 10 个交易区，1200 多个固定商铺，2000 多个简易摊档。不仅满足了深圳居民的生活所需，而且还辐射到整个华南地区（包括港澳台）乃至全国，并与东南亚、南非及欧美等市场建立了

频繁的贸易往来。那时候布吉农批市场曾创造了农产品批发的"神话",造就一大批全国知名的蔬菜"批发大王",这些人都靠"卖菜"聚集了大量财富。2010年,市场年交易量305万吨,交易额190亿元。它曾经是中国最大的农产品集散中心、信息中心、价格指导中心和转口贸易基地之一。

在十几二十年的时间里,当深圳市民或外地人经过二线边防线布吉关往来于原特区内与原特区外时,总不免会看到路旁矗立着一个超大型的大白菜雕塑。他们可能知道,也可能不知道,这里就是著名的布吉农批市场。这个象征着深圳"菜篮子"的大白菜汉白玉雕塑,于1993年被安放在布吉农批的广场上。

那时候布吉农批市场是深圳最大的"菜篮子""米袋子",交易额曾连续17年在全国居首。农产品批发市场关乎市民每天的吃饭问题,价格稍稍跳动就会触及大多数市民的敏感神经。因此,"菜篮子工程""米袋子工程"始终被视为是政府的重点工程。布吉农批这种"企业办市场,市场企业化"的新模式,改变了传统的行政管理模式,很快在全国被仿效,至今仍深刻地影响着大多数国人的餐桌。

尽管布吉农批市场被誉为"深圳最大的菜篮子",但是仅靠布吉农批一个市场供应整个深圳市所需的农产品,存在着交通运输等方面的问题。于是,1996年福田农批市场开始运作,2005年南山农批市场正式启动,三家农批市场同属于深圳农产品股份有限公司旗下,共同为市民每天的餐桌提供服务。

进入21世纪以后，布吉农批遭受到越来越多的批评。主要是因为它紧临原二线边防线布吉关口，严重阻碍了进出布吉关的交通，导致布吉关长期交通不畅。每天早晚两个上下班高峰期，也正是布吉农批市场货物吞吐的高峰期，由于农批市场内交通不畅，滞留场外的运货车堵住布吉关口成为家常便饭。面对这个越来越被深圳社会各界诟病的问题，受限于场地空间的影响，如果布吉农批市场不搬迁，这个问题就不可能得到根本性的解决。此外，随着深圳经济的快速发展和人口的迅速增加，布吉农批市场因为场地和当年设计规模的限制，在建筑规模、基础设施、交通承载等方面已经严重落后，早就是在超负荷运转了，为了彻底解决上述问题，深圳市委市政府决定建设平湖海吉星国际农产品物流园，对布吉农批市场进行整体搬迁和关闭。现在布吉农批仅剩海鲜批发，其他的已于2012年2月开始陆续搬迁到平湖海吉星国际农产品物流园。然而，布吉农批市场现在每天凌晨的时候，进出市场的运货车依然严重阻碍从原布吉关驶入原特区内的交通，还是饱受各方诟病。要彻底解决这个问题，可能需要将原布吉农批市场内的所有业务都彻底搬迁出去才行。

大家乐

每个人心中多少都会有想登台表演的愿望，可是又往往受现实条件的约束，没有机会表现。但是，深圳却曾经有过这样一个大舞台，它是属于市民自己的，只要有才艺就可以上去表演，下面则不乏好观众，为你捧场和欢呼。这个大舞台，台下的观众非常热情，无论舞台上表演得好与不好，他们都会给予掌声和支持，演出氛围非常好，许多成名歌手都喜欢这里。

这个大舞台的正式名称为"深圳市青少年活动中心"，市民则俗称其为"大家乐"。这个面向外来务工人员的群众舞台，从1986年开始推出，从无到有，从小到大，先后持续了二十多年。20世纪90年代中期，"大家乐"处于鼎盛时期，小小的广场平均一场活动能够吸引两三千名观众。那时候广场上聚集着极其庞大的人群，不时传来阵阵掌声和笑声。舞台之所以能够如此火爆，也是因为早期深圳经济特区内劳动密集型企业工厂聚集，有许多制造业工人，他们需要这种娱乐方式。

对于深圳来说，"大家乐"是一种新的文化模式，其成功经验很快被总结出来，并被推向各地。据了解，从20世纪90年代末起，随着"大家乐"舞台获得空前成功，这种深圳独特的文

位于红荔路与红岭路交汇处的大家乐旧址,当年新的深圳市青少年活动中心正在兴建之中

化模式迅速被推广,深圳的区、街道、社区等各级行政单位建立的"大家乐"舞台一度达400多个。"大家乐"俨然成为深圳的一大文化品牌,是深圳"打工文化""广场文化"的载体和象征,也成为一种群众性广场娱乐文化的代名词。

如今,尽管"大家乐"舞台早已被拆除,但是关于"大家乐"舞台的记忆却留存在许多深圳人心中,它承载了无数深圳外来务工人员的文化梦想,也给无数外来务工人员留下了极其难忘的文化记忆,同时也收获了无数的欢乐。他们曾在这里享受歌

在原特区外户外阅报栏读报的外来务工人员

唱的乐趣,倾听工友们的欢乐歌唱。

在传统印象中,中国农民及农民工阶层历来比较腼腆,不敢也不善于表现自己,不太愿意流露自己的真情实感。然而,在"大家乐"这个舞台,因为所有的演员和观众都是来自农民工阶层,台上台下都是他们"自己",所以他们在这里就特别敢于表现自己,也乐于为台上的"自己"欢呼鼓掌。在这里,他们找到了自己的存在感,发泄了自己久被压抑的真实情感。并且他们在这里能够与众多同道中人一起欢呼歌唱,比较放得开。

据说"大家乐"最奇特之处在于:看演出的观众分文不花,上台献艺的"演员"反而要花钱登记,然后排队上台。在这里,"演员"与"观众"没有严格的区分,可以自由地互相转化,台上台下融为一体。"演员"之间也没有高低之分,工友们都劳累了一天,来这里只是为了与那些有相同志趣的人一起寻找和创造欢乐。通过参与演出或观看演出,将白天工作的疲惫以及所遇到的种种烦心事通通抛诸脑后,只留下快乐的笑声。

提到"大家乐"当然不能不提丛飞。这位后来以公益闻名于世的歌手,生平最主要的舞台就是在"大家乐"。可以说,是

"大家乐"成就了他的演艺事业。然后,他又用这里挣得的知名度做公益,付出了许多。曾经他成了"大家乐"的代表,一提起他人们就会想起"大家乐"。可以说,"大家乐"成就了他,他又回馈了大家。

随着深圳经济特区产业转型和升级,众多劳动密集型企业迁出原二线关内,甚至迁出深圳市区域,与之相随的则是众多劳动密集型产业工人不断外迁,在这种情况下,"大家乐"这种面向外来务工群体的群众性广场娱乐平台的没落也就是自然而然的事了。可以说,深圳市产业结构的变化决定了"大家乐"的兴衰,它的兴起和衰落都有其必然性。

随着深圳市青少年活动中心的升级改造项目——深圳市青年宫工程的建设,原"大家乐"舞台于2012年被拆除了。当初那些舞台上和舞台下的演员和观众现在早已没有了,已经没有多少人愿意上去演或在下面看了,失去了原有的群众基础。深圳市民(包括外来务工人员)的休闲娱乐方式已趋于多元,加上互联网发达、电视、电脑和智能手机普及,已不再需要这类文化广场。因此,"大家乐"的辉煌注定只是特殊年代才特有的文化现象。

原特区外某工厂宿舍,工人们的衣服像万国旗一样在阳台上晒着

大运会

第 26 届世界大学生夏季运动会（俗称为 2011 年深圳大运会）于 2011 年 8 月 12 日在深圳开幕，本届大运会的口号为"从这里开始（Start Here）"，主办城市为中国深圳。参赛国家及地区共计 152 个，参赛运动员 7865 人，设 306 项（24 个大项）比赛项目。同月 23 日在深圳圆满落幕，中国创新纪录夺得 75 金。这是迄今为止，在深圳举办的最大型的体育赛事，深圳也因举办这次体育赛事而成为国内少有的几个举办过世界级综合体育赛事的城市。

不过对于早已见惯了奥运会、世界杯等大型体育赛事的国人来说，大运会只是小儿科，根本就提不起劲。事实上，这也是 2011 年 8 月深圳市举办第 26 届大运会时所遭遇到的现实情况。当时，尽管大运会打着"世界级"头衔，但是刚刚经历了 2008 年北京奥运会和 2010 年广州亚运会的国人，大多对这项赛事不感冒，甚至连许多深圳人也持这种想法。

然而，尽管大运赛事本身呈较低的关注度，但是却不能因此就抹去该届大运会对深圳所做出的巨大贡献。应该说，在深圳的城市发展史上，2011 年举办的大运会立下了很大的功劳，值得

深圳湾大运会火炬塔

大书特书。

为什么要这样说呢?

这主要是从大运会推动深圳城市建设层面上说的。当时,深圳以举办大运会为契机,加大各方面的投入,有力地推动了整座城市社会经济各个层面的发展。例如,因为举办大运会,深圳加速了地铁建设，同时上马几条对这座城市接下来的发展极为重要的地铁线路，其中就包括通往原二线关关外地区的龙岗线、龙华线和环中线，极大地改善了深圳整体的交通环境，为深圳社会经济发展做出了非常大的贡献。今天，这些当时上马的地铁线早已全线开通，每天为数十上百万深圳市民服务，深刻地影响数百万深圳市民的日常工作生活，有力地推动了沿线区域社会经济的发展，大大地改善了深圳区域发展不均衡问题，拉近了原"关外"地区与原"关内"地区的距离，加速了深圳经济特区一体化进程。

事实上，大运会对推动深圳发展建设所做出的贡献，并不仅限于地铁。因为举办大运会，深圳加大了对基础设施建设的投入。在这方面，原二线关关外地区受惠最大。无论是宝安中心城、龙岗中心城，还是龙华片区、坂田片区等，都因大运会而加速发展，市容市貌建设有了很大的提升，一跃而成为宜居宜业的现代化绿色城区。

深圳的道路建设，例如龙岗大道（原深惠路）、107国道等，也都因大运会的举办而加速了改造建设步伐。这些交通干道改造完成之后给人以焕然一新的感觉，更加方便快捷，也更加美观。总体来说，经过大运会的洗礼，深圳市原二线关"关内""关外"的道路都得到了较大的改善，有了很大的提升，深圳整体交通环境更便捷更漂亮了。

连久被诟病的"城中村"也深受举办大运会的影响，由深圳各级政府加大投入，纷纷进行了改造建设。在大运会前夕，许多"城中村"完善了消防设施，改造了里面的道路、环卫设施等，并对一些脏乱差的部位进行了整治。通过这次大规模的改造，深圳的"城中村"，尤其是原二线关内的"城中村"，有了很大的改观。

此外，深圳市的治安环境也因大运会的成功举办而有了很大的提升。在大运会举办前夕，深圳投入更多的人力物力，加大对治安环境的整治力度，重点是以前较为薄弱的原"关外"地区、城中村和火车站等部位，最终使全市的治安环境有了质的飞跃。今天，当你走在深圳的任一角落，都要远比大运会之前安全得多。

大运会对深圳建设"志愿者之城"，以及在社会各界推进和普及绿色环保理念，提供了极大的助力，有力地促进了这些方面的建设，使之更加广为人知，为更多的市民所接受。尽管深圳此前在这些领域早已有了较好的基础，但是通过举办大运会，令其有了更大的发展，达到了更高的层次。

总之，2011年举办的大运会对深圳社会经济发展的推动是全方位的。普通市民可能未注意，自己身边的许多改变，不好的地方得到改善，均受益于这届大运会。从这个角度来看，大运会对深圳的城市发展做出了不可忽视的贡献。大运会给深圳留下的遗产，更多的不是在于大运会本身，而是在其他各个方面，并且至今仍在深刻地影响着深圳。

在深圳市盐田区停放了 16 年的明斯克航母世界，已于 2016 年 4 月 2 日被拖往江苏南通

航母世界

第一次鸦片战争后的一百多年时间里，限于体制、文化等因素，中国一直积贫积弱，落后挨打，被世界列强轮番欺负，遭受了一次又一次的屈辱。这些国家、民族的悲惨遭遇，在国人的记忆中沉淀了下来，成为一代又一代中国人所共有的历史记忆。因此，大多数国人往往从一出生开始就有强烈的"强国情结"，希望祖国能够富强，屹立于世界，这种民族愿望一代传一代，代代相传。而在现代世界，强国的一大标志就是要拥有"航空母舰战斗群"，这样退能保卫国家，进能游弋于世界各地。

自改革开放以来，直到今天，在国人之中仍普遍存有较强烈的"航母情结"。希望中国能够早日拥有"航母"或"更多航母"的呼声，30 多年来一浪高过一浪。多年来，各类民间军事专家也在网络论坛上做了无数关于中国航母的分析和推演，并为中国航母制定了无数的作战方案。这种民间军事文化，在中国人群体之中非常盛行。

在这种历史和文化背景下，深圳经济特区于 20 世纪 90 年代末引入一艘俄罗斯退役废弃的著名航空母舰，顿时吸引了无数深圳人乃至全国各界的热切关注。这艘世界名舰叫作明斯克（又叫明思克），曾是世界第五大航空母舰，赫赫有名。

明斯克号是苏联第二代航空母舰基辅级航空母舰的2号舰，"计划1143"的第二艘，以苏联加盟共和国白俄罗斯首府明斯克命名，由苏联黑海尼古拉耶夫船厂（又名黑海造船厂）建造。苏联解体后，由俄罗斯继承该舰。由于苏联解体后俄罗斯经济实力不行，无法维持运行此舰的高昂费用，所以它于1993年退役。1995年底，明斯克号被韩国大宇集团购买，但后来因韩国遭遇亚洲金融危机冲击，该舰于1998年8月被中国中信集团买进，计划将其改建成军事主题公园。1998年8月31日，明斯克号航空母舰正式落户深圳市盐田区沙头角，开始打造世界级航母公园，名字叫深圳明斯克航母世界。

说明斯克航母是世界名舰，主要有两个方面的原因：一是明斯克号航母于1978年服役，1979年正式加盟苏联太平洋舰队，成为舰队的旗舰和主力，被誉为苏联的"国家名片"。当时的明斯克号风光无限，它的到来使苏联结束了在远东地区没有大型主力舰的历史，也形成了对周边日本、韩国、中国及美国的军事威慑。尤其值得一提的是，明斯克号的母港设在海参崴，离日本只有200多海里，因苏日之间存在"北方四岛"的主权争执，所以在冷战时期，日本人对明斯克号航母如芒在背。二是因为日本人久留岛龙夫写了一部假想"第三次世界大战"的幻想小说《明斯克号出击》。在这本小说里，代表苏军最高战斗力、被誉为永不沉没的明斯克号航母沉没，苏联从此永远失去了霸主地位。这本小说20世纪80年代在中国翻译出版，引起许多中国读者的关注，由此也使这艘苏联航母在中国民众中享有较高的知名度。

当年，深圳明斯克航母世界开始运营后，倍受深圳市民的追捧，许多人希望借此一圆自己心中朝思夜盼多年的"航母梦"，一了"航母情结"。对于许多从小就做着"航母梦"的国人来说，如今在家门口就能登上"航空母舰"，并且还是世界名舰，那真是太爽了。尽管这艘航母上的武器和仪器早已被切割拆除掉了，但至少外形还在，所以多少能够慰藉心中所愿。

在一段时期内，"到深圳看航母"成为极具煽动性的广告词。甚至真的有不少人就是冲着这艘航空母舰，才大老远地跑来深圳。那个时候，不仅深圳市民争相前去参观，与之合影留念，而且其他地方的许多人也纷纷前来一睹航母风采。可以说，那时"明斯克航母"是深圳的一张闪亮名片。

可惜，时间久了之后，深圳市民对此失去了新鲜感，开始见惯不怪，致客流大幅下滑。加之经营不善等原因，深圳明斯克航母世界无法再经营下去。此后，明斯克几经转手，终于于2016年4月初被拖离深圳，北上江苏，在那里开启一段新的旅程。对此，早已将其淡忘的许多深圳市民又颇觉不舍，于是纷纷前去送行，并留下最后的合影。从此，深圳再无"航母"。

20世纪80年代至90年代,深圳人常会喝老金威

老金威

因为酒精度数较低、口感好以及可以大口喝酒展现豪迈气派等原因,啤酒一直是受众多年轻人所喜爱的一种酒类。尤其是每年夏天的时候,啤酒销量更是惊人,且以极其炎热的南方地区为最,每次消费动辄以"打"为计数单位。

对于老深圳人来说,有一种本地产的啤酒,曾伴随着深圳经济特区一同成长并发展壮大。看到它就仿佛看到了热火朝天的特区早期建设场面,也从中回忆起自己在特区打拼的艰辛历程。因此,许多稍为年长的市民对这种本地产的啤酒饱含感情。这种姓"深圳"的啤酒,它的名字叫"金威"。

金威啤酒是由金威啤酒集团有限公司(前称是粤海啤酒集团有限公司)所拥有的一个啤酒品牌。它是一家香港上市公司,乃广东省政府在香港最大的企业粤海控股集团有限公司旗下的控股企业,曾在深圳市内外建有多个生产基地,销往国内20多个省市及自治区、港澳及东南亚等海外地区。可以说,金威啤酒有过十分辉煌的历史,曾是深圳的骄傲,是深圳人能够挂在嘴边与外地知名啤酒品牌相提并论的一个本地啤酒品牌。

作为深圳本地唯一的啤酒品牌，金威啤酒与深圳一起发展20多年，见证了特区早期的发展与成长，而且其自身也随着特区的发展逐渐成长起来，成为在国内具有一定影响力的啤酒品牌。1992年，金威啤酒商标被深圳市工商行政管理局、深圳市十大著名商标评委会评为"深圳市著名商标"，同年又被评为"广东省著名商标"。2002年，金威啤酒获"中国名牌产品"称号。2004年，金威啤酒取代哈尔滨啤酒成为香港恒生综指成分股。2005年，金威啤酒获首届"深圳最受尊敬（最具影响力）企业"称号。2008年12月，金威啤酒入选"改革开放30年广东标杆企业30强"。2010年，金威啤酒被评为第一批"深圳老字号"。

金威啤酒有一种玻璃瓶装，因其外观一直没怎么变，非常经典，所以成为金威啤酒最醒目易记的外观标识。老深圳一提及金威啤酒就必定会联想到这种玻璃瓶装，否则就觉得是冒牌货。因此，这种玻璃瓶装被叫作老金威。渐渐地这个名字的知名度和影响力甚至盖过了金威啤酒本身。在老深圳眼中，老金威指的是玻璃瓶装，瓶身呈黑褐色，容量为600毫升。它的包装比较简陋、粗犷，却正适合深圳的工薪阶层。一瓶老金威的价格也不贵，低收入人群完全消费得起。所以其当年曾横扫深圳的各大小酒档和餐饮店，成为深圳人最爱喝的一种啤酒。

20世纪八九十年代，许多深圳市民会约上三五个亲朋好友或同厂工友，一起到路边大排档吃夜宵，炒上一盘田螺，就着晚风，干掉几瓶老金威，边喝边天南海北神聊，就是一个十分惬意的特区夜晚。在深圳经济特区早期建设那段难忘岁月中，这样的片段画面在不断上演着，许多早期特区建设者均有过类似的经历。

正因为许多人有着这样的难忘经历，所以才会对老金威格外有感情，一直对它念念不忘。它陪伴他们度过了人生中极其重要的一段岁月，那段岁月对他们来说已是永恒的记忆。所以，许多人把对那段岁月的回忆和怀念，转化到对老金威这样一个具体的物件上去。

一旦喝惯了老金威，往往就再也不喜欢喝别的啤酒。在深圳市民之中，许多人是老金威啤酒的"死忠"，喝啤酒必喝老金威，哪怕是有别的更好的酒也不换，始终不离不弃，堪称"铁粉"。

直到2013年2月，金威啤酒和华润雪花啤酒签订了一份总体买卖协议，以总出售价约53亿元出售旗下除了深圳一厂以外全部9家金威啤酒工厂的资产，从此金威啤酒品牌被华润雪花啤酒纳入旗下，不再属于深圳。加上金威啤酒位于深圳罗湖布心片区的总厂前几年被纳入城市旧城改造范围，已经被拆迁了。因此，老金威及金威啤酒已淡出深圳市民的日常生活，只余下那段永恒的回忆仍记挂在许多深圳人的心头。

1985年初，深圳媒体报道上步区下梅林村

上步区

小时候家里有一辆自行车,是我小舅于 20 世纪 80 年代的时候从深圳买回去给我父亲的。那时候,自行车是要上牌登记管理的,买车的时候就需要到县区一级交通管理部门上牌。记得我家那辆自行车,其车牌上赫然写着"深圳市上步区"字样。因此,我从小就对深圳市这个"上步区"印象深刻。

可是,等我长大后来到深圳,才发现深圳市并没有"上步区"。无论是原关内四个区,还是原关外两个区,又抑或是后来分出来的四个新区,深圳市这十个区之中并没有叫"上步区"的"区"。

这是怎么回事呢?难道是当时这个车牌给搞错了?

不是的!在早期的深圳,确实曾经在一段时间内,有过一个叫"上步管理区"的"区",简称"上步区"。原来,上步区是深圳市的一个历史区划,其为现今福田区的前身,后由于城市行政区域规划调整而不复存在。尽管上步区只是原罗湖区下面的几个"管理区"之一,但是当时在市民和各界人士眼中,就是把它当成一个正儿八经的"区"看待。上步区成立于 1983 年

9月15日，东界为红岭路，南界为深圳河，西界为车公庙甜水坑，北界为莲花山公园和笔架山。该区成立时常住人口6万人，暂住人口5万人，面积68.8平方公里。1990年9月，上步管理区撤销，原区域设立福田区。

好好的一个"区"，为什么突然改名字了呢？原来，这个"上步区"之所以要改名为"福田区"，主要是因为名字不好听的缘故。当时深圳人之间普遍流传着"上步区"等于"上不去"的段子，这个"区"的名字因为谐音问题，被许多市内市外的人拿来开玩笑。于是，后来深圳市政府就干脆把这个"区"的名字改为"福田区"了。

当时深圳经济特区内与"上步区"谐音段子连在一起的还有另一个地名的谐音段子，那就是"下步庙"。下步庙是上步区（即现在的"福田区"）下辖的一个村子，位于华强南片区，离深圳河不远。当"上步区"和"下步庙"连在一起读时，其谐音就变成了"上不去，下不妙"，于是就越发成为人们的调侃对象。在那个年代，这个地名段子在深圳人之间普遍流传，比后来的"布吉（不急）"地名段子传得还要广。

仅因名字的谐音不好听，就把一个"区"的名字改掉？问题并非如此简单，上述这些只是问题的表象。更深层次的问题是，当时全国尚处在刚从几十年极"左"体制中挣脱出来的社会阶段，那种长时间形成的极"左"坚冰还有待进一步破除，整个社会氛围依然时不时会被极"左"思潮所笼罩，使刚经历过

20世纪80年代中期的深圳市自行车执照

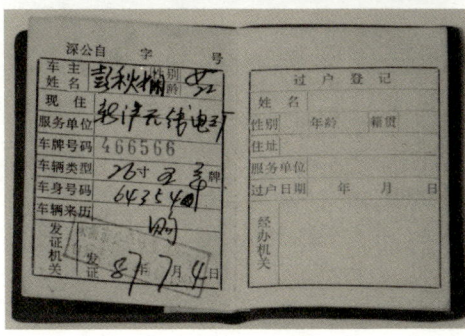

1987年7月,作者小姨办的深圳市自行车执照

一个媒体人的"深漂"笔记

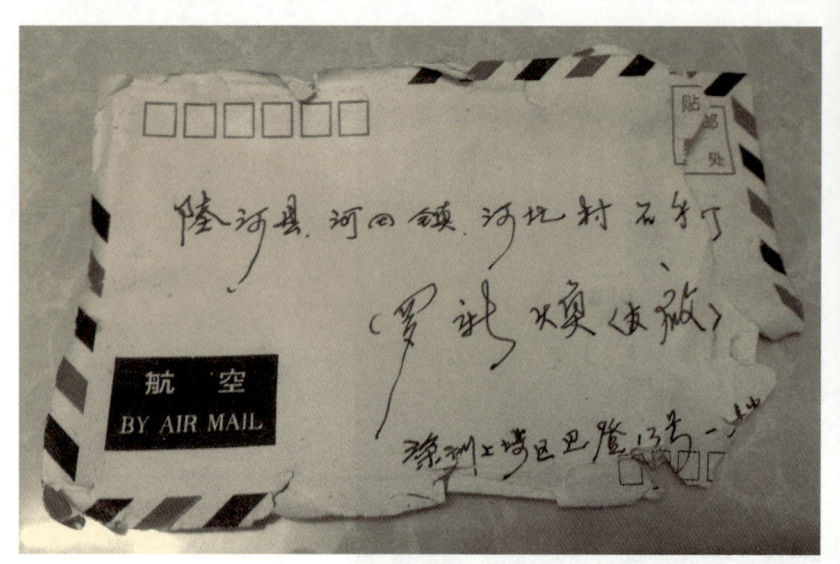

20 世纪 90 年代初,亲友从深圳市上步区巴登寄信给作者的父亲

几十年各种政治运动的国人不敢轻举妄动。当时国内许多人对"深圳经济特区"持强烈的怀疑乃至质疑态度，甚至对之明里暗里地攻击。另一方面，当时刚好深圳经济也出现了一些波动。因此，在这种时代背景下，"上不去，下不妙"已经从一开始简单的地名谐音调侃段子，逐渐演变成为对深圳经济特区乃至整个中国改革开放事业的攻击手段和方式。有些人有意识地把"上不去，下不妙"往深圳经济特区的社会经济发展方面靠，阴阳怪气地或明指或暗示，说特区存在许多问题，唱衰说深圳不行了，企图将特区扼杀掉。在中国历史上，并不乏这种借故生事的案例。

针对这种情况，当时的深圳主政者们既不愿意卷入太多的无谓争论，使宝贵的发展时间被白白浪费掉；又不愿意看到正满带着希望前行的深圳经济特区被人如此诋毁，于是就干脆把这个名字改掉，将其改成比较顺口吉利的名字，让那些有其他想法和企图的人无话可说，不能再从地名上面做文章。这就是深圳人一贯所秉持的"不争论"精神，懒得去跟人家争论，干脆绕着走算了。

从"上步区"改名为"福田区"这件事情，可以看出深圳经济特区早期建设的不易。除了要应对各种建设问题以外，还要疲于应对各种政治层面的诘难，而这才是让人难以清静的大问题。正所谓"建设难题易解，政治诘难无解"。幸好，早期特区的主政者们勇于迎难而上，顶住压力，挣脱枷锁奋力前行，终使特区成功地闯出了一片天地。

深惠路

尽管被改名为"龙岗大道"已经好几年了,但是深圳市民大多还是习惯叫它"深惠路"。这原本是一条国道的某一路段,后来随着深圳经济特区的飞速发展,渐渐变成了城市的市政道路。如今,走在深惠路龙岗段,左右两边聚集的是住宅、商场、办公楼等建筑,高楼林立,人员密集,属较为繁华的城市街区,早已不再是一般的过境公路两边那种杂乱模样。

从字面上来看,"深惠路"是深圳与惠州之间的连接公路的意思。事实上,这原是一条有历史的过境公路,后来成为全长3160公里的205国道之一部分。这条国道从河北出发一路往南,经天津、山东、江苏、安徽、浙江、福建等省份,然后进入广东,终点为深圳,等于从北往南串起了大半个中国。

深圳人所俗称的"深惠路"指的是205国道龙岗段,南起布吉草埔的龙岗区行政区界,北抵位于龙岗区坪地街道深圳与惠州交汇的市界,全长36公里。龙岗区辖区内有8个街道,其中布吉、南湾、横岗、龙城、龙岗、坪地等6个街道从南至北分布在深惠路沿途,只有平湖、坂田这两个街道不在此交通大动脉上,因此其一贯被视为是龙岗区最为重要的一条道路。尽管

龙岗大道，原名深惠路

深惠路是205国道的一部分，但是却同深南大道一样，早已经承担起了城市干道的任务。随着公路两边聚集的人口、商业越来越多，"深惠路"原本所具有的公路功能便和城市道路的性质混合，形成一种融合状态。随着社会经济发展的加快，其公路的功能越来越起阻碍作用，因为此时公路已经变身为城市的主干道了。

作为国道的一部分，深惠路联系着深圳与惠州这两个珠江东岸重要城市，旧时承担着两市及河源、梅州等地区前往深圳原特区内的交通干道功能，甚至汕尾、揭阳、汕头、潮州等地往来深圳时也部分受影响。近年来,随着深圳经济特区扩容和一体化的新形势,以及龙岗城市功能定位的提升,深惠路已从原来的过境公路升级为城市道路,成为市民日常工作生活道路的特征更加明显,作为龙岗区的"标志性道路"特征也更为突出。这就是为什么后来龙岗区政府极力要将其更名为"龙岗大道"的主因,认为这个名字才符合它的现状及定位。

这条路在改革开放前为沙土路,汽车经过的时候常漫天飞尘。直到20世纪80年代中,在经历第一次大修之后,深惠路才有了沥青路面,并且有了公交巴士,开始有所改观。可惜好景不长,到了90年代,深惠路就开始了"万补路"长期旅程。那时候,由于经常修路,导致经常堵车,于是摩托车一度成为沿线居民出行的主要交通工具。

2005年前后,深惠路开始进行大规模的改造。这个历时7年的大工程,几乎给每个在此期间经过深惠路的人都留下了"极度堵车"的痛苦记忆,以至于许多司机谈深惠路"色变"。在此期间,深惠路布吉段由于交通事故拥堵,还出现过"万人徒步进关"的悲壮事件。此外,在施工期间,每逢下雨,沿线许多低洼地方就会有积水,在荷坳、深坑、坳背等地,水深达1.5米,最深的地方超过2米,变成一条布满大深坑的"河流"。

那时候,许多深圳市民提到深惠路就感到害怕,只记得它裸露的黄土和漫天扬尘的模样。尤其是2011年深圳地铁龙岗线全线开通前,这条路更是以拥堵闻名于世。无论是坐公交车还是自驾车,深圳市民轻易都不敢从这里经过,因为必定会堵的。记得那时候,假如居住在深惠线沿线的朋友让我过去,我心里都得好好掂量一下。因此,那时候一年到头都极少前往,尽量避开。

值得一提的是,深圳地铁龙岗线的龙岗段全线基本上都是沿着"深惠路"走,在其上方高架经过,从草埔布吉边检站到龙岗街道双龙社区。在2011年深圳大运会举办前夕,深惠路沿线民众迎来了多年忍耐的硕果:2010年12月29日,飞架在深惠路上的深圳地铁龙岗线首段贯通,龙岗居民竞相试乘。这条消息当时确实很振奋人心,我那天刚好在龙岗南联社区访友,当天下午和朋友试乘了这条地铁线。2011年1月,深惠路改造工程全线双向主干道贯通,道路两边除了人行道外还设有专门的自行车道,沿线整体路况有了质的提升,并且还通过加大绿化投入,大力提升道路景观,从而使"深惠路"成为一条漂亮的城市主干道。深惠路变得漂亮了,并且行驶在路上的车速也快了,龙岗与市区的交通更为便捷。

2012年4月份,龙岗区宣布将深惠路(龙岗段)更名为"龙岗大道"。从此,有着较长历史,并伴随着深圳经济特区建设一起成长的"深惠路"成为历史,开始以"龙岗大道"的名字迎来了新生。不过,行政力量毕竟难以一下子就改变民众业已形成的习惯称呼,所以多数民众还是习惯叫其"深惠路",说"龙岗大道"反而许多人会感到不习惯,甚至不知道指的是哪里。从"深惠路"到"龙岗大道",代表着这条路和沿线区域开始进入一个新的发展时期,这种变化尚需一段时间去消化。

水上乐园

南国深圳，夏天非常炎热，市民们都喜欢亲水玩水。提起水上乐园，大家往往会想到广州番禺的长隆水上乐园——近年来珠三角地区名气最大、人气最旺的亲水玩水休闲娱乐场所，每年夏天均吸引众多游客前往。

说到水上乐园，如今较为年轻的深圳市民可能不知道，曾经深圳也有一个著名的水上乐园。它曾是全国规模最大，也是珠三角地区首个水上项目的主题乐园，它的名字叫作"香蜜湖水上乐园"。一提起它，老深圳们往往会首先想到它那标志性的"水上乐园摩天轮"。

香蜜湖水上乐园位于深圳市深南大道西段的香蜜湖度假村内，属香蜜湖度假村的游乐项目之一，于20世纪80年代初开业。该水上乐园面积达9.2万平方米，投资2.3亿元兴建，是当时中国最大最先进的水上娱乐城。香蜜湖水上乐园（即香蜜湖度假村有限公司）有两家股东，分别为深圳特发集团和泰国正大集团。这个水上乐园开业后倍受深圳市民喜爱，非常火爆。

当时，香蜜湖水上乐园引进了美国、加拿大、瑞典和日本生产

20世纪90年代初,作者的母亲随家人在香蜜湖水上乐园游玩

20世纪90年代初,作者的妹妹随家人在香蜜湖水上乐园游玩

的先进设备和技术,主要娱乐项目有高速滑道、雪山滑道、登高滑道、组合滑道、造浪池、跳水池、休闲池、按摩池、冲浪池、漂流河、游泳池、儿童反斗乐园、儿童戏水池及贵宾按摩池、贵宾休闲区等。当时尚属国门初开的年代,许多人是在香蜜湖水上乐园首次接触到这类娱乐设施,所以觉得非常新奇有趣,水上乐园也就成为深圳市民游乐嬉水的好去处。在较长的一段时间内,香蜜湖水上乐园是深圳市唯一专业性质的水上娱

乐中心，处于"垄断"地位。

既然这个水上乐园名字叫作"香蜜湖"，那自然是因为里面有一个"湖"了。其实在改革开放前，这个"湖"本来叫"香茅湖"。改革开放后，商家在开发这个地块的时候，把这个"湖"改名为"香蜜湖"。经这么一改，顿时变得"高大上"起来。

对于那时的深圳经济特区来说，香蜜湖水上乐园是一张极其靓丽的名片。从20世纪80年代开始，一直到2000年左右，香蜜湖是深圳旅游业著名的"五湖四海"之一。所谓的"五湖"是指西丽湖度假村、石岩湖度假村、香蜜湖度假村、银湖旅游中心、东湖水库公园。而"四海"是指小梅沙旅游中心、溪涌工人度假村、蛇口海上世界、深圳湾游乐场。以香蜜湖为核心建立起来的香蜜湖度假村始建于1981年，是当时全国规模最大、设施最齐全，集吃、住、行、游、购、娱乐于一体的度假村。"中国娱乐城"和"水上乐园"是香蜜湖度假村有限公司经营的两大娱乐项目。20世纪80年代中期，香蜜湖度假村曾风靡深港两地，成为深圳市民以及外地人来深的必游之地。

然而，这类人造景点最大的问题就是难以持续火爆下去。一旦周边民众的热闹劲一过，失去新鲜感之后，其经营状况就会每况愈下，最终彻底失去吸引力，只能关门大吉。香蜜湖水上乐园也一样，在开业经营了二十多年之后，2005年4月18日因为经营状况不佳，这个曾经离深圳市民最近的亲水玩水乐园，深圳人夏日消闲的好去处，满载老深圳无数回忆的水上乐园，正式宣告无限期停业。当时，这条令人沮丧的消息传来，引发无数深圳人的唏嘘。

从那以后的十多年，深圳再也没有出现过一个以"水上乐园"闻名的大型游乐场所。尽管也有一些景点打出"水上乐园"的旗号作为卖点，但是知名度和影响力却再也没有达到香蜜湖水上乐园的高度。在大多数深圳市民眼中，"水上乐园"仍是专指"香蜜湖水上乐园"。

停业之后，香蜜湖片区变身为美食集散地以及销售汽车的场所，成为"美食城"和"汽车城"。最近几年，深圳市民前往香蜜湖片区，大多是为了去吃饭或买车。只是，经常到这里吃饭的年轻市民，并不知道这里曾是一个闻名深圳乃至全国的大型水上乐园所在地。

如今，许多深圳市民担心香蜜湖片区的土地会被房地产商所占据，被建设成一栋栋豪华楼盘，由一个可供全民共享的城市公共娱乐休闲场所沦为少数富豪所独占的都市豪宅区。一直以来，深圳各界人士始终高度关注着这个片区，希望它能够有一个比房地产更好的出路，通过什么项目使其重新成为全体市民所能共享的"香蜜湖"。

连求宽,现年67岁,20世纪70年代逃港,曾于20世纪八九十年代创办海内外知名的"潮讲堂"会所

逃港

逃港，指的是 20 世纪 50 年代至 80 年代初内地居民非法进入香港的行为，是一部时间跨度达三十年的惊心动魄的逃亡史和血泪史。究其原因，起初是政治原因，后来则主要是经济原因。从 1949 年起，内地与香港分属不同的社会制度，随着 20 世纪六七十年代的香港经济起飞，和内地因为极"左"政策导致经济裹足不前，两地的经济落差越来越大，香港居民收入要远比内地高。

时至今日，再看到"逃港"这个词汇，感觉那是一件很遥远的事情。确实，对于包括深圳人在内的内地人来说，"逃港"早就绝迹了，这年头谁还会去冒险做这个呢？而且，对于深圳人来说，香港现在也没有太大的吸引力，根本就不值得为之去非法越境。

可是假如把时间放在 30 多年前，在那时候的宝安县（深圳的前身），"逃港"现象却非常普遍，人们对此也习以为常。在改革开放前的宝安县，甚至曾经流传着这样一首民谣："宝安只有三件宝，苍蝇、蚊子、沙井蚝。十屋九空逃香港，家里只剩老和小。"从目前可以查阅到的文件来看，自 1955 年开始出现逃港现象起，深圳历史上总共出现过 4 次大规模的逃港潮，分别是1957年、1962年、1972年和1979年,共计56万人(次),参与者来自广东、湖南、湖北、江西、广西等全国12个省、62个市(县)。

改革开放初,也就是1979年1月至5月份期间,广东省共偷渡外逃11.9万多人,逃出2.9万多人,人数超过历史上最高的1962年。在这一年的春夏之间,尽管设立了70多个哨站,日夜加强巡逻,外逃偷渡的人员依然如潮水一般,不断地涌向边防卡哨。1979年5月6日,来自惠阳、东莞、宝安80多个乡镇的7万群众,如数十道汹涌的洪流,黑压压地扑向深圳,两个海防前哨不到半个小时就被人山人海所吞噬。可见,当年的"逃港"之风是如何盛行。

恐怕许多深圳人并不知道,当年愈演愈烈并屡禁不止的"逃港"现象,是直接促生"深圳经济特区"成立的重要原因之一。1978年习仲勋主政广东后,经过大量的实地走访,亲身感受到广东人对提高生活水平的渴望。他意识到,光靠严防死守不可能有效地遏制偷渡,必须另辟蹊径。随后,广东省委主要负责人向中央提出了在深圳设立外贸加工区的想法。邓小平在听完广东省关于逃港情况的汇报之后说:"这是我们的政策有问题。逃港,主要是生活不好,差距太大,生产生活搞好了,才可以解决逃港问题。"接着就是1979年蛇口工业区开始开发建设,1980年成立深圳、珠海等经济特区。

逃港的方式,可分走路、泅渡、坐船三种,泅渡通常是首选。

深圳河河套地区香港一侧，对面是深圳福田、罗湖。作者拍摄于 2013 年 10 月

按路线，则有东线、中线、西线之分。偷渡者通常都带有汽车轮胎或者救生圈、泡沫塑料等救生工具，往往选择西线，即从蛇口、红树林一带出发，游过深圳湾，顺利的话，大概一个多小时就能游到香港新界西北部的元朗。中老年人和妇女儿童通常选择陆上偷渡，从深圳梧桐山、沙头角一带，翻越边防铁丝网。当时对偷渡者的打击是异常严厉的。凡不经合法手续前往香港者都被视为"叛国投敌"，抓到就被收容。20 世纪 60 年代以前，边防战士遇到不听命令的偷渡者可随时开枪，许多偷渡者被打死在滩涂上和山里。此后，由于上级的严令禁止，开枪现象才逐渐消失。

深圳河河套地区香港一侧的铁丝网。作者拍摄于 2013 年 10 月

由于大量外逃，深圳许多村庄都"十室九空"。于是改革开放初期还从周边地区，例如信宜、惠东、陆河、阳春、高州等地，招募许多农民过来租地耕种，叫作"代耕农"。我认识一位名叫罗国柱的 70 多岁老人，他 1981 年从老家陆河县（原属陆丰县）过来，到宝安西乡租地耕种。当时他不是一个人过来，而是带了许多同乡过来，承包了大片当地的田地。据他回忆，当时新安、西乡等地的许多居民经常晚上去练习游泳，暗

自为逃港做准备,这在当时是公开的秘密。他说,他妹妹本来在老家是不会游泳的,跟他来到宝安之后,每天下午也和当地人前去练习游泳,后来能够游很远。

对于香港来说,大量内地人的突然涌入,尤其是逃进去的大多还是青壮劳动力,因为老弱病残的话很难"逃港"成功,这些人成为当时香港急需的廉价劳动力。并且这些人也带去了拼搏精神,以及各方面的技能,这在一定程度上促成了香港20世纪六七十年代的经济奇迹,是香港经济起飞的基础之一。香港20世纪八九十年代的经济繁荣,也离不开大量外逃过去的内地人所做出的贡献。

1980年8月26日,在内地居民"逃港"的必经之路和"桥头堡"的深圳,成立了中国最早的经济特区之一。此后,随着深圳经济特区迅速打开局面,社会经济发展迅猛,提供大量就业和创业机会,使得"逃港"现象迅速无疾而终。既然在内地这边就有发财机会,能够混到饱饭吃,谁还愿意冒生命危险去"逃港"呢?

到1997年香港回归以后,偷渡"逃港"现象基本绝迹了。近年来,大量的香港人涌入内地反而成为一种潮流。不少香港人不仅仅是来深圳等内地游玩消费,而且还选择"北上"就业。今天,"逃港"已经成为一个历史名词,只停留在年纪较大的人的记忆之中。可以说,深圳经济特区30多年的飞速发展,对遏制和根绝"逃港"现象起到了堪称决定性的作用。

深户担保

近年来，除了北京、上海以外，各地的户籍制度均有所松动，过去捆绑在户口上面的许多福利政策逐渐被剥离了出来，导致城市户口不再像过去那样吃香，没那么令人羡慕了。许多农村人本来有条件转为城市户口，现在也选择不转了，宁愿继续保留农村户口，认为这样更划算。

现在一些较为年轻的深圳人可能很难想象，在这座城市，找工作办入职时，许多人曾经需要找一个具有本地户籍的人出面"担保"，否则无法入职。这种事情叫作"深户担保"，曾在较长的时间内在深圳广泛存在。

当时街上的小广告曾铺天盖地地刷着"深户担保"字样，几乎使这四个字成为深圳街头一景，凡是人流密集的地方几乎都可以看到。尤其是在华强北、东门等一些人流量较大的过街天桥，以及一些较为中心位置的城中村，长年都刷有这类小广告。这类小广告上面除了"深户担保"这四个字之外，还留有一个手机号码，有需求的人可根据上面留的电话号码按图索骥找到相关人员，从而有偿获取"深户担保"。

曾经在深圳街头到处都喷涂有"深户担保"的小广告

"深户担保"的小广告当时之所以会如此普遍地在深圳各大街小巷存在，正是因为其背后有着巨大的现实需求，有很大的市场。因为，从外地前来深圳找工作的人，许多人是无亲无故的，没有深圳户籍的亲人和朋友。这样的话，要找到愿意为其出具"深户担保"的人就很难。毕竟，"担保"是一种法律行为，需要承担一定的风险。如果所担保的当事人出事，就有可能会连累到担保人。因此，如果不是沾亲带故，具有较亲近关系的话，一般人是不愿意帮人出具"深户担保"的。如果是无偿给别人出具"深户担保"，那可是非常给面子的事。所以，被担保人往往也会特别感激担保人，逢年过节时会送些小礼表示一下。

在这种情况下，一条地下产业链就应运而生，涌现出一批相关公司和人员，专门为急需"深户担保"办理入职或办理其他业务的人出具相关证明，并收取一定的费用。关于提供"深户担保"的收费，价格不一，依照不同需求，从几百元到几万元不等。一项政策催生了一个地下产业，由此养活甚至养肥了不少人，许多人凭此而发财。

需要注意的是，并不是所有的深圳公司都要求出具"深户担保"，大部分是不需要的。一般只有那种国有企业，或者较大的企业，又或者相关岗位比较重要，假如入职人员违法行私的话可能会给公司带来较大的损失，在这种情况下才会要求出具"深户担保"。我记得2007年下半年，我入职深圳邮政系统工作的时候，当时也是要求要有"深户担保"。幸好我小姨夫是深圳户口，当时就由他为我提供了"深户担保"，这样才顺利办理了入职手续。

那么，为什么有些深圳公司会要求出具"深户担保"呢？或者说，拥有"深圳户口"的人为什么能够仅凭户口就帮别人"担保"呢？

这是因为深圳市是一个本地户籍人口和外地户籍人口严重倒挂的城市，在这样一个有着一两千万常住人口的特大城市，只有两三百万人拥有本地户籍。与此同时，"深圳户口"上捆绑着许多由深圳市政府提供的各种福利政策。因此，过去"深圳户口"就显得比较金贵。再加上拥有"深圳户口"的人大部分是"精英分子"，许多人收入较高，有房有车，所以叫其"担保"

就比较有保障。另一方面,"担保人"因为有"深圳户口",所以不会轻易地就跑路离开深圳,而且就算离开了其户口也在这里,等于已经把他拴得牢牢的。在这种情况下,他在为人"担保"的时候就会先掂量一下,看看这个人是否值得为其冒风险,"担保"之后会不会出问题,会谨慎对待。如此一来,这种担保就比较有保障了。

"深户担保"有其现实正确性。早期的深圳经济特区,大量的外来人员从全国各地蜂拥而来,当时科技不完善,身份证等信息没有全国联网,所以一些企业为了保障自身利益,不得已采用这种方式。否则的话,假如人家两脚抹油偷偷离开深圳,像这种不大不小的事情警方也难以处理,相关用人单位就只能吃哑巴亏了。

当然,这种方式确实给广大外来求职者带来了诸多不便,甚至由此引发一些其他问题。总的来说,这是特殊时代背景下的一种特殊事物。2008年1月1日正式实施的"劳动合同法"明确规定:"用人单位招用劳动者,不得要求劳动者提供担保。"这意味着入职等需提供"深户担保"的"深圳特色"正式在法律层面成为了历史。加上深圳户籍制度的松动,以及居住证制度的日渐完善,"深户担保"近年来基本寿终正寝了。

《义不容情》，TVB 经典电视剧，20 世纪 80 年代末在内地非常火

香港台

2016年4月,当听到从香港传来亚洲卫视因为经营不善而倒闭的消息时,许多深圳人纷纷在微信、微博等社交媒体上发帖,怀念这个曾经伴随自己度过生命中一段美好时光的香港电视台。一个香港电视台的倒闭,却引起了深圳河这边民众的广泛关注和怀念,这不禁有点耐人寻味。

其实,对于深圳人来说这并不奇怪。因为许多80后、90后的年轻深圳市民,就是看着香港电视台节目长大的,从小就是香港电视台的忠实粉丝。香港电视剧中的那些"老戏骨",每一个他们都耳熟能详,就算叫不出名字也能认出人来。香港电视台承载了他们童年和少年时代的许多美好时光,有着许多难忘的记忆。

而对于更加年长一些的深圳市民来说,香港电视台则曾经陪伴他们度过无数工作劳累之后的夜晚,为他们分担和驱散了许多生活的不快,使无聊或寂寞的日子有了寄托,不至于无所事事。在那段日子里,香港电视台是他们生活中所不可或缺的一部分。

曾经,追看香港电视剧是深圳人日常工作生活中的一景。那个时候,香港电视台播放的电视剧在深圳这边都很火,许多深圳人会一集一集地追着看。白天上班或上学时,则会在闲暇之余和同事同学一起探讨剧情和剧中人物,并为其中的精彩部分击节叫好。无数的香港电视剧就这样成了许多深圳人记忆中的经典剧集,对片中的人物和剧情久久难忘。

那时候,快节奏、动炫的香港电视综艺节目和晚会等,也与内地这边完全不一样,曾给深圳人带来了新鲜感和满足感,因此吸引了大量的深圳观众追看。日复一日,年复一年,许多深圳人就这样彻底地成了香港电视台的"铁粉"。后来,有些深圳人去到内地出差或探亲访友,发现当地收看不了香港电视台,倍感不习惯,觉得内地电视台的节目全部都"不好看"。甚至有些深圳人还认为,广东尤其是深圳能够收看到香港电视台,是深圳人乃至广东人比内地人所多享受到的一种福利,能够增添不少幸福感。

20世纪80年代至21世纪初,许多深圳人,看电视基本上就等于看香港电视台。不管家里的电视能够收看到多少电视台的节目,每天都是锁定香港电视台,其他电视台的节目基本上从来都不看。那时候的深圳人普遍认为,只有香港电视台的节目才"合口味",内地的节目太"土"。1991年我第一次来深圳的时候,住在我小姨和小舅在福田巴登埔尾临时搭建的铁皮房里,那时他们每天看的就是香港电视台的节目。那是我记忆中第一次看到香港电视台的节目,颇令年幼的我感到震撼和难忘。

深圳的便利之处在于，那时候国内对电视信号的干扰技术还未像现在这样发达，因此身处一河之隔的深圳能够轻易地就收看到香港电视台的节目。这种基于地理上的优势，是香港电视节目能够在早期深圳风行的一个先天原因。当然，这并不是起决定性的原因。不然的话，同样的距离，为什么香港人就不收看深圳的电视节目呢？可见，地理接近只是容易收看到而已，而市民们是否选择收看，还是要看节目的质量。

应该说，对于当时看惯了国内电视台那种呆板生硬节目的内地人来说，香港电视台那种欢快、紧凑的节目模式，确实很有冲击力。尤其是对于从内地初来深圳的人，香港电视节目显得新鲜，看起来比较刺激。可是因为语言不同的缘故，并不一定全部都能看明白，大概有些人只是看个热闹而已。与此同时，许多深圳人是因为这样学会了听或说"咸水港式白话（粤语）"。

本港台和翡翠台是深圳人最为熟悉的两个香港电视台

本港台推出的电视剧《我和僵尸有个约会》，曾在内地非常火

21世纪初，本港台推出的《百万富翁》节目曾经在内地很火，并引来一堆模仿者

你是我的主场

在我的印象中，直到 2010 年左右，不少深圳市民日常家中看电视剧第一选择还是香港翡翠台。不过，近年来，随着巨额资金和高水平编剧演员等的大投入，国内电视剧正在崛起，而香港电视剧则因为投入少，人员变化不大，正在没落。目前，占据深圳市民家中电视荧屏的已不再仅是香港电视台了，许多市民也已不再把香港电视台作为唯一或第一选择，内地一些做得较好的电视台已成为深圳市民平常爱看的频道。加上近年来互联网的普及和视频网站的崛起，越来越多的深圳人日常选择用视频网站看电视节目，这也大大地分流了电视台的关注度。

总的来说，香港电视台在深圳等内地地区的黄金时代已经过去了，已不再能够左右甚至垄断深圳等内地人家中的电视机遥控器了。

曾经赫赫有名的新安酒家，早已归于沉寂

新安酒家

"那时候,新安酒家是深圳最出名,也是最气派的一个酒店。平时,深圳人不敢随便进去消费,要花很多钱。一般都是香港人在里面消费的多,他们从罗湖口岸过来,到那里也不远。记得1980年中秋节,我和几位同乡在那里过中秋,吃了一餐饭,至今仍然非常难忘。"1979年从广东陆河来深的大芬村画家罗志江说。

他说的新安酒家位于东门老街区域,是深圳经济特区一家颇有历史的酒店。20世纪80年代前来闯深圳的人,几乎没有不知道这家酒店的,当年人潮涌动的就餐场面至今仍存留在许多老深圳的脑海中。单就知名度和影响力来说,要远高于今天的五星级酒店。

如今,深圳经济特区有大大小小成千上万个不同的酒店,其中五星级的也不少。然而,这中间没有哪一家能够达到当年新安酒家的高度:为全市人所知悉和认可,人人以到新安酒家吃饭为荣。新安酒家当时之所以能够达到那么高的知名度,能有那么大的影响力,主要是因为那时正处在特区建设初期这样一个特殊年代。那个时候,特区内本身就没多少酒店,能够上点档次的更少。这个时候，较有历史传统的新安酒家又通过改革提升了服务，自然而然地就成为民众的首选了。也就是说，能够达到那样的高度，主要并不是因为新安酒家当时做得有多好，而是因为民众没有太多选择。

20世纪50年代末期，与香港一河之隔的广东省宝安县，新安酒家和戏院、侨社同时兴建，被誉为"边城三大建筑"。其中，新安酒家于1958年开始动工建设，连当时的广东省委书记陶铸都参加了奠基仪式。1961年春节，新安酒家开业前夕，在大年三十团拜晚宴上，还请来了叶剑英元帅和广西戏剧团刘三姐剧组的演员，品尝酒家即将推出的菜式，成为酒家的第一批贵宾。大年初一，叶帅还为新安酒家开业剪彩。从此，新安酒家开始了一段属于它的传奇经历，成为深圳及其前身宝安县历史上一个有故事的酒店。

其实早在改革开放前，新安酒家在宝安县内外就已经赫赫有名了。在近年网上流传的一位美国青年于1980年夏天拍摄的深圳老照片中，其中一张照片上面也有新安酒家。这说明新安酒家在当时的深圳非常显眼，乃标志建筑之一。这家酒店单从店名来看，也颇有韵味，给人较有文化底蕴的感觉。因为宝安县在明清两朝叫作新安县，直到1914年为避免与河南洛阳市的新安县重名混淆才复称为宝安县，所以这家酒家取名叫"新安"是有历史和文化缘由的。

1983年8月8日，新安酒家经装修改造之后重新开业，主打清宫贵族式风格，并在深圳首家推出清宫仿膳。当年，末代皇帝的弟弟爱新觉罗·溥杰还曾为新安酒家题写"清宫仿膳，宫廷风味"的牌匾，酒店将其高悬。新安酒家的改革创新之举迅速赢得了深圳市民的热捧。开业那天，深圳市政府领导无一缺席，中央部级领导也来了63位，甚至连深圳大学那天也在这里举行开学典礼。从此，新安酒家在经历了一段时间的沉寂之后，重新迎来了"复兴"，又一次走进深圳市民的日常生活，恢复了失去的荣耀。

那时候，没到新安酒家吃次饭、饮次茶，都不好意思跟人家说自己来深圳很久了。许多内地人是在新安酒家第一次品尝粤菜，第一次喝广东早茶。此外，那个年代还有无数的深圳人在此举行婚礼，成为自己终身的回忆。尽管此后深圳陆续涌现出许多豪华大酒店，但是仍有不少深圳人喜欢把婚礼放在新安酒家举行，认为这里比较有意义。

进入21世纪以后，随着深圳新的餐饮企业不断涌现，市场竞争日趋激烈，相比之下，新安酒家的装修明显陈旧，竞争力自然就大为减弱。2002年开始，新安酒家的生意开始下滑，惨淡经营几年之后终于顶不住了。2005年10月31日，这个号称深圳历史最悠久的餐饮业老字号宣告关门，店面转给了一个香港人经营。从此，有着数十年历史的新安酒家就彻底淡出了深圳市民的视线，仅存留在许多老深圳人的回忆之中。

2017 年 1 月 20 日，位于深圳市龙华区民治街道的迎春花市

迎春花市

在 30 多年的时间里,对于那些留守在深圳过年的"深圳人"来说,春节期间到爱国路逛花市是一个不错的选择。因此,当 2016 年春节前夕传来爱国路花市将停办,改为化整为零,由各区、街道办和社区自办时,许多老深圳对此感到万分惋惜,认为从此深圳过春节更没年味了。

30 多年的时间里,迎春花市几乎一路伴随着深圳经济特区成长,逐渐变成了深圳人的"新年俗"。在深圳市民的热情支持下,爱国路花市成为规模最大的迎春花市,逛花市、买年花成为深圳市民"辞旧岁·迎新春"的一项新习俗。对于许多在深过年的老深圳来说,爱国路花市是每年春节期间必到的地方。带上老婆孩子,逛一逛,买买花,是每年春节的保留节目。

因此,当这个多年来已经养成习惯的事情突然被取消,确实让一些市民感到难以接受。对他们来说,从此在深圳过年将变得更没氛围了。从前那种到迎春花市里挑几盆花搬回家,装扮居室,扮靓春节的事情,只能成为追忆了。

深圳市迎春花市是市一级花市,也是深圳最大规模的迎春花市。追根溯源，1982年春节前夕，为了让留在深圳过年的特区建设者们在过年期间有个好去处，不至于无所事事太过无聊，深圳市政府决定参考周边广州、香港等珠三角地区的做法和风俗习惯，举办迎春花市，让市民过年期间有一个游玩的地方。

与此同时，那时候深圳市政府也积极响应1981年2月全国总工会、共青团中央、全国妇联等9个单位联合发出的《关于开展文明礼貌活动的倡议》中提出的开展"五讲四美"活动，"四美"里面就包含"环境美"。所以深圳市政府鼓励市民把家中和街上都扮靓，美化身边的环境。那时候，甚至还有一个名叫"深圳市委五讲四美和建设精神文明办公室"的部门，可见政府对这个活动的重视程度。

1982年春节期间，第一届深圳市迎春花市在罗湖区新园路举办。此后，每年迎春花市的举办场地并不固定。从1986年开始，每年的深圳市迎春花市均由罗湖区承办，该区的建设路、工人文化宫、滨河东路、嘉宾路、人民南路、东门南路等地均先后成为举办地。直到1998年，深圳市迎春花市开始选址爱国路，并从此将这里定为迎春花市的固定举办地，一直持续到2015年最后一届。总共34届深圳市迎春花市，罗湖区共承办了30届，其中单是在爱国路就举办了18届，超过了一半。因此，近些年来，深圳人往往习惯说"爱国路迎春花市"或"爱国路花市"，而不说"深圳市迎春花市"。

迎春花市是深圳市民名副其实的老朋友。在30多年的时间里，每年春节的都会与市民相见。从2004年第23届深圳市迎春花市时开始，主办方开始采取公开拍卖的方式出售花市铺位使用权。随着深圳市民生活水平的提高，对花的追求也更高，深圳的花市规模变得越来越大，花卉的品种越来越多。最后几届，每届深圳市迎春花市的人流量都突破100万人次。其中2015年羊年迎春花市创下历史新高，达到130万人次。仅当年大年三十晚上就有近20万人次前往迎春花市，把花市举办地爱国路的怡景路口至黄贝路口路段挤得水泄不通。记得我第一次去爱国路迎春花市是在2008年春节前夕。那天下午下班后，和朋友去逛了一圈，整条街都封住了，一个摊档接着一个摊档，都是卖花的，成了鲜花的世界，感受到迎春花市如潮的人流和浓郁的过节气氛。

好不容易才形成这种新的过年习俗，并且是比较健康向上的活动，却突然就停办了。据说，主要是出于安全、交通及噪音等多种因素考虑，政府才叫停这一年一度的市级迎春花市。是否真的非要如此呢？毁掉一项传统习惯容易，要再创设一项新的风俗习惯却未必会这么容易。

其实多年来，每年到深圳迎春花市购花赏花的已经不仅仅是深圳原住民或广东省籍人士了，许多来自内地的深圳人，在深圳居住生活久了，生活习惯已经渐渐地融入岭南文化之中，也喜欢过年期间逛花市和买花回家。鲜花堪称是人类的共同语言，全世界的人都喜欢。总之，就这样简单地将这个迎春花市取消了之，实在是有些可惜。

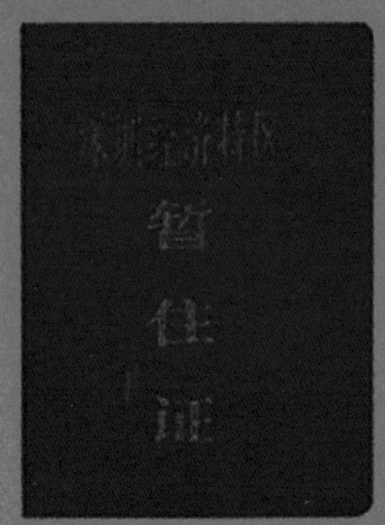

曾经令深圳人爱恨交加的暂住证

暂住证

暂住证，这种制度和词汇据说首创于深圳，是深圳移民文化的一个标志性符号。它让初到深圳的外来人口拥有了在此暂时居住的权利。可以说，这是一种让无数老深圳人难以忘却的证件，深藏着许多老深圳人的故事与记忆。

从20世纪80年代开始，深圳经济特区快速发展，大量外来人员从全国各地涌入。当时，深圳经济特区是在原宝安县的基础上建立的。大量外来人口的涌入，随之带来了大量社会治安等城市管理问题。为了加强管理，改善治安环境及解决其他问题，外来人员需要办理暂住证。暂住证实行一人一证制度，成为外来人员在所在地临时居住的合法身份证明。客观来说，在深圳经济特区成立之初，暂住证制度对加强特区管理，改善社会治安环境，确实起到了一定作用。

1985年6月24日，《深圳经济特区暂住人员户口管理暂行规定》出台，在中国内地率先实行暂住证制度。从此，配合收容遣送制度，暂住证成为深圳警方社会治安管理的有力抓手。最早的暂住证是多页手写的证件形式，其后又改成IC卡形式，成千上万人的身份和权利被设定在这张小小的证件上。

需要指出的是，在深圳经济特区率先推出暂住证制度之际，全国民众还没有后来成年人人手一张的身份证。让我们先来看看身份证的历史：1986年11月3日，国务院批准《中华人民共和国居民身份证条例实施细则》。此后，各地根据国务院部署的全国五年（1986至1990年）集中发证规划，分别制定了具体实施方案，分期分批全面展开了颁发居民身份证工作。也就是说，当时大量涌入深圳经济特区的外来人员，身上几乎没有任何能证明其姓名、户口所在地等个人信息的证件，这为刚起步的特区带来了行政管理、社会治安等方面的麻烦。

因此，当时深圳经济特区率先推出的暂住证制度，被当成是先进经验推向全国，尤其是在全国各大城市，成为一种普遍实行的流动人口管理制度。总体来说，暂住证是特定时期的人口管理方式，目前中国不少地区已经取消暂住证，改由居住证代替。尽管从一诞生开始它就一直遭到社会各界人士的抨击，但直至2003年广州发生了"孙志刚事件"之后，其弊病才真正被世人所熟知，并引起社会各界的广泛关注和讨论，然后该项制度才被逐渐淡化。时至今日，有些地方仍然存在着"暂住证制度"。

20世纪80年代到90年代，深圳经济特区内查暂住证是非常严格的。经常碰到半夜三更，治安、巡防等人员在一些工棚、城中村，逐户敲开或砸开外人来员居住场所的大门，只要不能出示暂住证，就当场强行带走。

在我的记忆中，对当年深圳查暂住证的事情印象非常深刻。20

世纪90年代初，我曾随父亲从老家来到深圳，当时我小姨彭秋娴、小舅彭及肖他们在福田区巴登埔尾村那里借朋友的地皮盖了间小两房一厅的铁皮房，外面还有厨房、露天过道和一道铁栅门。那时候，因为我小姨是深圳户口，小舅又有暂住证，所以我们住的地方一般不会被查。于是，那里就经常成为老乡们躲避查暂住证的"避难所"，几乎每次周边查暂住证时都会有老乡过来借住。因为床铺有限，来人就打地铺。记得查暂住证的时候，大人们往往还会特别交代小孩子们要屏住呼吸，千万不能出声，否则会被抓走。

那时候，每隔一段时间就可以在深夜里听到不远处传来查暂住证的喧闹声响，那种拍门声、嚷叫声，以及狼狗的叫声，还有被查外来住户的辩解声、求情声，各种吵闹的声音夹杂在一起，空气中还隐隐地传递着一种让人能够直观感觉到的危险和安全受到威胁的气息，那种情形真是令人终生难忘。

有些人为了躲避查暂住证，会赶在查证的人到来之前躲到街上去。记得当时有一次我和父亲在街上走着，遇到几个同村的老乡站在一条街的街边。父亲和他们打招呼，才知道他们是在躲避查暂住证，他们还劝我和父亲先别回去。还有些人则干脆把门反锁，然后不出声，任由外面怎么叫喊也不开门。这个时候，如果外面来查证的人觉得里面没人就会走开。但是如果他们知道里面有人的话，往往会把门砸开进去搜寻和抓人。

因此，那个年代的外来务工人员来到深圳后的第一件大事就是赶紧去办理暂住证。否则，随时可能会在住处或街上碰到查暂住证的，没有将会被收容遣返。当时深圳有三种暂住证：深圳市经济特区劳务暂住证、深圳市经济特区非劳务暂住证和广东省流动人员暂住证。按规定，普通的外来务工人员应该办理劳务暂住证，其有效期为一年，每年都要去重新办理。

办理暂住证，一开始包含各种杂七杂八的收费。后来1990年的时候，深圳市政府出台了一份旨在降低务工人员负担的文件，规定暂住证的办理实行捆绑收费，对办证的外来者每人每年一共收取300元的管理费，涉及外来人员的其他收费一律取消。不过，300元对于那时的国人来说，已经是一笔数目不小的"巨款"了。到21世纪初的时候，深圳每年有数百万人办理暂住证，涉及资金超过10亿元。

一张暂住证，拥有者除了可以获取"暂住"城市的权利之外，往往还附有一些其他的"福利"。例如，深圳的暂住证具有相当高的"含金量"：凭证可以申请工商营业执照、驾驶证照、出国出境证件、申领新购汽车号牌，解决子女入学入托、司法公证、税务登记等，还可以凭《特区暂住证》往来深圳、珠海经济特区，不用再办理《边防证》。

2008年1月，深圳开始率先推行《居住证》制度，这座第一个推行暂住证制度的城市，又第一个告别了暂住证。同时，办理居住证仅收工本费，且有效期较长，最长的可达10年之久。这样就大大降低了外来人员办证的门槛。至此，困扰深圳外来务工人员长达20多年的"暂住证制度"总算彻底完结。

将"暂住"改为"居住",是在制度上强化居民的概念,试水户籍制度改革,增强外来人员对深圳的归属感。依据《深圳市居住证暂行办法》和相关规定,持有效居住证的人在深圳可以享受就业、培训、子女教育等8个方面的权益。2015年6月1日起,《深圳经济特区居住证条例》正式实施,非深圳户籍人员办理居住证后,可享受多项深圳公共服务。

总之说到暂住证,对于许多在深居住生活较长时间的深圳人来说,那是一段难忘的记忆。

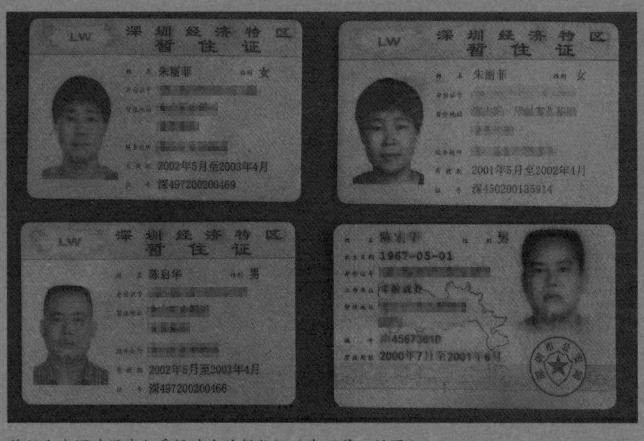

曾经令来深建设者们爱恨难忘的暂住证(朱丽菲 供图)

驻深办

你可能对"驻京办",即全国各级地方政府派人常驻首都北京的机构有所耳闻或了解,却可能不知道全国各级地方政府也曾纷纷派人常驻改革开放的窗口——深圳经济特区,这类机构名叫"驻深办事处",简称"驻深办"。我想,在众多各级地方政府派出的"驻X办"之中,除了"驻京办"之外,大概就要数"驻深办"最多最广也最为知名了。相比之下,平常可很少听到"驻沪办""驻津办""驻广办"等。

过去许多国人有个误解,以为深圳经济特区作为改革开放的窗口,仅是对外开放,而不知道这里面也包含着对内开放。深圳经济特区当时是改革开放的试验田,各种改革消息非常灵通,并且手握许多有别于其他地方的优惠政策,条件更为优厚,因此吸引了全国上到国家各部委,下到各级地方政府,无数的单位、机关、机构等的关注,纷纷前来投资。连内地许多县一级的行政单位都纷纷派出人员常驻深圳。当时全国各地,大到省部委,小到市县政府,均纷纷设立驻深圳办事处,以便及时将深圳的最新消息收集和传达回去,以及在深圳寻找投资项目,并做好为派出地招商引资的工作。

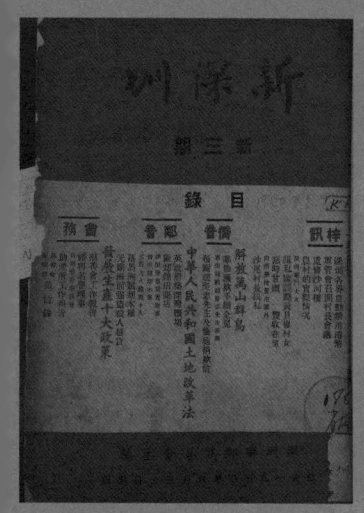

1950年6月,深圳联乡慈善会编印的《新深圳》杂志

2010年,甚至有人写了一本名为《驻深办主任》的小说

20世纪90年代初,作者在深圳街头

在深圳罗湖区、福田区、南山区等地,有江苏大厦、中航大厦、四川大厦、重庆大厦等,就是当时全国各地和各央企纷纷前来深圳投资与圈地的证明。从实际投入资金建设的角度来看,当时可以说是全国共建深圳经济特区。许多地方更是要人给人,要物给物,筹措资金和物资投入到特区建设中。许多时候这些并不完全是政治行为,而是带有投资性质的经济行为。这对当时急需资金、技术和人才的深圳经济特区来说,不管其真实目的和出发点如何,总归是把事情给办了,这就等于给予了特区最大最好最实际的支持!没有这方面的支持,深圳经济特区可能就没法发展得如此之快,也不会如此成功。因此,这段历史不应该被遗忘。

来自全国各地的"驻深办"是如此之多，这阵势大概只有"驻京办"可以比拟了。北京因为是中国的政治中心，是对全国发号施令的地方，所以地方政府肯定要派出自己的人前去盯着，以便及时掌握中央政府的最新动向。而深圳经济特区作为改革开放的窗口和试验田，在经济方面也时刻会有一些国内最新的政策动向和新技术涌现。加上过去通信科技远没现在发达，不像现在网络连通全国各地，可以不用派人前来，那时候可不行。因此，在当时的历史条件下，各省市县区政府派人常驻深圳，可以说是历史的必然，有其一定的历史作用。

在那个年代，对于各级政府部门来说，派出的常驻深圳机构，行政级别往往不低。再加上深圳经济特区声名鹊起，繁华的深圳，多姿多彩的最潮生活方式，都颇具吸引力。因此，可以说"驻深办"是"香饽饽"，乃各地政府部门官员和工作人员争着抢着前来的一个部门。许多人想借此前来深圳经济特区走走看看，住上一段时间，彻底了解特区，并享受特区福利。

各地能够派来驻深的干部，可以说都是当地比较有能耐的干部。首先他必须具有较强的沟通技巧，能够在各种场合吃得开、玩得转，要有较广的人脉，认识形形色色的人，手里掌握着各种明里暗里的资源，而且关键的时候要都能够用得上。面对特区形形色色的人和事物，要有较强的甄别能力，能够识破各式各样的骗局。此外，还要获得派出政府部门的充分信任和授权，能够果断地做出一些决策。否则，其将很难在特区这个大舞台混下去。

据深圳市委驻深单位工作委员会的统计名单显示,直到2008年10月,全市经过年审登记的各类驻深办有300个。其中由各地政府派驻的有223个,26个省、直辖市、自治区在深圳设有办事处。在各省所属市县设立的驻深机构中,广东省最多,37个市、县、区等在深圳有办事处,江苏、湖北、湖南、江西、河南等均有10个左右的市县设有驻深办。

近年来,随着深圳经济特区优惠政策不再特殊化,同时全国其他地方也逐渐发展起来了,加之网络通信越来越发达,许多地方政府的驻深办事处已经被裁撤掉了。在当前新的社会经济形势下,除了内地少数一些省份和城市之外,大部分确实已没必要再设什么"驻深办"了。可以预见的是,"驻深办"这个改革开放初期特殊年代的产物,在中国社会经济发展到一定程度之后,将逐渐成为历史。

20世纪80年代起,许多国家部委和省市纷纷在深圳建楼。例如此图右下角,即为宝安南路的河南外贸大楼。拍摄于1992年5月4日(张俊波 供图)

一个媒体人的"深漂"笔记

大钟楼

"当当当……"高悬楼顶的大钟,准点报时,钟声传达方圆几公里甚或十几公里。这种情形,可能大家并不陌生,在欧美电影或者关于民国上海滩的镜头中见过。此外,国内一些火车站,例如广州火车站、长沙火车站也有。然而,可能许多深圳人并不知悉,这种场景在深圳经济特区也曾日复一日地上演过。

那时候,在深南路边上的华联大厦就有一座报时大钟,每天都准时准点敲响,为周边的居民报时,使深圳跟国内其他地方比起来,充满了异域风情。当时,华联大厦的钟声一般可以传几公里远,夜深人静的时候甚至可以传到更为遥远的地方。一开始,因为不习惯,可能有些人会嫌吵闹。久而久之习惯了之后,许多人反而每天要听到钟声才习惯。尤其是工作生活在周边的民众,在每天的工作生活中,习惯伴着钟声劳作或歇息。因此,假如某一天大钟不响的话,反而会觉得缺少了些什么。

华联大厦于20世纪80年代末建成之时,其楼顶巨大的石英钟号称是神州之冠,曾被誉为"亚洲第一钟"。其实,1985年华联大厦在设计之初并没有建钟楼的计划。华联大厦原设计为24层,楼高88米。可是按照当时的城市规划,要求该楼要高于

如今的大钟楼，周边一带已经盖满了密密麻麻的高楼大厦

100 米。于是有人提出可借鉴武汉和上海的模式修建钟楼。于是就在大厦楼顶东西南北四个方向，高 88 米处，建造长 8.48 米的四面大钟，加上大钟的底座，大厦刚好高 100 米，成为一座气派的钟楼。这座电子石英钟由上海电钟厂生产。钟楼建成后，曾引起社会各界和媒体的广泛关注。在钟楼落成的 1988 年，新华社和香港《大公报》等曾这样描述："石英钟立于大厦之巅，几乎在深圳市区每个角落都能看见，夜晚还发出迷人的荧光，钟声远播数公里之外。"

为免钟楼的声响扰人清梦,大钟会在晚上 9 时后暂停敲响,至次日上午 8 时重新响起,下午 1 时停敲,午休时间过后再恢复。报时钟声响起前是一段英国的"威斯敏斯特曲"。因为楼顶上有这座独特的大钟,所以华联大厦被深圳市民称为"大钟楼",作为深圳经济特区的一座标志性建筑闻名全国。那时候如果要打的前往华联大厦所在区域,往往只要报上"大钟楼"的名字,的士司机们就知道乘客是要去哪里。

记得我 20 世纪 90 年代初随父母前来深圳时,住在现在的深圳市福田区巴登区域,在住处可以清晰地听到华联大厦传来的报时钟声。需要提出的是,那种钟声可能不像想象中那样美妙,并非像电视电影里所播放的古寺铜钟那样悠长而又耐人寻味。不过,华联大钟的声音也有它的特色,听起来还是蛮舒服的。

大钟楼的钟声承载了许多老深圳关于深圳的记忆,带走了他们美好的岁月年华。在华联大厦刚建成的年代,深圳经济特区建成区还不大,人口也还不多,整个社会的开放程度也才刚刚起步,所以一有新鲜事物,会被人们谈论很久。在那样的时代背景下,耸立起这么一座大钟楼,顺理成章地会被市民们永远记住。那时候,有外地朋友来深,大钟楼也会成为深圳人向其推介的特区"独特景点",让他们看看特区的特别之处。

那个年代,华联大厦周边乃至整个深圳的高楼大厦还不多,所以高达 100 米的大钟楼,那时候颇有鹤立鸡群的味道,是深圳数得着的高楼大厦之一。再加上其头顶上独特的报时大钟,顿寸显得特别起来，成为深圳不容忽视的一座建筑物。

那时候不像现在的人，身上有手机，家里有电脑等电子计时器。那个年代，手表、时钟都未普及，所以有些外来务工人员每天就依照大钟来核对时间，安排自己的作息。因此，大钟当时的作用并不是仅限于装饰和耍酷，而是具有极强的实用性，能够为部分居民提供计时服务。

后来随着社会经济的发展，市民们逐渐变得见多识广，对此已不再大惊小怪，而且手机等随身电子计时器也普及了，大钟楼也就失去了实际效用。这个时候，华联大厦也早已"淹没"在深圳诸多高楼大厦之下，沦为一座较为"低矮"的大楼。因此，大钟楼也就失去了话题性，不再为市民所关注，慢慢地消失在市民的视线之中。

20世纪80年代至90年代初，华联大厦在周边一带鹤立鸡群（张俊波 摄）

你是我的主场

深 事

市场

2015年年底的时候,一家深圳公司欲通过在股票市场增持股票的方式做另一家深圳著名地产上市公司的第一大股东,遭到该地产上市公司职业经理人的反对,称其没资格,不认可其"强行入主"的行为。接着,该公司发表公开声明表示将"恪守法律,尊重规则,相信市场的力量!"

这起经济事件因为涉及的是两家著名企业及两位国内经济界"教父"级风云人物,所以成为2015年岁末的爆炸性焦点事件,引起全社会的热切关注和全民大讨论。双方都有忠实拥趸撰文支持。不过,尽管闹得沸沸扬扬,但是双方始终都是在法律的框架内进行,恪守市场规则。因此,这起事件本身为包括深圳市民在内的国人上了一堂"经济课"和"法治课"。

抛开该公司与另一地产上市公司职业经理人之间的争执是非不提,不掺和双方的"口水战",单说其中一方这句"恪守法律,尊重规则,相信市场的力量"的表态,确实颇具"深圳味道",是深圳人和深圳公司所熟悉的方式,所以顿时为该公司拉分不少,许多市民看了后对其好感倍增,用网络语言来说就是从此对其"路转粉"。

特区设立初期,作者的姑父和其朋友在现位于罗湖区晒布路的宝安汽车站

作为中国改革开放的策源地,深圳经济特区自其诞生以来就一直信奉"市场的力量",天然就具有"尊重规则,相信市场"的城市文化。这是因为,深圳经济特区本身就具有中国体制改革"试验田"的功能,从其诞生的那一刻起就肩负着探索如何从计划经济向市场经济转型的历史使命。在这个过程中,深圳经济特区不断地解放思想,勇于打破固有的陈规,可以让市场做的事尽量交给市场去做,充分发挥"无形的手"的力量,尽量减少"有形的手"的权力,避免成为事事都亲力亲为的"管

1983年1月期间,深圳举办元旦春节商品展销会

家婆"。30多年来,深圳一直比较推崇"市场",相信"无形的手"可以解决大部分社会和经济问题,"高度市场化"理念是深圳的核心竞争力。

而对于带头肆意破坏市场规则,不按市场规律办事的人和企业,深圳人和企业是比较厌烦的。市场经济有利于营造公平、公开的社会氛围,在同一规则下,一视同仁,合理竞争。"尊重市场"意味着可以避免"潜规则"和"暗箱操作",遵守法律所划定的框架,一切按既定的公开规则办事。脱离了阳光下的规则,不相信市场的力量,前进的路就会走偏。

有时候,深圳人甚至颇有点"市场原教旨"的味道,崇尚通过市场来解决问题。例如,深圳经济特区建设初期出现了"米袋子问题""菜篮子问题",一下子涌入那么多外来人员,吃饭是个大问题。面对这一状况,深圳经济特区的主政者们决定将问题交给市场去解决,于是建成占地面积庞大的布吉农批市场,然后划定摊位并通过市场的手段引入众多经销商，让市场来解决市民的"吃饭问题"。最终市场也不负众望，迅速解决了这个棘手问题。

直到今天，许多深圳政府部门也还是相信"市场的力量"，尽量想办法把一些本不该由政府大包大揽的事情交给市场去解决，相信"市场的力量"可以解决好这些问题。深圳一些政府部门通过打包的方式将一些不涉密的事务外包出去，让市场来提供服务。他们相信，市场提供的服务将优于政府部门直接提供的服务，市场的力量是无穷的。

改革开放初期，在国内许多人眼中，深圳就等同于市场经济，提起市场经济首先想到的往往就是深圳，两者几乎可以互画等号。在那个极"左"政治空气依然未散，"姓社""姓资"争论尘埃未定的时代背景下，深圳始终高举"市场"大旗，勇于向"市场"靠拢，敢于拥抱"市场"，不怕遭遇政治风险，置危险于不顾，大阔步地前行。30多年来，深圳经济特区经常冲锋在前，独力拓宽市场经济的道路，为中国改革开放和建立市场经济贡献了力量。

深圳人知道，假如没有市场经济就没有深圳经济特区，市场经济是深圳经济特区赖以建立、起步和发展壮大的基石。市场兴，特区就兴；市场败，特区就败。中国市场经济之路，过去有赖于深圳的探路，接下来依然需要深圳继续不断探索，拓宽道路，搬去绊脚石，继续前行。

20世纪80年代初拍摄,地点在现地王大厦区域,后面是现在的成人大学(黄文清 供图)

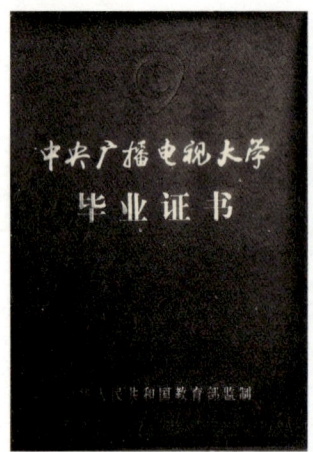

中国广播电视大学(俗称"电大")是许多深圳市民进行学历教育的重要基地

学历

从其诞生的第一天起,这就是一个"不唯学历论"的城市。深圳人知道,学历与能力并不一定成正比,学历高低不能直接与能力高低画等号,高学历并不意味着能力就一定高,低学历也不意味着能力就一定差。不唯学历唯能力,只要确实有能力,哪怕学历低点也没关系。

其实上述这些,如今已经成为全国大部分地区的"常识"了。高学历不能代表一切,所以招聘人员的时候不是仅看学历,而且还会现场举行笔试和面试。这本身就是一种正确人才观的回归。

在这方面,深圳几乎从一开始就是如此,更多的是注重实际能力。在深圳,只要你有实际能力,哪怕学历再低也总会有出头的一天,无数的企业和平台愿意给你机会,让你展示自己的真实实力。

"不唯学历论"是指不必过于看重学历,哪怕学历比较低,也只是暂时的,不能因此就看低自己或别人。"高学历"或"低学历"都只代表人生的一个阶段,一切还未到盖棺定论的时候,所以还有大把的时间和机会去改变。

正因为"不唯学历论",所以一些深圳企事业单位对外公开招聘时,有时会在岗位要求里加上这么一句话"假如条件确实优秀,能力特别强的话,招聘条件可以适当地放宽"。也就是说,哪怕学历达不到招聘方的要求,只要能力够强,依然有机会应聘成功。

需要指出的是,说深圳普遍"不唯学历论",并不代表深圳就完全不要学历。毕竟,能够通过自身努力获得较高学历的人,至少证明其在某些方面有过人之处,在这方面的能力要较别的一些人强。因此,尽管高学历不代表高能力,但是也不表明高学历的人能力就差,更不能因此就说低学历的人肯定就具有高能力。这话过于偏激,等于矫枉过正,与实际情况不相符。

说到学历问题,不得不说到深圳曾经比较泛滥的"假证"问题。过去,在华强北、人才大市场等地,曾贴满和刷满了各种办理"假证"的小广告,密密麻麻,到处都是。这些小广告像牛皮癣一样,总是清理不干净,老是"春风吹又生"。在这些办理各种"假证"的业务中,其中很重要的一项就是制售"假学历证书"。深圳人往往喜欢称这种"假证"是由"东南亚集团"出品,意思是指其虚假、不靠谱。这些从事"假学历"业务的人,生意能够做得红红火火,也从侧面证明深圳许多企业并不是真的很在乎学历,所以许多时候可能明知其是"假学历",但只要有真本事也一样赶紧将其用起来。

在深圳企业中，不管你的学历多高，假如不能完成和胜任企业交给你的工作任务，那么企业主管就会毫不客气地和你说"拜拜"，要你赶紧卷铺盖走人，丝毫不会讲什么情面。如果能力不行，再高的文凭也只是一张废纸而已，它无法证明你的优秀。而且，在深圳企业中，能力较强的低学历人员领导能力较差的高学历人员，博士可能正在为小学毕业的打工，这种现象在一段时期内比比皆是。在特区建设初期的时候，敢闯深圳的人许多可能学历并不高，所以没有太多的顾忌，而学历高的人可能瞻前顾后不太敢来。对于这种现象，改革开放初期国内许多其他地方的人往往无法接受。尽管这只是特殊时期的产物，不是正常的社会现象，现在也很少再出现了，然而这却为这座城市留下了不太看重学历，也就是不唯学历的文化基因。

因此，深圳的上班族往往不太会去问别人的学历，或者就算问也仅是当作茶后饭余闲聊性的问询，并不太会把学历当作一回事。哪怕是再高的学历，大家也只是表面上恭维一下而已。除非这个高学历的人真的表现出与其学历相符的能力，这样才能够获得大家的认同，否则的话，将会遭到大家的鄙视，认为其"高分低能"。所以在这种情况下，其实高学历的人反而压力更大，生怕自己的表现不够好引来大家的失望。

总的来说，在这座城市，学历再高也要努力做事，必须通过脚踏实地做事来证明自己。同时，学历哪怕低也不要气馁，只要努力拼搏，一样会有光明的前途。

《闯》是深圳最为著名的雕塑之一,象征着深圳人开拓进取的精神

城雕

几乎每个著名的城市都会有属于它的城市雕塑,例如丹麦哥本哈根的美人鱼、比利时布鲁塞尔的撒尿小男孩、广州的五羊、珠海的渔女等。城雕往往依据与本城相关的传说故事或历史事件,由匠人精心创作而成,与传说故事或历史事件交相呼应,成为经典。那么,建市才30多年的深圳,哪个城雕能够代表它呢?

其实对于城市雕塑,深圳人可不陌生,在许多显要位置或无名角落,都立有各式各样的城市雕塑,整个深圳有成千上万座大大小小的城市雕塑。单就材质来看,这些城市雕塑的制作材料有钢铁、木头、塑料、陶瓷等。在这么多的城市雕塑之中,假如要挑选最能代表深圳的,那恐怕不能只选一座,因为优秀而又有意义的实在不少。

从1979年深圳第一座城市雕塑《抚爱》竖立在深圳工人文化宫前的广场起,深圳的城市雕塑便犹如这座城市的印记,映照着它迈出的每一步发展步伐,用形象的艺术语言为深圳经济特区的发展鼓与呼。改革开放30多年来,深圳在不同时期涌现出不少极其优秀的城市雕塑作品,其中一些还曾在国内外产生过极大影响，激励了无数特区建设者。

例如，深圳经济特区早期推出的《拓荒牛》就极具震撼力，甫一推出就备受各方热捧点赞，成为深圳经济特区30多年来推出的城市雕塑代表作。它至今仍是深圳市最具影响力的一件城雕，被视为深圳经济特区的象征。该雕塑中埋首奋力往前拉犁的牛，被视为是特区人不愿意过多争论，只愿埋首苦干的深圳经济特区精神的象征；牛拉起的老树头，被视为阻碍改革开放的旧制度旧势力。牛已将树头奋力拉起，表明特区改革已摧枯拉朽，正大踏步向前。当时，这件雕塑作品深受深圳市民喜爱。这座1984年落成的雕塑，成为当时深圳经济特区建设初期的地标性雕塑。它代表着第一代特区建设者像该雕塑中的拓荒牛一样开拓深圳，在一片荒瘠中建造出一座城市。1999年，深圳市委将孺子牛雕塑整体迁到了大门外的花坛上，并将市委办公大院的围墙后退10米，为深圳市民献出一块绿地，方便市民和游客参观这座深圳最为著名的雕塑。

深圳经济特区于1992年推出的一件名叫《闯》的城市雕塑，也一样令人为之感到震撼。这件雕塑作品塑造的是一个正在往前冲的猛男，其边走边用双手撑开一道门框，而门框已被其撑裂。这件雕塑非常吻合当时深圳经济特区所面临的局势，颇具时代感，所以也被视之为是深圳经济特区精神的象征。"敢闯敢拼"，这是各方一直以来对深圳经济特区的期许，希望它能够不断地打破旧体制旧势力，勇敢地朝前闯，闯出一条宽阔的新路来。

深圳市最为著名的城市雕塑：位于深圳市委门前的"拓荒牛"雕塑

在 1999 年底世纪之交的时候，为了纪念"跨世纪"和"迎接 21 世纪"，深圳市专门制作了一组名叫《深圳人的一天》的城市雕塑，将其放在红荔路园岭段。这组雕塑的主体全部是深圳街头最普通的市民，他们中有酒店的咨客、有外来务工的清洁人员、有华强北街头的推销员、有包工头还有老外，每个人像旁都有一块牌子，上面刻着这个雕塑原型的真实姓名、职业、年龄和籍贯，把每一个普通人当作此刻深圳的剪影，永恒地记录了下来。人像旁边还有一面主题为"数字的深圳"的浮雕

1999年年末，纪念跨世纪的《深圳人的一天》雕塑群

大芬油画村的雕塑

墙，是 1999 年 11 月 29 日当天深圳的各种数据，有当天的出生人口、消耗的粮食数量、股市行情、甲 A 战报等，通过数字来体现平凡的一天。这一天本是极其普通的一天，并不是什么特别的纪念日或节假日，是主创人员随机选取的。在世纪之交这样一个重要的历史时刻，推出的竟然是这样一组以普通市民为主角的城市雕塑。当主创人员提出策划这组雕像时，深圳有关部门都很支持，没有人提出异议，也没有人说是不是应该遵循惯例做个丰碑式雕塑。因此，该组雕塑甫一推出就备受各方关注和好评，并且随着时间的流逝和城市的发展越发显得历久弥珍。这组城市雕塑充分体现了深圳这座城市"包容""平等"的城市文化。

除此之外，深圳还有不少令人印象深刻的城市雕塑。例如蛇口赤湾的林则徐全身铜像、联合广场门前朝向天空的《联合立柱》雕塑、莲花山上的邓小平雕像等，都是非常不错的城市雕塑。深圳湾春茧体育场外的大运火炬塔、大芬油画村正门的《画笔》，尽管比较直白，但是却准确地反映了主题，同样很不错。

虽然也有不少粗制滥造和滥竽充数的城雕，但是从总体上来看，深圳市众多城市雕塑之中确实有不少精品。可能有些人会说，除了你上面介绍的几座之外，好像再没有其他的了。其实不是的，还有不少好东西，它们就在我们身边，关键是要在日常工作生活中善于去发现它们。

公益

30 多年来，在许多国人眼中，深圳经济特区是一个物欲横流的地方。市民崇尚和追逐财富金钱，"拜金主义"横行，喜欢将利益挂在嘴边，凡事"无利不起早"，所以觉得这里的人际关系过于冰冷，人与人之间比较冷漠，许多隔壁邻居住了十几年也不认识，缺乏应有的温馨。

另一方面，这里的人没有太多的虚伪与客套，不喜欢空谈，不愿意唱高调，更喜欢简单明了、直截了当地表达自己的看法和诉求。"先小人后君子"，先把攸关切身利益的事情讲明，合则来，不合则散。深圳人没有那么多闲工夫听你唱高调，也没时间看你摆谱，更没时间陪你瞎搞。或许，这就在外地人眼中显得比较冷漠和不温馨了。

那么，深圳人是否真的凡事都向钱看，毫无公德心，不愿意帮助他人呢？答案是否定的！事实上，深圳是中国最早推出"义工团体"的城市。深圳市义工联合会（简称"义工联"）是由共青团深圳市委发起，由志愿为青少年和社会提供义工服务的社会各界人士（主要是青少年）组成的社会团体，于 1990 年4 月注册，是中国第一个义工法人社团。如今，大多数深圳人

深圳人不分男女老少，均崇尚做义工，以做义工为荣

均以争当各种类型的"志愿者"为荣。深圳人通过这种方式将"雷锋"拉回了人间，使"学雷锋"成为普通市民真正可以企及、能够做到的事情。

每当深圳举办一些重大赛事或活动，公开招募志愿者的时候，报名的人总是爆满，许多市民甚至还因为落选而倍感不快。目前,深圳市登记在册的义工已达数十万人。为了规范和促进义工服务工作,深圳还专门针对"义工服务工作"进行了立法,这是我国第一部专门规范义工及义工服务的地方性法规。自2005年7月1日起,深圳市出台的《深圳市义工服务条例》开始施行。这是深圳义工服务发展的一个里程碑,它标志着深圳的义工服务工作开始走向法制轨道。

深圳市还是全国较早开展无偿献血活动的城市,也是全国首个无偿献血100%满足临床用血的城市,多年来一直能够满足全市医疗机构的日常需求,血液库存没有发生过真正的危机。据悉,深圳市无偿献血超过百次的人数是全国最多的城市之一。

这座国内商业化程度较高的城市,其实并不缺乏温馨和关爱,"支教""捐款""公益"等一直都走在全国前列,"深圳公益"俨然成了这座城市的一个品牌。由深圳发起的"壹基金",是全国最大的非公办公益慈善机构。

从2012年起,深圳市每年举办中国慈善组织展览会(简称"慈展会"),规模庞大,是全国公益人一年一度的盛会。全国大概只有深圳才愿意举办这种公益盛会,也只有在深圳才能够成功举办。深圳人甚至喊出要将其打造成与"高交会""文博会"相提并论的深圳三大展会之一,可谓非常有魄力。

此外,诸如深圳市民平常在地铁、公交等场合给老幼病残孕等有需要的人让座,也是非常普遍的事情,在全国各大城市中排在前列。在深圳街头向陌生路人问路,路人一般也会和颜悦色地将具体路线方位告诉你。这些都充分体现了深圳温馨的一面。

这些无不说明,深圳并不是一座冰冷的城市,更不是一个毫无人情的冷漠城市,深圳人一直都不缺乏大爱。多年来,深圳人一直有个公益慈善理念,叫作"送人玫瑰,手有余香"。在深圳经济特区 30 多年的建设过程中,公益慈善的理念和氛围一直贯穿其中。30 多年来,深圳许多公益理念和实践引领全国,带动全国。因此,只能说深圳人把"工作生存"和"公益慈善"这两件事情分得比较开,一码归一码,不喜欢将两者混淆。该拼命工作的时候就拼命工作,业余时间要做公益就踏踏实实去做公益,两者并不矛盾,也无需过多牵扯在一起。深圳人非常厌烦那种做了点好人好事就整天挂在嘴边的人,尤其是在正常工作的时候。

今天,从耄耋老人到稚气孩童,从企业高管到普通职员,从户籍人口到城中村过客,从社会精英到草根平民,"深圳人"几乎无不以做义工为荣。深圳现在已经建成了市、区、街道和社区四级义工组织网络。在政府的倡导鼓励和市民的积极参与下,深圳已经形成了"人人尊重志愿者,人人争当志愿者"的良好社会氛围。通过全体市民的共同努力,正在争取把深圳建设成为一座闻名遐迩的"爱心之城"和"志愿者之城"。

人才市场的求职人员是廉价住宿店潜在的重要客户

廉价住宿

对于深圳人来说，哪怕没住过那类按日结算费用的廉价住宿店，恐怕大多也在大街小巷见过这类门口写着以极其低廉的价钱即可入住的招牌，或在街上遇到过为这些店拉客的人。这些人或骑单车或走路，手里会举着一块写着"十元住宿""二十元住宿"的牌子，一般上面还会写上诸如"热水供应""上网"之类颇具诱惑性的实用广告词，以增添对潜在住客的吸引力。

这类廉价住宿店最为集中地方的莫过于各种"人才市场"周边了。例如罗湖区宝安北路的深圳市人才大市场、龙华新区景龙新村社区的三和人才市场等，它们周边有不少这类"廉价住宿店"。这类廉价住宿店的老板有意识地选在各人才市场附近开店，直接面向目标客户，定位精准。他们知道前来找工作的年轻人，尤其是刚走出校门的学生，是最佳潜在住户，因为他们身上没什么钱，又还没找到工作，离发工资遥遥无期，所以大多只能无奈地选择这类廉价住宿店。

许多初来深圳找工作的大学生或较低学历的外来务工人员，迫于现实中的钱包压力，抵不住这类住宿店的廉价诱惑，在拉客人员的反复游说下，选择入住这类"廉价住宿店"。这样做其实很正常。试想一下，这里可是深圳呀，住一晚才十元或二十元，大多还有热水供应和上网服务，单从价钱上来说，确实非常超值。因此，总会有许多人选择前去入住。据说在这类"廉价住宿店"里面，六七成入住人员是正在找工作的大学生。

俗话说"便宜无好货"，既然能够如此便宜，那肯定是因为有许多东西是没保障了。不然的话，假如是跟正规招待所或酒店一样好，那怎么可能会如此便宜呢？这类"廉价住宿店"最被人诟病的地方，主要有三个方面：一是安全问题；二是卫生问题；三是噪音问题。这三大问题基本上涵盖了住宿能遭遇到的所有不良问题，换句话说就是其已经差到地板上，无法更差了。

此类"廉价住宿店"大多是私人在小区里租一套或几套房子，架几个上下铺的铁床或木质床，每个床位每晚收费10元或20元。许多还会空出一间房用作单间，每晚收费30元。一个房间，少则可容纳4至10人住宿；最多可容纳12至15人住宿，可以想见有多挤和有多差。这么多人挤在一个房间内睡觉，安全方面肯定会有一定的风险。因为入住的人员鱼龙混杂，什么人都有，而且经营者往往也存在把关不严的问题。至于卫生问题，房间的脏乱程度也是可想而知的，加上被褥、席子、枕头、床等用品基本是没经过消毒的，所以没有任何条件谈卫生。至于噪音问题，那么多杂七杂八的人住在一起，更是肯定存在的。

刚从外地来到这座人生地不熟的陌生城市追寻梦想，吃些苦头纯属正常。因此,不少前来闯荡深圳的人,初始的时候住过这类"廉价住宿店"。有人开玩笑说,住这类"廉价住宿店"比蜗牛还惨,蜗牛好歹还是住"单间",而"廉价住宿店"一间房要住上好几个人。房间里往往床并床,剩余的空间非常狭小,入住的人进去之后只能待在床位上。

他们之所以会入住这类"廉价住宿店",肯定主要是考虑其经济上比较实惠,这种价钱能承受得起。如果有钱的话,谁会愿意去住这种地方呢?此外,这么多人聚集在一起,可以消解"孤独感",减轻一个人单独面对社会的压力。住在同一个屋檐下,每天大家可以一起聊聊天、鼓鼓劲,并互相提一些找工作的建议,发发牢骚,这样就能够轻松地把一天所受的郁闷烦恼都发泄掉。这也是一些人愿意选择入住的原因之一。

因此,对于这类"廉价住宿店"不能一味地加以否定,完全将其打入另册。在诟病它存在这样或那样问题的同时,也应该看到它对稳定社会,满足部分人的现实需求起到了一定的作用。

福田保税区一号通道上标志性拱门。1992年，时任国务院副总理朱镕基曾为其题字

保税区

说起"特区中的特区",如今的深圳人可能会以为是说"前海深港现代服务业合作区",或者是属于广东自贸区范畴的前海、蛇口,而不会想到在此之前,深圳曾有一些地方也被外界称之为"特区中的特区"。那是指深圳的哪些地方呢?说的就是"深圳保税区"了。

深圳保税区不是指一个地方,而是有三个,分别是沙头角保税区、福田保税区和盐田港保税区。这些保税区因为一度享有比深圳经济特区更优惠的政策,以及更优越的"特权",即跟香港连接更为紧密,所以被称为"特区中的特区"。甚至还有人戏称保税区为深圳的"小香港"。

那么保税区究竟是什么呢?原来,保税区具有进出口加工、国际贸易、保税仓储商品展示等功能,享有"免证、免税、保税"政策,实行"境内关外"运作方式,是中国对外开放程度最高、运作机制最便捷、政策最优惠的经济区域之一。设立保税区是中国改革开放初期继设立经济特区、经济技术开发区、国家高新技术开发区之后,对外搞活经济的又一重大探索举措。

截至 2015 年，中国总共有 30 个保税区，分别为：山西太原武宿综合保税区、北京天竺保税区、重庆西永保税区、天津保税区、上海外高桥保税区、江苏苏州工业园综合保税港区、海南海口保税区、黑龙江绥芬河保税区、广西保税港区、广东深圳福田保税区、广东深圳沙头角保税区、广东深圳盐田港保税区、山东青岛保税区、山东烟台保税区、四川成都保税区、浙江宁波保税区、陕西西安保税区、新疆保税区、内蒙古赤峰保税区、湖北武汉保税区、浙江舟山港保税区、江苏南通保税区、辽宁大连保税区、贵州贵阳综合保税区、广西凭祥保税区、河南郑州新郑综合保税区、河南焦作孟州德众保税、河南南阳卧龙综合保税区、江西赣州综合保税区、潍坊综合保税区。

保税区的功能定位为"保税仓储、出口加工、转口贸易"三大功能。有人说进入保税区就相当于出国了，因为免去了中国这方面的关税。对于深圳保税区来说，当时初设的时候，保税区的企业成本远要较香港企业低，具有很强的竞争优势，对港商具有很强的吸引力。

来看看"深圳保税区"的历程：1987 年 12 月 25 日，为了探索发展外向型经济和与国际接轨的思路与经验，经深圳市政府批准，"深圳市沙头角保税工业区"于当天成立。1990 年 6 月，经中央批准，上海创办了中国第一个保税区——上海外高桥保税区。1991 年 5 月 28 日，"深圳市沙头角保税工业区"经国务院批准，更名为"沙头角保税区"，该保税区围网面积 0.27 平方公里。同日，中国第二批设立的保税区之一的福田保税区成立，面积为 1.35 平方公里，配套生活区面积为 0.33 平方公里。1996 年 9 月，经国务院批准设立盐田港保税区，其位于盐田港区中部，南片区 0.71 平方公里，北片区 0.68 平方公里，南片区与盐田港的作业区相连；北片区位于盐田港大道以北，南、北两片以全封闭专用高架桥连接。

设立之初，深圳保税区凭借其货物运入运出都免征关税、增值税、消费税，以及对外资企业可实行"二免三减半"的灵活优惠政策，在对外贸易上具有很大的优势，成为外资企业落户内地的投资"乐土"，人称其为"在内地建造的'小香港'"。中国的加工贸易行业凭借保税区的关税减免政策非常方便地进出口，将"中国制造"的产品源源不断地运往世界各地。

在优惠政策上，如今的深圳保税区也跟深圳经济特区一样，早就"特区不特"了。因此，深圳保税区近年来早已不再是深港间的产业经济焦点。可以说，保税区现在在深圳基本上已处于被市民淡忘的地步，在深圳的社会经济主体中早已没什么影响力了。

2011年11月16日，第十三届高交会开幕

高交会

像深圳这样一座先锋城市,不能没有一个"高大上"的展会,这个展会要有相当的知名度和影响力才行。那么,举办什么展会比较好呢?商品交易会?这个旁边的广州已经举办了几十年,广交会一直是中国第一展会,在这方面的地位几乎是不可撼动的。

思来想去,刚好深圳那时候正在大力推动产业转型升级,有意往高科技产业上发展,欲使其成为深圳市新的支柱产业。因此,举办以高新科技产品、技术为主打的展会,成了深圳市的必然选择。这一想法和当时的国家战略不谋而合,于是高交会就顺理成章地在深圳办了起来。

高交会的全称叫"中国国际高新技术成果交易会",乃"国字头"的展会。它是经国务院批准举办的高新技术成果展示与交易的专业展会,由多家政府部门、科研单位和深圳市人民政府共同主办,由深圳市中国国际高新技术成果交易中心承办,每年的 11 月 16 日至 21 日在深圳举行。自 1999 年首届举办以来,至 2015 年已连续成功举办了 17 届,是目前中国规模最大、最具影响力的科技类展会,有"中国科技第一展"之称。

应该说，举办高交会跟深圳这座城市的气质是吻合的，也有助于提升深圳的城市形象。同时，这个大型展会也切合深圳的产业结构和产业定位，可以助推深圳的产业调整和产业提升。借助展会的力量，有助于深圳打造真正的"高科技之城"。

如今再回首，会发现首届高交会举办得比较仓促，现场有点混乱，许多方面都不够成熟。不过毕竟是首届，而且是全国都没有先例的一种新展会，所以当时还不满20周岁的年轻深圳能够将其办成那样已经相当不错了。首届高交会在岗厦的老展馆举办。后来才新建了现在的会展中心，这个新展馆是专门为举办高交会量身定制的。首届高交会举办的时候，许多市民想进去一睹为快，但是门票非常紧张，普通市民很难搞到门票。新馆建起来之后，举办过首届高交会的展馆被拆除了。后来为了纪念首届高交会，深圳博物馆将其按原结构缩小比例制作了一个模型放在馆内展出。

经过十几年的连续举办，深圳市民对高交会早已习以为常，既不会再感到新奇，也很少有人感到厌烦，更多的是将其看成日常工作生活中的一部分。每年高交会期间，许多深圳市民会带孩子前去参观，让孩子多了解一些最新的科技应用。培养科技爱好和提升科学素养，了解和掌握新的科学技术，这些都要从小抓起。深圳的孩子在这方面有着得天独厚的优势，可以"近水楼台先得月"，从小就有机会与国内外最新最前沿的高新科技亲密接触。这点也是深圳每年举办高交会给这座城市带来的诸多福利之一。

这十几年来的举办历程表明,当初倡导举办这个以高新科技唱主角的展会是完全正确的。深圳已经成长为国内顶尖的高新科技产业占主体的城市。目前,深圳的高新科技产业引领全国,不仅占据了很大一部分国内市场,而且一些高科技企业早已走出国门,在国际市场上与欧美日等国科技巨头面对面直接竞争。不得不说,这其中的部分功劳归功于已经在深圳举办了十几届,在市内外均有较高知名度和较大影响的高交会。

经过十几年的发展,高交会现在已经成长为中国最著名的展会之一,具有较强的辐射力,在国内外具有相当高的知名度。国人提起深圳的高交会,就如同提起广州的广交会一样,它已经成为深圳的城市品牌,是深圳的形象"代言人"。当别的城市如果提起其举办什么展会时,深圳人可以自豪且并不无夸耀地说:"我们有高交会!"可以说,高交会已经成为深圳的城市骄傲。

深圳户口

在施行了五十多年"二元制"户籍登记管理模式的中国，户口上捆绑了太多的东西。例如，许多地方政府提供的福利政策就依托户口来发放。换句话说，必须拥有当地的户口才能享受到那些福利。各地方政府限于财力，所提供的服务、福利、保障等是不一样的。总体来说，越是财力雄厚的发达城市，其提供的福利就越好。

20世纪90年代初期以来，深圳市的经济总量一直稳居全国各大中城市的第四位，乃全国四大一线城市（即俗称的"北上广深"）之一。同时，因为深圳市的户籍人口是四大一线城市中最少的，而退休人员也是最少的（负担较轻），财力比较靠前，所以深圳市能够为户籍市民提供更好的福利。

从20世纪80年代起，一直到21世纪头10年，这期间"深圳户口"非常抢手。谁如果拥有"深圳户口"，在现实工作生活中也将可享受到许多实实在在的利益。例如，一家人如果有一个人拥有"深圳户口"，那么这家人就不会或很少会受到查暂住证的骚扰。"深圳户口"在就业、失业、求学、就医、社保等各个方面，都有优先和享受更大更多福利的资格。以前，假

街头代办深圳户口的小广告。摄于 2016 年 8 月

如拥有"深圳户口",在择偶的时候能为自己加分不少,不少人甚至就冲着"深圳户口"的金字招牌而选择对象,开口就问相亲对象是否"深户"。尽管现在说起来可能会令人觉得惊奇和不屑,但是当时的社会就是如此现实和残酷。

"深圳户口"到底值不值钱?可以说,不需要用的时候就是一张废纸,完全可以随便丢弃在家中的抽屉里。但是当需要用的时候就会发觉"深圳户口"还是蛮有竞争力的,附着在上面的许多有形无形的福利政策,不是一下子就能看清楚或享受到的。前几年,深圳《晶报》一位资深老记者甚至在报上刊文,声称通过他的计算,发现"深圳户口"值两百多万元人民币。

到底值不值那么多钱,可能是一件见仁见智的事情。不过,正因为"深圳户口"有如此多好处,所以导致许多外地人争相入户深圳。可是深圳的户口却并非那么好入。1958年1月全国人大常委会通过《中华人民共和国户口登记条例》,第一次明确将城乡居民区分为"农业户口"和"非农业户口"两种不同户籍,奠定了我国现行户籍管理制度的基本格局。1964年8月《公安部关于处理户口迁移的规定(草案)》出台,集中体现了该时期户口迁移的两个"严加限制"基本精神,即:对从农村迁往城市、集镇的要严加限制;对从集镇迁往城市的要严加限制。从那时候起,农民要"农转非"可不是一件容易的事,而小地方或较落后的地方要将户口转入到较大较发达的大城市则更难。

因为入户深圳有许多条条框框,由此也就催生了一个以帮人办理入户获取报酬的行业,从业者甚众,养活了一批人。此外,有些相关政府部门的官员和人员,也依靠"入户"赚取灰色收入。曾在较长的一段时间内,假如谁能够通过各种方式、渠道,帮别人搞定"深圳户口",会被视为"有能耐的人"。

不过,最近这五六年来,鉴于深圳户籍人员总量太少,与常住人口不成比例,外来人口与户籍人口严重倒挂,由此带来一系列问题。深圳市开始推行"积分入户"政策,加速吸收一些学历、素质、能力较高的人入户。所以现在若要取得"深圳户口",相对于过去要简单得多。不过对于一些低学历、低技能的人来说,门槛始终还是存在的。有不少外地来深的务工人员,在深圳居住工作生活多年,梦寐以求的就是有朝一日自己能够把户口迁入深圳,成为一个拥有深圳户口的"深圳人"。

也许只有等到国家彻底废除"二元制"户籍登记管理模式的时候,"深圳户口"才会彻底失去意义,成为只是登记常住居民的一种普通登记制度,宽进宽出,政府不再在上面附着各种福利政策。到了那个时候,是否是"深圳户口"已经不再重要。

2016年3月,一批关心小区自治的活跃人士,成立了"深圳市透明和谐社区促进中心"
(杨志敏 供图)

小区自治

在深圳,一直有这么一群人,他们既不唱高调也不悲观,而是从自己身边的大小事做起,想把自己居住的家园建设好。正是为了这个理想或曰理念,他们一直积极参与筹划成立业委会并竞选相关职位,希冀通过这种方式推动小区自治,最终实现改善社会的目的。

小区是城市居民日常居住的家园,每天会有较长的时间待在里面。他们才是小区真正的主人。小区治理得好不好,与他们的切身利益息息相关,只有良好的居住环境才能带来愉悦的心情,不好的居住环境将影响他们的身心健康。因此,他们是最关心小区建设的人。

深圳是全国最早开发商品房和推行物业管理的城市,早在1981年深圳就有了全国第一家物业管理公司。同时,深圳也是最早成立业主自治组织、建立业主自治制度的城市。早在1991年深圳天景花园就在内地率先成立业委会,这在当时的中国,属极其罕见的新生事物。因为当时中国普遍还是在实行单位职工福利分房制度,商品房还不多,房地产规模还不大,所以深圳在这方面的探索没有吸引到太多的眼球,关注的人并不多。

此外，深圳早在1994年出台了《深圳经济特区住宅区物管条例》，在全国率先规定成立业委会是政府部门的法定责任。在当时，深圳市能够出台这种政策法规实属不简单，单是从行政意识上来说，要远较内地其他地方"超前"。

许多"深圳人"是来到深圳之后才知道"小区自治"的概念，开始用不同的方式参与其中。在小区维权方面，深圳人往往比较敢于维权，也比较懂得如何去维权，喜欢利用法律的手段，通过诉讼的方式去推动解决，追回属于自己的权益。多年来，有许多这方面的成功案例。

说到小区自治就不得不提小区的物管公司。物管与业主之间的关系，往往比较复杂，容易产生纠纷。甚至于，几乎每个小区的物业管理方和业主之间都会存在或大或小的矛盾，一边是业主对物业服务不满，另一边是物业公司叫苦不迭。许多小区的物业管理方为了保障自己手中的小利益，往往会从中作梗，阻挠和干扰小区业委会的正常成立，由此与小区居民产生矛盾和纠纷。

尽管深圳在探索小区自治方面"超前"进行了探索和立法保障，但是深圳至今在小区自治方面做得并不好。

大部分的小区开发商和小区物业是一家人，乃"父子"关系，这导致许多小区经常发生物业践踏业主权利的事情，业主属弱势一方，并且容易被物业蒙蔽，信息严重不对称。深圳大部分小区，许多事务依然操控在物管方手中，业主们对小区的许多事务往往都不清楚，也没有渠道去了解和掌握。比如，小区的物业费、广告费、场地租金等收入，往往存在账目不清、权属不明、胡乱花费等问题。大多数时候，物业管理公司账目收支不透明，业主交了管理费却无法行使自己的合法权利。目前依然有相当一部分的深圳小区未成立业主委员会，而在已经成立的小区中，业主委员会能够发挥积极作用，也就是业主自治能力较强，能够治理得不错的小区更是屈指可数。

从业委会本身来看，现行法律存在不健全、不明晰等问题，导致业委会在实际操作过程中经常遇到许多现实问题。例如，在小区的物业管理中会产生一些矛盾和纠纷，因为业委会是一个群众性的社团组织，而不是公司法人，所以导致业主自治委员会在实际处理时存在操作上的难度。当有业主不按时缴纳管理费时，业委会应该怎么办？如果上诉至法院，业委会作为原告，也是在一定范围内法院才会受理。而业委会由于不具有法人资格所以不能作为被告主体，假如遇到业主需要以法律途径诉讼时，如何才能让业委会成为被告？

如何提升深圳人对城市的认同感和家园意识？业主自治之路如何才能走得更好？要怎么去培养和提升广大业主的自治意识和自治能力？这些问题都摆在关心"小区自治"的深圳人面前，亟须通过创新理论和更多实践去推动解决。总的来说，推动和落实"小区自治"，前路漫漫，任重道远。

文博会

从 20 世纪 90 年代中后期开始，当改革开放进程进入到新的阶段时，深圳市政府意识到不能继续单靠低端的劳动密集型产业来发展经济了。因为那是注定不能长远的发展模式，必须尽快解除或减少对其的依赖，对产业进行转型和升级。现在外界普遍认为，深圳市正是得益于转型较早，而且转型方向路子是对的，且转型得较为成功，所以近年在应对中国经济下行的压力时，问题没那么严重，压力也就没那么大。

深圳市政府确立了高新技术产业、物流业、金融业、文化产业这四大产业作为深圳的支柱产业。其中在科技产业方面，有 20 世纪 90 年代中期开始推出的高新科技产业园（简称"科技园"），大力引进和扶持高新科技企业，并且于 1999 年开始每年举办高交会，助力深圳高新科技的发展。在文化产业方面则相对进展缓慢，直到 2004 年 11 月才举办首届"文博会"，并从次年开始于每年 5 月举办。

"文博会"全称叫"中国（深圳）国际文化产业博览交易会"，由中华人民共和国文化部、国家广播电影电视总局、中华人民共和国新闻出版总署、广东省人民政府和深圳市人民政府联合

2012年5月在深圳举行的文博会

主办,由深圳报业集团、深圳广播电影电视集团、深圳出版发行集团公司、深圳国际文化产业博览会有限公司承办的唯一国家级文化产业博览交易盛会。也就是说,继高交会之后,深圳再次固定举办一种"国字头"的大型展会,而且是比较"高大上"的文化产业展会。

2016年5月,第十二届文博会主会场外面的创意雕塑阵

文博会作为一场文化盛宴,吸纳了全国各个领域的文化团体、机构和组织参加。文博会是展览会,更是交易会,不限于各地的形象展。来参展的多是产业化程度高、生产链完整、市场前景好的文化产品,寻求的是文化产品与资本的对接。作为中国文化产品与项目交易的重要平台,文博会促进和拉动了中国文化产业的发展,并促成了许多新的文化理念的诞生。

自 2004 年深圳举办首届文博会以来，该项博览交易会已经举办了十几届，影响力正与日俱增。如今，带孩子或父母家人参观文博会，已经成为一些深圳市民每年 5 月份的保留节目。此前举办的十多届文博会，可谓收获满满，使文博会成为我国文化产业最具影响力的展会品牌，每届都吸引众多海内外相关客商前来参展和洽谈业务。经过十几届的持续举办，文博会已经逐渐上了轨道，成为被深圳市民广泛认同和参与的一项大型展会，其在深圳市乃至国内外已经具有了一定的知名度和影响力。经过十余年的发展，文博会也逐渐成长为与高交会齐名的深圳市两大展会之一。尽管每年有成百上千种各类展会在深圳举行，但是当市内外的民众提及时，只有高交会和文博会最能代表深圳的展会。

目前，文博会采用的是每届设一个主会场，即在深圳市会展中心展览馆展出，然后同时在各行政区设数十个分会场，这些分会场大多依托当地相对成熟的某专业领域的文化场馆，并不需要再重新建设分会场场馆。通过这种形式，文博会构建了一种文化展馆矩阵，使市民们在家门口就能够参与到文博会中去。

在举办了十几届之后，文博会现在已经到了回首过去和展望未来的时候，对于此前十几届文博会举办过程中所获得的经验和教训，应该好好总结。谈及文博会的成绩，当然是大大的，其在国内的地位和影响力都不容否认。然而也应该看到，最近几年有不少市民反映，文博会部分分会场存在"走过场、挂羊头卖狗肉"等现象，认为文博会包括主会场在内，"文化

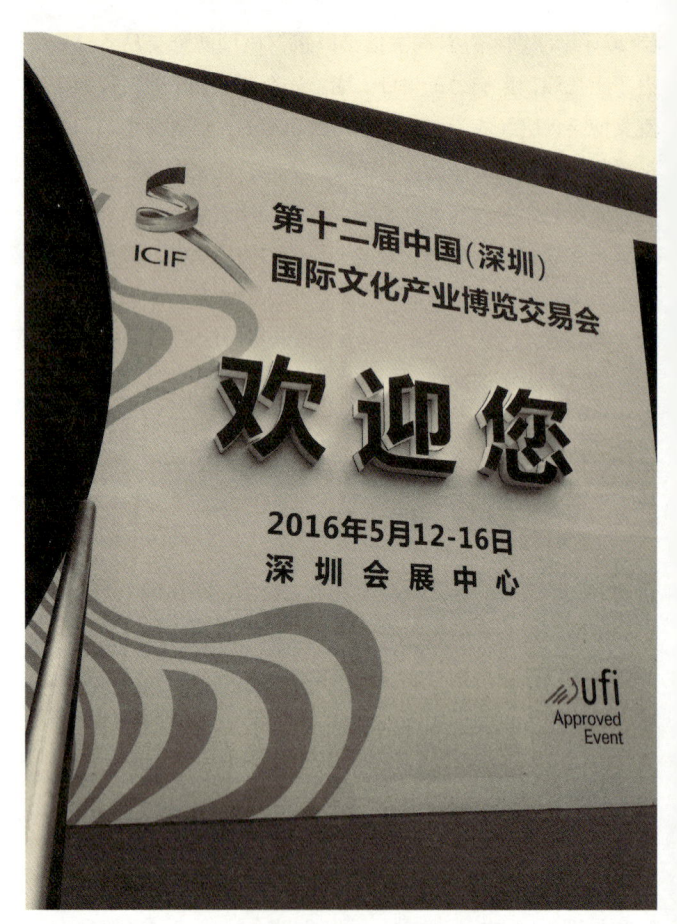

2016年5月,第十二届文博会主会场

味太淡,商业味太浓",不像是一个文化盛会。这些声音或许过于偏激,但却并不是完全没有道理,值得文博会各相关组织方重视和反思。

文博会必须主打和大打"文化牌",这样才名副其实。既然定位为"国际文化产业博览交易会",那就应该在"文化"方面做足文章,要有自己独特的文化创意,力争做出特色。只有这样,文博会才能够吸引社会各界的关注并参与其中,从而取得应有的成绩,达到理想的高度。

书城

城，一般是指城市或城堡，在古代是指城邑四周的墙垣，现代则主要是指人口密集、工商业发达的地方，通常也是周边一定区域内的政治、经济、文化中心。全国大概只有深圳才会把书店称作"书城"，以形容里面所销售的图书之多之杂。全国大概也只有深圳才把书店上升到城的高度。因为深圳的书城并不仅是卖书这一项业务，它已经变成了一个集售书、餐饮、学术讲座等于一体的文化综合体。所以，不能简单地叫其书店，而需用"城"来描述它。

深圳市没有新华书店，新华书店早就改为书城了。这一点，是深圳不同于全国其他地区的地方。新华书店因体制陈旧，对市场的把握能力低下，所以其供应的图书很难满足日新月异的深圳经济特区的发展建设需要，也根本无法满足求知若渴的特区人的需求。面对这种情况，深圳经济特区当时又一次祭起惯用的"法宝"，进行了一系列的体制改革，以及进行了从资金到土地等一系列的扶持，将书店改为书城，使其更为贴近市场，更加懂得市民的需求，获得重生。

在市中心最为繁华的区域划出一大块土地来建设一个现代化书

深圳市民常去的中心书城,曾是亚洲最大的单体书店,每天都很多人

城,供市民购买图书及休闲娱乐,这在寸土寸金的深圳,政府部门能够顶住诱惑和压力做到这点实属不易。深圳书城中心城店于 2004 年 7 月 5 日开工建设,2006 年 11 月 7 日正式开业,其位于深圳市中心区(CBD)北中轴线上,福田区福中一路,北邻莲花山,南接深圳市民中心,西邻深圳音乐厅、深圳图书馆,东毗深圳市少年宫,是"深圳书城"品牌的旗舰店。

中心书城自开业以来,俨然已成为了深圳市的文化中心。许多深圳人可以不到市政府所在的市民中心,但是不能不去中心书城走走。到了中心书城,哪怕不进去买书,也可以到其旁边的市民广场观看各种各样的表演,每天都会有不同的人在这里不定时表演。当然,如果你有兴趣又有足够的勇气,也可自己站出来表演。中心书城,已经成为这座城市的文化坐标。

不少市民在周六日或节假日的时候,背上面包和水到书城一泡就是一整天。里面的书籍,只要你不恶意损坏,随便你自由翻看。哪怕是天天去,把同一本书从头到尾看完,工作人员也不会给你眼色,更不会恶语相向或直接把你赶出门。深圳书城是这座城市所有爱好阅读的市民的乐园,经常会抽空前去走一走,一半是为了买书,另一半是为了闲逛。把购买图书变成了一项休闲活动,这正是书店之所以要变为书城所要达到的目的。

有外地朋友来深,许多深圳市民也喜欢带其去逛书城。现代化、宽敞明亮的深圳中心书城,是爱书之人所爱逛的地方。这座书城颇让许多深圳读书人引以为傲,视之为城市的骄傲。

在许多深圳市民眼中,深圳书城是一个好玩的地方。尤其是许多家长,喜欢在节假日带孩子前去,让其切身享受书香的熏陶,体验浓郁的阅读氛围。深圳书城甚至曾被列为"深圳市文化旅游景点"。它还有许多称谓,例如被市民誉为城市的"文化公园""第二图书馆""读书人的幸福城堡"等。

此外,深圳中心书城的南北两个阶梯式开放活动场所,也是深圳市民极为熟悉的一处文化活动场所。多年来,深圳市的无数文化活动在这两个地方举办。它没有围栏,不收门票,谁都可

中心书城自开业以来，俨然已成为了深圳市的文化中心。许多深圳人可以不到市政府所在的市民中心，但是不能不去中心书城走走

以走过来旁听和观看，也随时可以走开离去。这里早已成为深圳市最大的文化讲堂和文化舞台，是深圳市最重要的实体文化发布平台。

哪怕是在如今网购发达，网上购书已占据大部分市场，实体书店正日益举步维艰的时代背景下，深圳书城每年的图书销售仍然非常火爆。对于许多市民来说，到书城买书并不仅限于买书本身。它可以是一种情怀，也可以是一种邂逅，甚至还可以纯粹是一种打发无聊时间的发呆，而这些都是网络购书所不能给予的。因此，对于一座城市来说，哪怕是在当下的网络时代，一个现代化的书城仍有其存在价值。

位于福田区的皇岗口岸,专门开辟有"学童通道",方便"双非儿童"往返香港上学

深港走读生

夫妇俩都是内地户籍，却跑到深圳河对岸去生娃。生一个拥有香港户籍的孩子，使其从小就可以享受香港的优越福利，长大后可以依托香港户籍自由前往世界各地，并且等到数十年后孩子退休时还可以有香港标准的"生果金"可领取。

在 21 世纪初的头十年时间里，这是许多深圳人心中打的如意算盘和美丽愿望。将其付诸行动的人也不少，甚至不惜为此付出较大的代价，花费不菲的费用。曾经以深圳人为主的内地人对赴港产子趋之若鹜，简直是跑过去"占领"了香港产房，导致港人对此意见非常大。

这些夫妻双方均非香港户籍的内地人，其在香港产子所生下来的孩子，俗称为"双非婴儿"和"双非儿童"。因为具有合法的香港户籍，"双非儿童"有在香港接受教育的权利，而因为其并非内地户籍，所以不便在内地这边入学。可是，尽管这些"双非儿童"是香港户籍，但是因为他们的父母并不是香港人，所以在他们未成年之前，可以陪家长生活在内地这边，家长则不能随其户籍到香港去工作生活。

因为涉及考试等问题,所以包括深圳在内的内地地区,没法让这些"双非儿童"在这边入学,他们只能前往与深圳一河之隔的香港就读。然而,因为他们往往在香港那边没有家属,父母等亲友均在深圳等内地地区,所以他们就白天从深圳河的这边穿过边检到香港那边去就读。待下午下课之后,又从深圳河的那边穿过边检回到深圳这边来过夜。上学期间,他们每天都来回往复地穿行于深港之间。这些孩子就被称之为"深港走读生"。

从很小的时候开始,他们就要每天早早起床,然后穿过边境到另一个陌生的城市去读书。这对尚不懂事和正长身体的小孩子来说实属不易,有许多"双非儿童"的家长,经常为之落泪。可这本来并没有谁去逼迫他们,是他们自己当初做出的选择。每天从各口岸过境到香港就读的"双非儿童"有数百上千人,由此还诞生了专门帮带孩子过境往返香港学校的人以及两边接送孩子的专车等职业。

其实在21世纪以前,本来并不存在"赴港生子""双非儿童"及"深港走读生"等问题。那时候内地居民如果非因直系探亲或正当商务理由的话,是很难前往香港的,所以根本没多少人有机会前去。直到2001年的"庄丰源案"后,才为内地人赴港产子获得香港永久身份提供了法律依据,也就等于打开了大门。当时,香港终审法院的五位法官一致裁定,不论其父母是否已在港定居,内地父母在港所生的子女均享有居港权。

万名深港"走读郎"
上学路上心慌慌

A08-A10·首读

2011年12月22日,《晶报》对万名深港走读生进行调查报道

一个媒体人的"深漂"笔记

那个时候，取得香港身份的好处越来越被包括深圳人在内的内地人所认同，包括"香港护照通行全球大多数国家""香港医疗教育水平居世界前列"等各种优势。此外，当时有些人赴港生子是为了生二胎并逃避计生处罚。于是，为了获得香港身份，许多内地人不惜花费高额资金奔赴香港生产，只为孩子一出生便能获得香港永久居民身份，今后可因此享受香港优越的医疗及教育服务，其中尤以深圳人为多。香港终审法院2001年裁定内地公民在香港所生的子女享有居港权后，正式开启了内地人赴港产子的法律大门。此后，2003年开启"内地居民香港自由行"，香港放松入境限制。在随后约十年左右的时间里，赴港产子人数呈井喷式增长。香港统计署数据显示，在香港出生的"双非婴儿"从2001年的620人激增至2010年的32653人，几乎占到香港当年出生婴儿数量的一半。

尽管蜂拥而至的内地人为香港社会经济带来了活力，但是也给港人带来了诸多不便。因此，香港人对内地人的态度几乎可用"爱恨交加"来形容。由于内地人大批赴港产子，导致医院资源严重紧张，香港孕妇们更是集体在街头游行抗议。因此，香港特区政府于2012年4月宣布：自2013年起，香港公立和私立医院将停收"双非（夫妇皆非港人）"孕妇。从此，香港的各个出入境口岸严格查验怀孕妇女入境香港的意图，禁止"大肚婆"入境，使得内地孕妇基本上放弃了去香港生孩子的打算，转而选择美国、加拿大等国。

自此，长达十年左右的"赴港生子"戛然而止，"双非儿童"

和"深港走读生"也基本上定格在固定的数量内,不再大幅增长。此外,随着近年来深圳经济的飞速增长和香港经济的停滞不前,香港户籍对于深圳人来说已没那么大吸引力了。因此,"双非儿童"和"深港走读生"注定是一段特殊历史时期的产物,今后恐怕也不会重现了。

现在的罗湖口岸（摄于 2017 年 5 月）

20 世纪 90 年代初的罗湖口岸（张俊波 供图）

口岸

过去在国人的印象中，尤其是对于许多内地人，口岸、出入境、边检……这些仿佛都离自己比较远，不太可能会与之扯上关系。令许多人万万没想到的是，自从来了深圳之后，变得经常要与口岸打交道，有些人甚至天天都会往口岸跑，成了口岸常客。

因为经常往来香港，大多数深圳人对口岸并不陌生。口岸，是指对外通商的港口，也泛指两国（地区）间在边境设立的过境或贸易的地点，乃国家（地区）指定对外来往的门户。30多年来，许多来自全国各地的"深圳人"，也正是因为这样才和口岸发生了关系，深圳是他们所居住的离口岸最近的城市。换句话说，假如不是因为来了深圳，他们可能一辈子都不会和听起来不太搭界的出入境口岸打交道。

据悉，目前从深圳入境香港的过关口岸有8个，包括陆路的罗湖口岸、福田口岸、皇岗口岸、深圳湾口岸、文锦渡口岸、沙头角口岸等。如果想坐船前去香港的话，则可以通过蛇口码头、福永码头前去。这些口岸从西到东都有分布。因此，深圳市民可以自由选择最便捷的口岸过关去香港，非常方便。过去深圳有些口岸治安非常混乱，各种形形色色的人盘踞其中。不过，近年来通过公安部门的大力整治，已经有了较大的好转。

一提到深圳的口岸，人们首先想到的往往是老牌的罗湖口岸。对于深圳人甚至全国人来说，罗湖口岸可谓赫赫有名，毕竟已有一百多年的历史了。1887年，清朝政府九龙海关（这便是罗湖口岸的前身）正式建立。从此，罗湖口岸一直是内地联通香港最为重要的口岸。罗湖口岸还是改革开放前深圳仅有的两个陆路口岸之一，另一个是文锦渡口岸。目前，罗湖口岸是中国客流量第二大的旅客出入境陆路口岸，是联结香港和内地的"第一口岸"。改革开放前，外国人也多由此入境，乃对外交往的重要口岸。我妈妈的堂祖父是东南亚归侨，其1951年从马来西亚归国时就是从罗湖口岸入境的，我舅舅至今仍保存有其当时的过关文书。1986年6月14日，罗湖口岸新联检大楼竣工启用，并一直沿用至今。深圳市民对这个口岸和这座新联检大楼自然都不陌生。

说到罗湖口岸自然要提到著名的罗湖桥了。因为在罗湖口岸所在的位置，深圳与香港之间隔着一条深圳河，所以必须要有桥连接两岸才行。罗湖桥一头是内地，另一头是香港。在改革开放前，罗湖桥是中国极少数可以通往外地的一座桥。因此，这座桥早在改革开放前就非常出名了。

除了罗湖口岸，深港之间还有一个口岸也非常出名，那就是皇岗口岸。该口岸位于福田区，与香港新界落马洲口岸相对，是

20 世纪 90 年代初的罗湖口岸（张俊波 供图）

深圳与香港之间的五个一线口岸之一。皇岗口岸是目前中国规模最大的客货综合性公路口岸，是中国唯一全天候通关的陆路口岸，也是全国最大的陆路口岸之一。皇岗口岸是配合广深高速公路的建设开设的。1985 年 5 月开始建设，1989 年 12 月 29 日货运部分启用通车，1991 年 8 月 8 日客运部分开通使用。1994 年 11 月 3 日起，开辟两条货检通道试行 24 小时通关，并设置了空车验放专用通道。1997 年 3 月 20 日开通了皇岗－落

20 世纪 70 年代中后期、改革开放前的九龙海关（梁兆欢 供图）

马洲（港方口岸）穿梭巴士服务。2003 年 1 月 27 日零时起，皇岗口岸实行旅检通道 24 小时通关。

此外，位于深圳西部地区的深圳湾口岸，于 2007 年 7 月 1 日"香港回归十周年"之际启用，与这个口岸联通的深圳湾跨海大桥全长 5545 米，是一条非常美丽和壮观的跨海大桥。而位置较偏的盐田区沙头角口岸，在改革开放初期曾比较火，那时候中英街的名头非常响亮。不过，现在早就趋于平静了。

由深圳口岸过关去香港，假如碰上客流高峰期的话，排上个把小时的队是正常的事。在深圳各口岸中，罗湖口岸客流量最大，福田口岸和皇岗口岸往往也要排很长的队。主要是因为这几个口岸都位于深圳市人口密集的中心区域，所以从这些口岸过关的客流量自然就大了。其中，罗湖口岸和福田口岸设有自助通关，也就是一年多次往返的深圳户籍人员在办理相关手续后按指纹就可快速通过。不过遇上节假日仍是要排队，也快不了多少。皇岗口岸和深圳湾口岸旅行团游客比较多，也十分繁忙。相比较之下，文锦渡口岸、沙头角口岸人就比较少，所以过关会比较快。福永码头和蛇口码头是坐船过去的，所以人也不多。

口岸众多，而且特别繁忙，过关的人流货流车流都特别多，这是深圳经济特区的特色。每年从深圳口岸出入境的人，许多并不是深圳常住人口，而是内地其他地方的人，尤其是深圳周边区域的人。如果说到全国最经常通过口岸出入境的城市，总体上来说可能要数深圳市民最为普遍和频繁了。

广深动车

周末没什么事做,闲得发慌,于是就干脆到广州找朋友吃个饭或打个球、逛下街,当天去当天回。或者一早过广州去办点事,中午或下午就回来。在广深高铁开通之前的很长一段时间内,得益于广州深圳之间的往来动车,这些都不是问题,是一些深圳市民常做的事情。

深圳通往广州这条城际动车,叫作"广深和谐号动车组",一般深圳市民习惯称其为"和谐号"。这大概是国内最为火爆的城际动车线之一了,平时就非常多人,到了节假日更是几乎每趟爆满。所以有媒体称其票价为全国最贵。饶是票价比较贵,还是有非常多的人乘坐。

广深动车组现共出售6个沿途车站的车票,计有广州、广州东、石龙、东莞(常平)、樟木头及深圳。因为广深动车沿途经过东莞市,在樟木头、东莞(常平)和石龙三个站停靠,可以上下客。所以去东莞这几个地方或其周边的话,也可以乘坐广深动车。这样的话,广深动车又增加了许多往返东莞市的乘客。在广深之间,广州、东莞、深圳三个城市庞大的市民客流,几乎真的把这条动车线变为通勤的城际轻轨,三个城市的

广深动车和谐号,每天都有成千上万的人乘坐它往返广州、东莞、深圳和香港

市民就像是乘坐本城的地铁一样。

2005年10月26日起,广深动车组试行以地铁形式运作,使用自动售票机、入闸机、卡式火车票(IC卡)及储值车票,以配合公交化计划。自动售票机与地铁一样采取触碰式点击购票。乘客在自动售票机购买IC卡车票后,经入闸机检票系统检票即可上车。这样,市民乘坐就更加便捷了。

哪怕是深圳到广州的高铁已经开通多年，而且还把广深动车这条动车线的速度降了下来，但是并没有减少深圳市民乘坐广深动车的热情，其客流没有因此减多少。这是因为，深圳前往广州的高铁，虽然速度快一些，但是因为它是停靠在位于番禺的广州火车南站，离广州市中心区域有一个小时左右的地铁时间，而广深动车则直达位于广州市中心区域的天河北广州火车东站，或位于市中心区域越秀区的广州火车站，两相比较之下，还是乘坐广深动车比较便捷，去广州市区不用再转地铁，直接就到，省时省力。因此，除非是要去番禺，那样的话乘坐深圳往广州的高铁会比较方便，否则还是不如乘坐广深动车。

估计大部分深圳人都乘坐过广深动车。这条火车线路是许多深圳市民乘坐最多的一条线路。大部分深圳市民要去广州，往往都会选择乘坐它。因为自己驾车去广州，一是怕路上塞车；二是怕去到广州不认路，广州市内的道路比较复杂，而且停车也不方便。如果乘坐客运大巴也是塞车，而且也不如动车坐着舒服。相比较之下，广深动车就成为许多深圳市民前往广州的首选，显得更加方便快捷和省事。

多年来，广深动车为无数的乘客提供过服务，运载了数以千万人次乘客。它的运行解决了深圳和广州这两个广东省最重要城市之间的便捷通行问题，使两城市民可以以较为便捷快速的方式往来于双城之间，加深了两城市民之间的互动交流。对于深圳市民来说，有了广深动车之后，前往广州就成为一件简单的事了，约广州的亲友吃喝玩乐极为方便。而且路上大概需花多少时间也可以相对较为准确地预估,从而不会出现因交通原因爽约的问题。

过去广深动车没有减速之前,从深圳前往广州约一个小时候就到了,因其准时、可测,一般不会误点,所以许多人前往广州时都算好时间动身。减速之后,需一个半小时左右才能到达。饶是如此,每天依然有许多人乘坐。

这条动车线给深圳、广州乃至东莞的城市发展都带来了较大的助力,有力地促进了沿线各市之间的融合。这不仅体现在为普通市民之间的交往提供便利上,而且还使各方在商务方面也有了更深层次交流互融的基础,从而促进了沿线各地的社会经济发展。

不过目前来说,广深动车还是稍显时间长了一些,价格稍贵了一些。假如能够把速度提上去,把票价降下来,估计深圳、广州和东莞等沿线诸市市民将会有更加频繁地互动,进一步促进各市的旅游业、餐饮业、百货业、服装业等行业的发展,为许多行业带来友市涌过来的"消费潮",进而促进全市整体社会经济的发展。

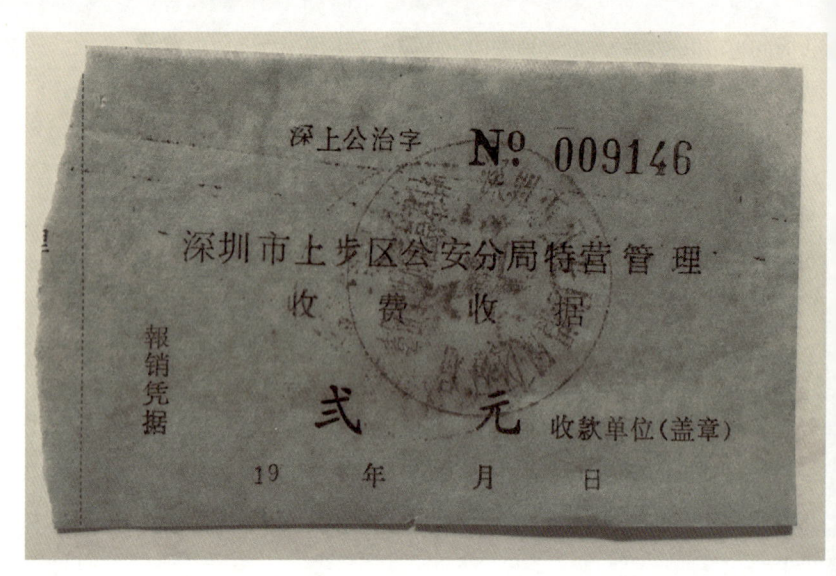

20世纪80年代末90年代初，深圳市上步区（现为福田区）公安分局出具的特营管理收费收据

发票

"花(发)票!花(发)票!先生,要花(发)票吗?"曾经,当你走在华强北、岗厦地铁出口等深圳较为繁华的街头,总可以看到一些人或站或坐在路边,听他们用明显不标准的普通话向你喊话,并用问询的眼神瞅着你,或给你使眼色,手里也拿着小卡片向你挥舞,期待你成为他们的客户。他们在那里卖力吆喝,称可以帮你有偿弄到供你报销用的各种发票。这些人以中青年妇女居多,也有一些男的,他们数量往往还不少。

记得前些年,深圳网络论坛上有一个关于"深圳特产"的网络评选,当时许多深圳网友就以玩笑戏谑的语气态度说要推荐"发票"作为深圳的"特产"之一,认为这种街头叫卖"发票"的行为可以代表深圳的"特色"。这个提议在网上获得不少深圳网友的呼应,认为确实实至名归。甚至有市民说:"假如到华强北没听到这个叫卖声,那就等于白到华强北了。"可见在许多市民眼中,"发票"已经和电子产品齐名,成为华强北区域的两大特色产品。

尽管这只是网友们的一个戏谑玩笑,但是却证明在街头遭遇兜售"发票"的事情,许多市民都遇到过,都或多或少曾被这些街头叫卖发票的人骚扰过,所以才会如此印象深刻,或者说有点深恶痛绝。

其实这些人在街头兜售的发票,大多数都是他们自己印刷的假发票,只有少部分是通过各种方式弄来的真发票。所以成本很低,利润十分可观,哪怕每天成交的量不多,但只要做成一两单额度大点的,依然可以获得较高的收入。这些人现在已经不是单兵"作战",而是幕后有老板雇佣,负责提供货源和解决后勤等问题,是"公司化""组织化"的方式运作。

这些人几年甚至十几年如一日,几乎天天都坚持在那些地方叫卖,从中可以看出现实社会对他们叫卖的"发票"确实有不小的需求,所以才能够支撑他们一直叫卖下来。不然的话,假如没有什么市场,一直没什么交易或交易额不大的话,他们早就转行了。这么多年,这个非法地下市场可着实养活和养肥了不少人。

深圳市场经济发达,各种企业争相冒出,其中往往会涉及报销问题。例如,有时候因为没有留意或者公司单位一些奇葩规定等原因,导致必须"无中生有"找一些票据来"报销",由此才能领到本应属于自己的钱。在这种情况下,就需要到黑市上去买发票了。买发票,不可能有那么多真的发票,于是许多时候就用"假发票"来充了。其实,买的人和单位审核的人,许多时候也明知道那是"假发票",只是装作不知道,走下形式而已。不过,并不是说那种渠道买到的就一定是假发票,也可以买到真发票，视买票人的实际需求而定。

除了这种通过现实中喊话的方式叫卖之外，这些发票贩子往往还会到处张贴一些小广告，上面写上"发票"和一个手机号码。因为贴上去之后很难清除，所以这些小广告被称为"牛皮癣"，是城市管理中所必须直面而又很难根治的一个顽疾。除此之外，他们还会买来喷雾漆到处喷上"发票"及手机号码，这是令城管环卫部门极为头痛的一个问题。

近年来，深圳各级政府部门加大了对这些人的打击力度，使之有所收敛，但是在华强北、岗厦地铁站附近，整天盘踞在那叫卖"发票"的人依然不少。每当你从那里经过的时候，依然可以听到她们"花（发）票！花（发）票！先生，要花（发）票吗？"的叫卖声。多年来，这些发票贩子和执法部门之间一直在打游击，采用"你进我退，你强我躲，你松我滥，你紧我收"之类的游击战术，像牛皮癣一样顽强，使执法者颇为头痛，且拿不出真正有效的治理办法。事实上，只要市场有需求和有较高的利润，这类较小的违法行为就一定会继续存在下去，单凭执法部门根本无法做到将其根绝。

在深的广东汕尾市同乡商会在举办年会。摄于 2014 年 12 月 13 日

老乡

对于中国人来说,千百年来,一直都有极其根深蒂固的"老乡观念",有着非常悠久的历史传统,并且时至今日仍然在影响着大多数国人,成为中国比较稳固的传统文化。在中国传统观念之中,离开某个区域就会有"老乡"概念的产生,小到一个村一个乡镇,大到一个市县乃至省甚至区域,比如东北地区、西北地区等。

一直以来,对于"老乡"这种基于地缘、血缘维系在一起的关系,相对来说比较牢靠,它仿佛浑然天成,不用过多地着墨算计。只要共同出生于某一个行政区域内,不管彼此之间是否认识或具有亲戚关系,自然而然地就天然具有亲密关系。一旦某天出到这个区域以外,俩俩之间就天然地具有互相帮助的义务,甚至也有向对方求助的权利。这种"老乡关系",大概只有中国这种深受儒家思想浸染的社会才会有如此深的根基吧。

说起"乡情",中国人不管是走到哪里,多多少少都会有共鸣。许多人哪怕是身在远离家乡千里万里以外的地方,几十年没有归家,也同样会对家乡念念不忘,见到家乡人感到格外亲切,一说起家乡话,吃起家乡菜,就有种要落泪的感触。这是自小深受中华传统文化熏陶使然，是一种非常自然的现象。

深圳经济特区作为改革开放后迅速崛起的一个特大型城市，本身是一个移民城市，一两千万市民来自全国各地，外来人口远远超过本地原住民。在这种情况下，"老乡观念"在深圳就尤为突出了。之所以会这样，既有基于现实利益的考量，也有受传统文化影响的因素。

也正因为如此，深圳的各种地域性商会、同乡会或联谊会非常多，大到一个省、市，小到一个县或乡镇。深圳有很多这类基于"乡情"的民间组织，单是在政府部门登记在册的恐怕就有几百上千个。深圳人在日常的工作生活中，当见到一位陌生人时，往往也会习惯问其籍贯是哪里，假如是与自己来自同一地方，就会攀上"同乡"，彼此以"老乡"互称。

近年来，随着网络的迅速普及，许多这类基于"乡情"的组织被搬到了网络上。从早期的网络论坛和论坛版块，到 QQ 群，再到近两年流行的微信群，基于在深圳的同一地域的人而建立起来的这种网络社群，格外的火爆，各式各样的都有。这些在深同乡网络社群，并不仅限于通过网络维系乡情，往往还会搬到线下：或是组织各种各样的聚会；或是举办各种各样的活动；或是直接相约聚餐。也有不少人企图通过这种"乡情"组织寻找商机，看看从中是否有生意可做。此外，深圳人还常常会在这种在深老乡圈中发起各种为家乡或家乡人的募捐活动，往往会得到老乡们的热烈响应。

除此以外，深圳人"老乡观念"比较重，"乡情"意识比较浓厚的另一个体现，就是来自全国各地的餐饮店非常多。大到一个省、市的美食，小到一个县或乡镇的美食，几乎都可以在深圳找到它的踪迹。这类基于"乡情"而运营的餐饮店，所面向的往往也主要是其自身的"老乡群体"。也正因为有这类需求，所以才使深圳人可以足不出深圳就吃到全国各地的美食。

移民社会的一个必然现象就是这种"老乡概念"盛行，"同乡会"之类的民间团体众多，基于"乡情"的餐饮店也多。按中国人的传统观念，出门在外的话，总是习惯找与自己有相同关系的人抱团，而"同乡"就是其中最常见的之一。如果孤身或少数几个人大老远来到深圳，人生地不熟，自然和人文环境都与自己过去所生活的地方绝然不同，许多人不免会感到不习惯，难以适应。因此，当深圳人从全国各地来到陌生的深圳时，往往喜欢先找到自己的"同乡"，在老乡们的帮助下，尽快适应下来，并可以更好地在这里生存下去。在日常工作生活中遭遇到困难，大多也会获得老乡们的尽力帮助。

随着法治社会建设的进一步推进，这类基于"乡情"的民间组织难免会逐步淡化，并最终退出历史舞台。不过在现阶段，其仍具有一定生命力，并为稳定社会等起到一定作用。因此不能完全将其抹杀掉，而应该允许其在不违反法律的情况下自由发展。

家乡菜

每个人,当其离开家乡在异地生活时,或浓或淡,心中总不免会有一丝思乡之情,这就是常说的乡愁。往往是离开家乡越远,时间越长,越是怀念自己的家乡。乡愁,是中国人一个永恒的话题。在中国传统文化中,自古以来就不乏咏叹这种情怀的诗词,历朝历代各种体裁的文字都有。

当人在异乡时,有什么东西最能慰藉在外游子呢?又是什么东西最能让旅人过客想起远方的家乡呢?答案就是家乡风味的美食,也就是"家乡菜"。两千多年前孔子就说过:"食、色,性也!"也就是说,"吃"和"性"是人的本性,乃最基本的本能需求。尤其是中国,自古以来就注重饮食文化,吃在人们的日常生活中占据了很大的分量,连日常见面问候语往往都是"吃了么?"

深圳是一个在改革开放 30 多年时间里迅速崛起的大都市,前来参与特区建设或曰前来深圳追寻"发财梦"的人来自全国各地,各省各市各县都有,并且人口结构严重倒挂,外来人口远超本地原住民。因此,深圳是一个典型的"移民社会",它不从属于某一个区域,而是属于全国人民,是"中国的深圳"。

不论是何时，不论在何方，家乡菜始终是每个游子最为念叨的（罗兆安 供图）

在这样一个移民社会，当全国人民从各地来到深圳定居生活以后，天长日久之下，难免会想念自己远方的家乡。那些离得比较近的人还好，离得比较远可能一年都未必回得了一次家乡。怎么办呢？于是乎，他们就纷纷把自己家乡所特有的美食带到深圳，把经营家乡菜的饭馆食肆开到全市各个角落，这样既可以宽慰和满足自己的思乡之情，又可以为有同好的老乡们服务。

因此，几乎全国各地的美食都可以在深圳找到踪影，使长年工作生活在深圳的人，可以不用回自己家乡就可以品尝到自己所朝思暮想的家乡风味美食。不仅各省各市，甚至可以精确到县和镇一级单位，大多会在深圳开有或大或小满带地方特色的餐饮店。其实，只有当一个人离开家乡之后，脑海中才会有"家乡菜"的概念。当其在家乡时，本来就天天吃、餐餐吃，也就无所谓"家乡菜"了。

有意思的是，不管这些满带"家乡风味"的餐饮店场地是多么小，也不管其是开在多么偏僻的角落，家乡人总是可以循味找到它。同时，也不管在外人看来这些所谓的美食是多么难看难吃，其家乡人见到时总是会双眼放亮如获至宝，如同找回失散多年的亲人，感到万分激动，并且会迫不及待地品尝起来。还往往会比平时吃得多，直到吃撑为止。毕竟长期漂泊在外，没办法天天吃到"家乡风味"的饭菜，所以难得吃上一餐，肯定要多吃一点，好好过下口瘾和心瘾。

找一个闲暇时间，通过手机约上几位熟悉或陌生的在深乡亲，一同相约去某个"家乡风味"的餐饮店品尝家乡菜，大部分外来深圳人都这样做过。和家乡人一起，说家乡话，吃家乡菜，就仿佛回到了远方的家乡，甚至感觉比在家乡还要温馨。人嘛，往往只有当离开以后才会觉得要去珍惜，本性使然。

这种以"老乡"为目标客户的"家乡风味"餐饮店，往往会选择开在其家乡人居住较为聚集的地方，这样日常生意才会有保障，餐饮店才能够正常经营下去。至于该区域的非其家乡人喜不喜欢吃，一般不纳入考虑范围。其经营主打的是"家乡风味"菜式，而且往往还要强调"正宗"，属"原汁原味"。有些地方的"家乡风味"餐饮店，其中所用到的不少食材甚至还直接从家乡通过各种方式运到深圳来，以确保"正宗"和"原汁原味"。例如我的家乡人在福田区的岗厦、新洲，以及龙岗区的罗瑞合、南联等地比较集中，所以这些地方都有陆河人开的"家乡风味"餐饮店，如擂茶店等，吸引不少在深的陆河人前往消费。

除了相约去家乡人开的餐饮店之外，深圳人有时候还会相约一起去某个在深老乡家，分工合作，一起动手做满带"家乡风味"的美食。自己动手，那种感觉又不一样了，觉得更加温馨，也更具有浓浓的乡情。

在深圳经济特区，这类基于各地"家乡菜"而维系起来的乡情团体，不管是松散还是严密，都有一定的好处。这样，既方便城市管理，又能够缓解这些外来建设者们因为长期远离家乡而产生的焦虑和不安，让他们有地方倾诉和发泄，不至于因长期压抑而引发各种社会问题。尤其是早期的时候，这类乡情关系网，有形或无形中帮助政府部门解决了许多问题，包括社会管理、社会救助等。

在现阶段的中国，这类"乡情关系网"注定还将继续维持下去，并通过"家乡菜""家乡话"等共同的文化记忆和基因来维系。

搬家

几十年没搬过一次家的深圳人，恐怕是极少的。对于绝大部分深圳人来说，搬家是寻常事，在深期间搬过十次八次的再正常不过。尤其是对于刚到深圳没多久的人来说，频繁搬家可说是一个必经阶段。

在这座人员流动极大的特大城市，"搬家"是人们日常生活中必然会碰到的一件事。因此，假如深圳人说自己近期要搬家了，旁人大多不会为此感到诧异，多半是觉得很寻常。另一方面，大多数深圳人新居入伙也不会大肆宴请，深圳人搬家大多都是比较低调的，哪怕是搬进新居也一样，这点跟内地许多地方不一样。这大概是因为深圳人搬家实在是太过频繁的缘故，所以请和被请的人都觉得没必要，反正以后还是要搬的。

单就我自己来说吧，在深圳的这十年中，已经历了五六次搬家，涉足的区域有住得较长时间的罗湖区、龙岗区和住得较为短暂的南山区、龙华新区等，可以说早就习惯了"搬家"。而这还算是搬得比较少的，一些朋友十年下来搬了十次都不止，而且是跨越更多的区。

因为深圳人频繁搬家，所以搬家公司也特别多

说到频繁搬家，我再说个事情，大家可以从中看看深圳人换房是如何的勤快。我现在住的小区，大概有 1600 户人家。一年到头，不管是春夏还是秋冬，总是会从我家窗外飘来房屋装修的声音，电锯声、敲凿声、打钻声等不一而足。从声音中可以得知，又有邻居换房了，新主人来了之后往往首先就是将房子重新装修一下。这种场景，相信许多深圳人每天都会碰到。

因为深圳人搬家如此之频繁，所以各种搬家公司也应运而生，这类以帮人搬家为业的公司，已发展到搬和运等一条龙服务，非常成熟和专业。此外，那种"夫妻档"式的货车也特别多。

即由司机的妻子每天固定在一些人流较多、用车较多的地方坐着，下面放着一块牌子，上面写着"搬家、运货"等字样以及留下手机号。待接到业务之后，就由做司机的丈夫前去完成，妻子则继续在那里接单。这种"夫妻档"货车一般按次结算工钱，谈妥之后即前往，非常便捷，也是深圳人搬家时经常会用到的。

城市居民经常频繁搬家催生的另一个行业，就是"旧货回收"行业。无论是城中村里的二手旧货店，还是一些正经八百的家用货物"二手市场"，都有许多人靠此吃饭。从环保的角度来说，这种通过市场手段使旧物得到再利用的模式，可以盘活资源，使旧物转到需要它的人手中，是件很好的事情。不过从卫生的角度来说，目前大部分二手旧货都没有进行消毒，存在着不少问题。

此外，市民频繁搬家也使深圳的房地产二手市场和租赁市场异常火爆，由此养活了相当数量的地产中介公司和人员。经常搬家的深圳人群，并不单是那些租房住的人。不少深圳有房一族也会因为小孩学位、就近上班、小房搬大房、旧房换新房等原因，在有能力的情况下换房，这样自然也就涉及搬家了。因此，经常搬家并不仅是城中村租客的专属，花园小区的业主们也一样。

如上所述，许多深圳人频繁搬家各有各的原因，不尽相同。有的人是因为自己主动换房，所以要搬家；也有的人是因为房东随便涨租或工作地址出现变动而被动搬家；还有的是为了小孩读书而搬家。

因为预料到不可能会一辈子长住在一套房内，所以不少深圳人在装饰自己房子的时候，往往会适可而止，不会过度装饰，以免不久以后再度搬家时觉得心痛。这里心痛的可不单是财物，还有那些为装饰房子而费的心思。

频繁的搬家使不少深圳人心生厌倦，认为这种经历太痛苦了。确实，每搬一次家都是对主人家的一次折磨。在这期间，既要舍去旧住处里存放着的许多旧东西，又要为新住处重新买许多东西。所以有些租房住的人为了不再受此折磨，立志要攒钱买一套属于自己的房子，从此过上安稳的日子，不用再在这座城市"漂来漂去"居无定所。哪怕为此砸锅卖铁也在所不辞。然而近两年飞涨的房价，使大部分深圳人哪怕是砸锅卖铁也买不起了，所以只能继续充当任房东驱赶的租客，时刻准备着下一次"搬家"。

城中村出租屋旁的神坛，位于新洲村村内

出租房

深圳有谁不知道"出租房的那些事"呢？对于深圳人来说，许多人正在租房或曾经有过租房的经历，住过各种各样的出租房（屋），跟形形色色的房东们打过交道，租房过程中也遭遇过各种奇葩事情。另外有一些市民，哪怕是自己没租过，也总会有亲戚朋友和同学正在租或曾经租过房，感同身受过许多事情。因此，说起出租房，可能多数深圳人会有许多话要说，想好好吐一下槽。

数以十万百万套的各类出租房，解决了相当一部分"深圳人"的住房问题，他们通过交房租的形式满足自己的居住需求。在特区建设过程中，这一群体历来非常庞大。据最近的调查数据表明，约四五成的深圳人依靠租房解决居住问题。

谈到出租房，其给深圳市民的印象往往并不太好。因为一般这个词被用来指代各城中村里出租的房屋，而这类房屋往往外面环境脏乱差，里面也是通风采光格局装修等条件都很差。除此以外，过去这类城中村内的出租房还经常会发生各种治安事件，或偷或抢，甚至命案，所以有些市民闻之色变，觉得这类出租房非常不安全，是一个极为可怕的场所。

正因为这样，所以过去城中村里的出租房往往被政府部门视之为藏污纳垢之地。每当有整治活动时，相关政府部门总是会首先想到这个地方。尤其是在过去经常查"暂住证"，要对"三无"人员进行收容遣送的时候，更是如此。那时候，检查人员来到城中村里以后，往往都是气势汹汹。在检查出租房里面的人时，常常会拼命地使劲拍门和大呼小叫，使里面的人首先在气势上就被吓住了。这些检查人员大多没什么好脸色给城中村出租房里的人，假如知道有人在里面又不肯开门的话，那么砸门拉人是常有的事。

至于商品房的出租房，相对来说，这类出租房都比较高大上，能租得起这类房的人一般都层次较高，或有一定社会地位。因此，深圳人一般不会叫其为出租房，而只说是租住在哪个小区。对于这种出租房，过去检查人员很少会去那里查"暂住证"，远不像去城中村出租房那么频繁。就算是去查，态度也会比较客气。

对于住在出租房里的深圳人来说，回住房或待在住房里时，往往不好意思告诉别人自己是"回家"或"在家里"。因为那样心里总会觉得有点别扭，这明明不是自己的房子，所以不认同其是"家"。另外，这里又不好说是"宿舍"，因为明明是自己出钱租的房子，而宿舍一般被认为是免费的，而且是多人一起住的。此外，假如直接告诉别人是在"出租房"里也不合适，因为一般人口头上不习惯这样说。所以许多深圳人回"出租房"或"在出租房"时，往往会说自己是"回住的地方"或

"在住的地方"。也就是说,在他们眼中,出租房只是用来睡觉的地方,所以仅是一个"住的地方"而已。所谓"有恒产者有恒心",对于无房产的他们来说,会觉得自己仅是一个无根的漂萍,无法在这个城市找到归宿感,不能落地生根,认为这里不是自己的"家"。

问题一直层出不穷的"出租房",让深圳政府部门颇为头痛。对于这个"人员流动率大、居住人员复杂、基础设施不完善、情况复杂"的居民居住场所,政府部门可谓是用尽了各种管理办法,制度模式创新接连不断。然而,城中村"出租房"管理难的问题却依然一直存在着。

直到近年来,通过网格化精确管理,派出人员定期上门登记、核实等手段,才使城中村出租房的治安问题大为下降。同时,通过加大对基础设施的投入,加强建设和改造,使城中村出租房整体环境普遍有了较大的改善。

在接下来较长一段时间内,出租房依然是解决深圳人居住需求的重要保障,所以关于出租房的话题依然将继续延续下去,成为无数深圳人绕不开的一个话题。如何进一步加强对出租房的管理,是摆在城市管理者面前的一道必答题。

2016年深圳百公里徒步活动（文靖 摄）

百公里徒步

十几年来,在每年的 3 月下旬这个春暖花开、草长莺飞的季节里,总会有一群深圳人徒步穿行深圳,用双脚丈量这座自己工作生活的城市,这段路程总长度在 100 公里左右,参与的人则男女老少都有,近年来每年的参与人数已超过十万人。因为这个活动是由一个名叫"磨房"的民间商业网站发起和组织策划的,所以就叫"磨房深圳百公里大型徒步活动"。不过,一般深圳市民习惯称其为"深圳百公里徒步活动"或直接就叫"百公里徒步""百公里"。

这项大型徒步活动,起始于南山区的深圳湾公园,终于大鹏新区的大鹏文化广场,途中穿过原二线关内的福田区、罗湖区和盐田区,横穿了整个深圳南部沿海区域,路上有城市道路、省市绿道、盘山公路等不同的路况,也有街区、公园、水库、山坡、海岸线等不同的景观,是一条深层次阅读深圳的路线。

可以说,这项大型户外活动已经成为许多深圳市民一年一度的狂欢节目,是众多市民极其热爱的一项活动。市民们参与其中,等于是在挑战自己,但又不仅仅局限于挑战自己,他们走的每一步都在书写对深圳这座城市的爱,而且这种爱是发自内心的热爱。我从 2014 年开始参与这项活动,至今已经连续参与了三届,每届走大概 30 至 40 公里。走不了全程,重在参与,体验其中的欢乐。

近年来,已经持续举行 16 届的百公里大型徒步活动,俨然已经成为深圳的一张靓丽名片,吸引着本市及周边城市甚至全国的驴友参加。据了解,周边广州、珠海、惠州、东莞、河源、汕尾等市的徒步爱好者就纷纷专程跑过来参加 2016 年的"深圳百公里活动",我在这两年的行走途中遇到不少。

没有参与其中的人,可能很难真正理解这项活动,无法真切地感受到那种直到深夜或黎明的时候,活动参与者们依然默默地一个接一个地行走在路上的情景。他们在途中与其他陌生的活动参与者守望相助,并互相鼓劲,一起朝前走,体现了团结友爱的互助精神。只有亲身参与其中,走上较长的一段路,才能够真真切切地感受到其中所激发出来的奋发向上、携手与共的城市精神。在路上,你可以真切地感受到深圳这座城市 30 多年来的发展脉搏,正是因为有着无数类似这样的"疯子",敢闯敢拼,勇于挑战,不畏前方的困难,才造就了今日的深圳。

众所周知,"网友"这个群体实际上是来自现实社会中的各个阶层,历来有着不太喜欢受约束的传统,所以基于"网友"之间的大型活动是比较难组织的。因此,在无政府行政命令和组织策划的背景下,作为由一家商业网站组织,依靠网上公开招募的志愿者维护的这样一场"持续时间长、跨越空间大、参与人数多"的大型户外活动，能够进行得井井有条，基本未出大的乱子，可以说相当难得，这也充分体现了深圳作为改革开放前沿城市，市民素质较高的一面。

然而，这是不是说"深圳百公里大型徒步活动"已经相当完美了呢？事实并非如此。近年来，网上和现实社会中出现了一些批评"深圳百公里活动"的声音。尽管这些批评不乏吹毛求疵和夸大其词的地方，但是有批评的声音，证明该活动确实影响到部分其他市民了，也说明活动还有一些需要改进的地方，应该争取做得更好才行。

据悉，"深圳百公里活动"最被人诟病的地方，就是少部分参与者在活动沿途出现乱丢垃圾的问题。事实上，大部分参与者还是充分体现了深圳市人比较文明的一面，坚持把手中的垃圾拿到有垃圾桶的地方才丢弃。然而也不可否认，确实有极少数参与者存在乱丢垃圾的现象，正是这极少数的人坏了整个活动的形象。

无论是作为活动主办方，还是作为参与者，都有义务争取把活动办得更好。主办方应该采取更多的措施，以及给予更多的提醒。例如，在报名和发布公告时特别予以强调，并请沿途志愿者随时提醒参与者等。而作为活动参与者，首先要严以律己，其次是有义务提醒和监督身边的其他参与者。

此外，随着参与的人员越来越多，安全问题也日益面临挑战。

无论是活动组织方,还是活动参与者,都需要采取更多的预防措施,花费更多的时间精力去做好安全防范工作,以免出现安全事故。否则的话,一旦发生大的问题,将会给活动带来毁灭性的打击。

其实,从第一届到现在的第十六届,"百公里活动"本身就一直在不断地"进化",在不断地接受各方意见完善自己。

2014年3月22日，作者参加深圳百公里徒步活动，走了三十多公里

公园之城

初来深圳的外地朋友,往往会惊叹深圳的绿化景观之美,认为深圳是一个园林城市,处处建设得似花园一般,尤其是原二线关内更是貌美如花。确实,深圳是一个"公园之城",整座城市的大小公园之多,是很多城市所难以比拟的。深圳人也常以此为荣,认为深圳是同级别大城市中自然环境最美的,是国内最漂亮的大城市。

其实,在深圳经济特区成立之初,公园并不多,只有可怜的几个,分别是工人文化宫、东湖公园和中山公园等。其中,工人文化宫是因为其地处原宝安县县城深圳墟附近;中山公园则是原宝安县的旧县城,也就是在南头古城附近;东湖公园则因为其是供水给香港的深圳水库(引自东江)所在地。

2015年5月的相关数据显示:深圳市公园总数已达889个,人均公园绿地面积为16.84平方米,基本形成"自然公园—城市综合公园—社区公园"的三级公园体系,成为全国公园数量最多的城市。而且深圳市计划到2018年,再投入20亿,完成全市300个社区公园新建改造工作;到2020年,全市公园总数超过1000个,公园服务半径覆盖率达95%以上,公园和自然

20 世纪 70 年代末的东湖水库（梁兆欢 供图）

保护区面积达 600 平方公里以上，从而使深圳"公园之城"的名号更加名副其实。

从上面这组数据可以看出深圳公园数量之多。对此，深圳市还不满足，仍在加大建设力度。不过，深圳市的公园特色并不仅限于数量多，而且公园的类型也多。比如有市、区、街道和社区等各类级别的行政部门建设的各种公园，也有普通的综合性市政公园、地质公园和郊野公园等之分。大的公园逛一天都逛不完，小的公园走几分钟就能转一圈。要逛怎样的公园，全凭市民自己选择。

美丽的东湖公园,摄于 2015 年 12 月

吃完晚饭后到自家附近的公园散步,周末节假日的时候和家人、朋友或恋人到较大的公园走走,这是深圳人很日常的生活状态。

一座现代化的宜居宜业大城市,不能仅有高楼大厦,更不能到处都是密密麻麻的建筑物,必须留下多一些的绿色空地,并把其公共化,提供给所有市民享受。建设现代化城市,不仅要建设更多更密更高的建筑，而且更要建设更多更大的市政公园。通过建设各种公园，使市民们能够开门见绿，让市民们随时可以亲近绿，这样的城市才是和谐的宜居宜业城市。

在寸土寸金的深圳，政府能够将这么多土地，尤其是中心区域黄金地段的土地拿出来建设市政公园，这需要很强的魄力和远见。在别的地方经常面临经济发展与生态文明相冲突的时候，深圳选择了既要发展经济，又要保障生态文明，使市民们在享受经济发展带来的好处的同时，也享受到高水平的绿色福利。正是得益于深圳市历届城市主政者的超前意识，以及能够抵制住诱惑，没有将这些土地拿去盖楼搞房地产，才使深圳能够建设成如今这种宜居宜业的园林都市。

深圳的市政公园在每年 11 月或 12 月的时候还会举办"公园文化节"，至今已经成功举办了十几届。在每年的"公园文化节"期间，每个承办公园都会举办有自己特色的活动。比如，人民公园每年举办"月季展"、东湖公园每年举办"菊花展"等。这些公园平时在园区里也种满本公园主打的花草树木，形成自己的特色，成为一种公园品牌，使市民们知道平时要看月季得去哪个公园，要看菊花又得去哪个公园。

如今，公园已经彻底融入了深圳市民的生活，成为日常生活的一部分。逛逛公园，散散步，走走心，以缓解和发泄一下日常工作生活中遭受的压力，已然成为许多深圳市民的基本生活方式，逐渐养成了难以更改的良好生活习惯。

年度十大好书评选,是深圳读书月的重头戏之一

深圳读书月

市民因阅读而美丽，城市因坚持而高贵。有座城市，一直坚持推广全民阅读，还专门设立了读书月，一办就是十几年，它就是曾经被称为"文化沙漠"的深圳。十几年的"高贵坚持"，不但让这座年轻的城市成为"全球全民阅读典范城市"，而且让阅读成为这座城市的新风尚，提升了市民的文化归属感和城市认同感。

自 2000 年以来，每年一届面向全体市民的"深圳读书月"已举办了整整 16 届，深圳市民整体参与度较高，被誉为"高贵的坚持"，已成为国内具有一定影响力的城市阅读活动。另一方面，于 2003 年起步的深圳市"图书馆之城"建设已在全市构建起一个"资源丰富、设施先进、服务便利"的图书馆网络，实现了市、区、街道、社区几百家图书馆及自助图书馆一证通，市民日常借阅踊跃。

十几年来，每年的 11 月份，是深圳市民一年一度拥抱"阅读"的日子，它早已成为深圳市民所熟悉的"读书月"，养成了习惯，逐渐成为这座年轻城市的"传统"。在这个月份里，深圳市民们通过各种方式宣告自己的阅读主张。持续多年的举行，深圳人已经接受了"读书月"。尤其近年来每年11月最后一天,深圳书城的24小时打折促销活动,更是成为许多深圳读书人的保留节目,当天必会去抢购一堆图书抱回家。

由政府出面大张旗鼓地推动城市阅读,内地很多城市都在做这方面的工作。然而,能够真正一直坚持下来并把它做到实处的城市却不多。在这方面,深圳市应该算是一个典范,是其中的佼佼者。如今,读书月已经成为深圳市民展示阅读创意的舞台,主办方通过一系列举措将读书月打造成为面向全体市民的开放平台。

2013年10月,第十四届深圳读书月前夕,联合国教科文组织总干事伊琳娜·博科娃女士在北京把"全球全民阅读典范城市"的证书颁发给了深圳市市长许勤,同时为深圳市委常委、宣传部部长王京生颁发了孔子奖章,对其在推动全民阅读、推动文化跨越发展以及中外文化交流中所做出的贡献予以褒奖。

相关报告显示,深圳居民每周图书、报纸和杂志的阅读率,以及每天的阅读时间长度均高于全国平均水平。这个以"经济特区"为名的新兴大都市,为什么要极力倡导阅读呢?原来,早在1997年和1998年,深圳市政协委员、原深圳图书馆馆长刘楚才就两次在政协会议上提出设立"深圳读书节"的提案,这被公认为是"深圳读书月"的起源。后来,当正式推出的时候,"读书节"变成了"读书月",持续时间更长,更加有助于促进市民养成阅读的习惯,营造社会的整体阅读氛围。

深圳读书月在国内可以说较为独特。从深圳读书月的活动内容来看，其更多的是面向市民。这种特性与深圳的城市特征是吻合的，也是接地气的。

自创办以来，每年深圳读书月期间会举办各种与阅读相关的活动，让更多的市民参与其中。另外，还通过评选"年度十大好书"活动拉升深圳读书月的高度，提升深圳读书月的品牌，扩大深圳读书月的知名度。一系列的活动倍受市民好评。可以说，深圳读书月是一个市民可以参与其中的城市活动，它没有高高在上令市民感到遥不可及。

尽管许多人认为深圳是一个物欲横流、金钱至上的城市，但是当你到深圳书城、图书馆走一遭，你会发现深圳读书的人也很多。几乎任何时段前去，深圳书城和图书馆都有许多在静静看书的人。每年深圳书城售出的图书，数量和金额都极其高。

在推动市民阅读方面，深圳市政府一直在大力推动，积极改革创新，采取各种措施，给予各种优惠，努力营造一个全民阅读的城市氛围。"爱生活爱阅读"，通过阅读来提升自己，改变自己，已经成为越来越多深圳市民的共识。在此基础上，深圳市的城市阅读氛围也越来越浓厚。

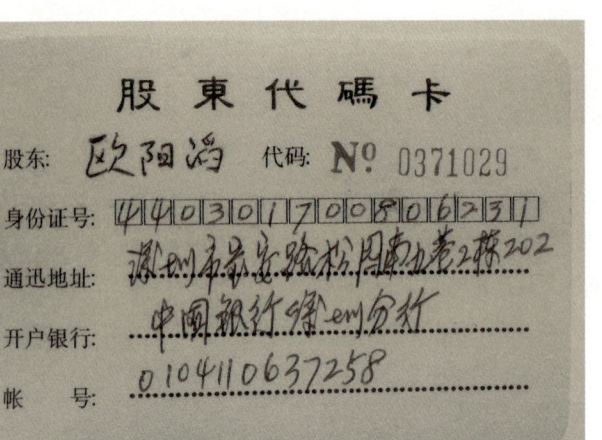

20 世纪 90 年代初的深圳股东代码卡（欧阳滔 供图）

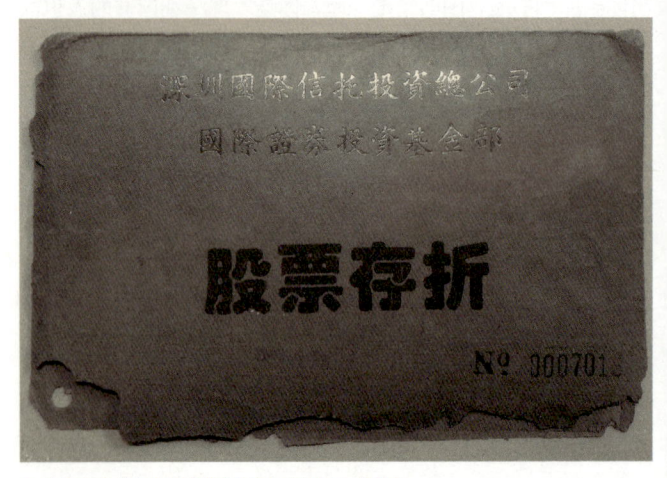

20 世纪 90 年代初期的深圳股票存折（欧阳滔 供图）

股票

2015年上半年的疯狂股市，让包括深圳人在内的国人对股票有了极其深刻的认识。在那一段时期，人们像着了魔一样，社会大众都纷纷在谈论股票，连街上扫地或卖菜的大妈都不例外，搞得不少市民都不好意思对外说自己没炒股，否则会被人"鄙视"。2015年5月9日《21世纪经济报道》一篇报道称，2014年深圳股民人数约占常住人口的64%，可能是全国最爱"炒股"的城市。可以说，在深圳，全民炒股已经不再只是说说而已，大部分深圳市民都或多或少地涉足过股市。

然而这并不是深圳人第一次为股市而疯狂，再往前就是2006年至2007年那次了。不过，最早也是最为疯狂的一次，却是在1992年的夏天，那次甚至因为股市问题闹出一起不小的风波，使经济问题变为社会问题。

深圳证交所是中国1949年以后最早运作的证券交易市场，至今仍是中国两个证券交易市场之一，另一个是上海证交所，两者合称为"沪深两市"。因此，深圳人是国内较早接触股票的一群人。当国内大多数地方的人连"公司"是什么都还没搞懂的时候，深圳的公司已经开始上市了。而且普通深圳人对股票

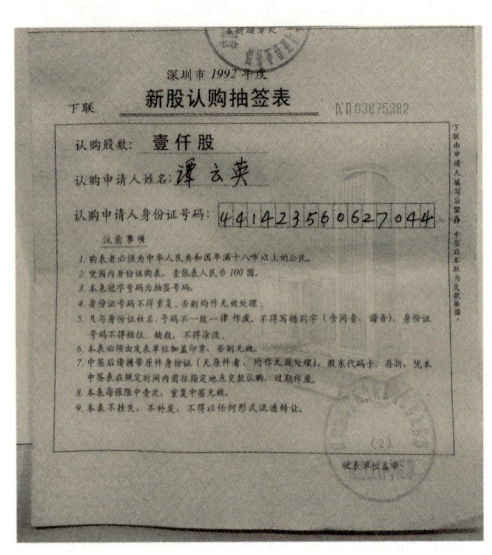

深圳市1992年度的新股认购抽签表（欧阳浴 供图）

的接受度，当时要远较包括上海市民在内的其他地方的国人要高。对于股票，深圳人没有观望太久，更没有抵触，而是通过各种手段疯狂抢购。

1992年，中国资本市场刚刚起步，新股发行还处于摸索阶段。沪深两市出现了一种新事物——"新股认购抽签表"，股民通过购买抽签表可以获得申购新股的权利。在当时，一级市场申购到的新股，在二级市场就意味着财富将成倍增值。结果，1992年8月的深圳，百万股民用一张身份证争相认购一张抽签表，酿成了后来被称为"8·10风波"的历史事件。

刚开始的时候,深圳人也不太了解这种叫"股票"的东西到底是什么。不过,深圳毕竟毗邻金融业较为成熟的香港,且深圳人有许多亲朋好友在香港,所以没多久关于投机股市的方式方法就在深圳人之间传开了。此外,因为当时中国股票交易市场刚刚开始,一切还处在摸索尝试阶段,加上当时尚属高压的政治空气,"姓社姓资"问题始终在每个主政者头上飘荡,所以一下子也没敢放太开,上市的股票数量极其有限。

当时,一方面国内外许多人通过各种方式各种渠道筹措巨额资金进入深圳股票,急欲投机炒股,狠赚一把;另一方面深圳股票市场上能够交易的股票数量极其少,于是就出现"僧多粥少"的局面。在这种情况下,很多人就"各显神通",通过各种关系和手段,合法或不合法地抢购股票。市场甚至疯狂到不管什么股票,通通都迅速高价购进,只要转手就能大赚。

如此一来,市场上许多买不到股票的市民日益滋生不满。后来政府管理机构又推出了抽签的方式,以营造市场相对公平的气氛。然而,当时由于技术原因,采用的是较为原始的实体表格抽签,这中间有较大的可操作空间,导致猫腻出现,使市民更加不满。

最疯狂的时候,在南国深圳白天三十多度的高温下,无数的人夜以继日,男女贴身排长队,只为了领取抽签表。高价购买抽签表、花钱雇人排队领抽签表、抽到购买股票资格后转手卖给别人、借来亲朋好友甚至整条村的人的身份证来抽签、排了一整夜或一整天的队，好不容易轮到，却被告知抽签表已经派发完了……各种疯狂的投机行为，以及各种奇葩的事情不断上演。受此种种问题的影响，股民们不断积累不满，给社会治安埋下了伏笔。

记得当时我小舅就曾收了不少村里人的身份证前去抽签购买股票，包括我爸爸妈妈的。其中一个村里人的身份证还真的给抽中了，结果那人以"不给钱就赶紧把身份证拿回来"为由向我小舅索要了一些钱。后来甚至还差点闹出大的纠纷，于是我小舅就干脆把股票卖掉了事。

矛盾越积越大，终于出事了。排了长时间的队却没领到抽签表的股民终于爆发了，开始抗议，发泄不满，这引起了不少人的共鸣。接着，许多股民上街拉横幅游行，包围市政府。少数人开始使用暴力，砸汽车、砸摩托、攻击执勤干警，甚至烧毁汽车。深南路等主干道被堵塞，导致有关部门不得不动用催泪弹和水炮驱散人群。这起事件最终在增发新股等新措施出台后被平息了下来。因为买不到股票而引发众怒，深圳股市算是创造了一起全世界都罕见的社会事件。这种事情既无先例，以后恐怕也不会再度发生了。

时至今日，从整体来说，股市对深圳人的影响依然很大，股市的升跌晴雨，在一定程度上会影响到不少深圳市民的日常消费。

股市风云

股潮目击记

● 陈忠群

一、潮前小气候

深圳市民预料、期待已久的又一次股潮即将到来，象大地震前一样，股潮来临之前，出现了许多"气候"现象。

△10月31日、11月1日和8日，许多邮局报刊亭的《深圳特区报》不到中午就已售完。报上载有招股说明和新股购买申请表的售发地点和有关规定。阅报栏前人头攒动。

△11月8日下午，蔡屋围某公用电话亭，一个约四十岁的中年男子在给广州打长途电话：

"叫阿强明天十二点之前赶到深圳，借多点身份证，不可贻误。"

据电话代办点的人说，这一两天通过电话向内地通报深圳新股票发售情况和要亲朋携（借）身份证来深的人特别多。

由于规定每人可持五张身份证购买新股申请表，身份证顿时身价百倍，身份证一下子成了热门"货"。亲朋好友一见面或电话里第一句话几乎是"你买股票吗？""身份证用不用？"但绝大部分自己要用。于是，许多人只好从内地"引进"。

二、假如股票是人

300万申请表，分布在全市291家银行、保险及证券业网点同时发放，时间两天，数量足，网点多，还签抽签。机会3.6%，笔者本以为人们这下大可不必排队了。谁知深圳市民对股票的热情有增无减。他们有着共同的心愿——买到新股认购申请表，共同的担忧——买不到，以至11月9日黄昏，许多发售网点的门前就蛾蛾地盘踞着"人龙"。晚上近9点，在红荔路的中国工商银行已登记的排队人数超600人，而后面近五个长长的队伍在等待登记，来排队的人都做了充分的准备。"人龙"在路灯、应急灯和蜡烛光的照耀下聊天的，谈情说爱的，"鏖大地"、"争上游"、列纸牌、下象棋、跳棋、玩小型电子游戏机、听音乐……不胜枚举，各种凳子"粉墨登场"：有塑料椅、皮椅、竹子躺椅……等，高低不同，栉次有序，若集当晚排队用的所有板凳，足可办一个展览会。

人虽多，龙虽长，但秩序井然得令人惊讶。深圳市民对股票的热情和忍耐力令人惊叹，而他们良好的秩序更令人赞叹。

这次通宵排队，阿公阿婆和中学生是一股"不可低估"的力量，笔者在工商行红岭分理处遇见一位约五十七、八的阿公，他们一家采取三班倒的战术，全过程分为"战略防御"、"战略坚持"、"战略反攻"三阶段，即上半夜由阿公上阵占一位置，下半夜由他读高一的孙子接位留守，第二天六点后由他儿子再接孙子的位置。在田贝一发展银行分行的"人龙"里，有位穿着校服的中

· 35 ·

1992年1月的《深圳风采》杂志，刊发了一篇题为"股潮目击记"的文章，仿佛为7个月后的"8·10"股票风波提前做了预警

一个媒体人的"深漂"笔记

深圳高新园内，聚集许多全国知名高新科技企业，腾讯、大族激光是其中的佼佼者

科技园

2015年前后,中国经济总体大形势在持续多年的高速增长之后开始放缓甚至下行,国内各行各业普遍不景气。与此同时,国内许多原本经济增长迅猛的城市随之遇到问题,经济发展深受影响。在这种大背景下,深圳经济的基本面则被视为相对健康,因为其结构较为合理,而且技术含量较高,所以具有相对较强的抗压能力。

为什么深圳能够在哀鸿遍野之中交出一份相对较好的成绩单呢?这与它一向较有危机意识,较早就开始着手推动转型升级,并且做了许多卓有成效的工作,取得了较好的进展和成绩是分不开的。其中较早推动产业转型升级,将高新科技列为支柱产业被视为是深圳当年具有先见之明的明智举措。

早在20世纪90年代中期,当出口加工业在国内还如日中天,且深圳占据其中很大份额,为其中的代表和佼佼者时,深圳就开始顶住诱惑和压力,着手推动产业转型升级,逐步将低端的高能耗低产值制造业、加工业等通过市场和行政等方式淘汰出去。然后通过各种招商引资和孵化扶持政策,鼓励创新和引入高新技术,大力发展高新科技产业。

在深圳所有推动高新科技产业发展的措施之中，十分关键的就是创设高新科技产业园区。通过这种方式，促进大学等科研团体的科研成果转化，鼓励高新科技产业自主研发，发展高新科技产业链，以及为高新科技企业融资提供服务等。最终，深圳在这方面取得了非常丰厚的回报，成功助推产业转型升级。

深圳市高新技术产业园区，简称"深圳高新区"，市民俗称其为"科技园"，位于南山区，成立于1996年9月，面积11.5平方公里，是国家科技部"建设世界一流科技园区"发展战略的6家试点园区之一，也是国家重点支持的全国五大科技园之一，由深圳市政府统一领导和管理。同时，它也是国家级高新技术产品出口基地、亚太经合组织开放园区、先进国家高新技术产业开发区、国家知识产权试点园区、中国青年科技创新行动示范基地、国家火炬计划软件产业基地、国家高新技术产业标准化示范区、国家海外高层次人才创新创业基地、科技与金融相结合全国试点园区以及国家文化和科技融合示范基地等，挂在其上的"国字头"可真不少。二十年来，这项工作取得了较大的成效，深圳高新科技产业在国内可谓首屈一指，一直深为国人所称道。

值得一提的是，深圳高新技术产业园区的前身是深圳科技工业园。早在1985年，当时的深圳领导人梁湘就与时任中国科学院副院长周光召商定，要在深圳建立"中国第一个科技工业园"。深圳科技工业园是最早建立的，也是国务院首批认定的27个国家高新技术产业开发区之一。其位于南山区深圳大学东

全国首个科技工作者日,光启开放科研基地(深圳商报记者 钟华登 摄)

侧,建设面积1平方公里,由深圳市政府和中国科学院于1985年7月共同创办,1987年广东国际信托投资公司参与合办。该科技工业园发挥政府、投资和科研等方面的优势,是集合产学研优势特点的新型高新技术产业园,也是深圳市第一个设置企业准入门槛的高标准产业园区,乃深圳高新技术产业园区的启动园区和构成部分。

二十多年前,这里还是一片荒芜之地。二十多年之后,这里已经高楼林立,高新科技企业汇聚,形成电子信息产业群、生物工程产业群和新材料产业群,成为深圳市民引以为傲的地方。如今,位于南山区的深圳高新区是深圳高新科技产业最为集中的地区，汇聚了众多深圳乃至国内国际都非常知名的高新科技大企业。例如，腾讯、中兴、创维、康佳等本土高新科技企业，以及阿里巴巴、百度、联想、TCL等国内高新科技大企业和三星、IBM等跨国高新科技大企业。数千家高新科技企业汇集于此，使这里成为深圳乃至海内外都闻名的"智库"。据悉，从单位面积产出来看，深圳高新区已经超出包括台湾新竹科技园在内的其他所有科技园，位列全国首位。

2016年3月底，深圳市南山区传出9天内迎来3家企业上市的消息。至此，南山区全区上市企业数量再创新高，达到115家，居全国区（县）第二，仅次于北京海淀区的160多家。在这115家上市企业中，A股上市企业共计80家（中小板34家，创业板19家，沪深主板27家），海外上市（包括港澳台）企业35家。值得一提的是，在南山区这115家上市企业中，大部分位于深圳高新区内。

多年来，深圳高新区始终坚持自主知识产权占据主导地位，成为深圳市自主创新的主要载体。其主要特点是：不断完善的高新技术产业链，汇聚和培育了一批产业优势突出的骨干企业；由政府、院校、留学生协会等共同创办多元化、专业型、互动式孵化器群；善用海内外著名院校的力量，使之成为高层次人才培养、重点实验室建设、科研成果转化和产业化基地；坚持以市场为导向、以企业为主体，积极探索科技和金融结合的途径和方式；借助香港的力量，打造"深港创新圈"，共同探讨、构筑深港区域创新体系的新模式。

这里承载着深圳这座城市的高新科技梦想,是深圳人离高新科技最近的地方。正是因为拥有了这个高新区,所以深圳才有叫板海内外各大城市的底气。它是推动深圳经济发展的发动机和驱动器,是深圳市的核心竞争力。

第五届中国电子信息博览会开幕,小朋友在柔宇科技展位上体验移动影院(深圳商报记者 钟华登 摄)

人才市场

话说许多老深圳人的"深圳之路",当年就是从在人才市场上求职找工作开始的。他们从全国各地来到深圳之后,首先必须尽快找到一份工作,然后依靠自己的双手养活自己,生存下去,这才是王道。不管怎么样,只有先向"生活苟且"妥协之后,才能奢望"诗和远方",没有面包的理想注定是白日梦,终将被残酷的现实所击碎。

尤其是对于那些在深圳举目无亲,自己家境又不富裕的外来人员来说,不尽快找到工作,就只能喝西北风并睡天桥底了。因此,求职是这些初来深圳的人的必由之路。行色匆匆中,刚把行李安放好,甚至连行李都顾不上安放,马上就投入到这座城市找工作的行列之中去,不惜使出浑身解数也要先把饭碗问题解决了,这就是许多人"深圳梦"的开始。

"找工作"和"招人"是同一个事物的两面:一方想找工作,需要合适的岗位;另一方提供工作岗位,想找个合适的人前来干活。因为双方往往存在着一定的信息不对称,所以需要通过一个公共平台来让双方有机会互相了解。旧时不像现在,那时没有互联网,或者已经有了互联网,却还不够发达普及,所以

求职人员正在深圳人才大市场观看企业的招聘信息

找工作往往只能通过投纸质个人简历和当场面试，除非有私人关系介绍，那自当别论。在这种情况下，为求职者和招聘单位提供对接平台的机构就应运而生了。深圳人把这种供求职者和招聘方互相展示和交流的对接平台叫作"人才市场"。

人才市场，又称人力资源市场、劳动力市场、劳工市场、就业市场、招聘市场、人力市场等，是指劳工供求的市场。它的服务内容主要有：代办各类专业技术人员和管理人员的引进、推荐和招聘服务，提供人才租赁服务，提供人才培训、人才测评等服务，提供人才信息服务，建立人才就业登记、推荐人才就业，定期举办人才市场交流或组团参加省市人才市场交流等。可见，人才市场的业务并不仅限于供"求职"和"招人"，这只是其中最典型和最主要的两大板块而已。

位于宝安北路的深圳人才大市场,是许多人深圳梦开始的地方

把"人才"像市场上的货物一样展示出来,供需求方按需挑选;也将"招聘单位"提供的工作岗位像市场上的货物一样展示出来,供求职者结合自己的实际挑选。供需双方各取所需,且各自拥有自主挑选权,既可以通过沟通谈判达成一致,也可以互相拒绝。这种供双方对接的平台就叫"人才市场"。直白点说,就等于是把"人才"和"职位"当做市场里的货物来叫卖。从这个角度来看,可说这个名字取得非常形象。

20 世纪 80 年代末到 21 世纪初，是深圳人才市场最为火爆的一段时期。那时候，随着深圳经济特区社会经济的进一步飞速发展，每年持续不断地从全国各地涌入越来越多的人，而深圳的企业数量和规模也在不断扩大，供需双方都越来越庞大。因此，那时候的深圳人才市场经常人满为患，尤其是每年春节后和暑期这两个求职高峰期，更是人潮涌动。最高峰的时候，有人光在人才市场边上卖纸质手填的个人简历表，每张 10 元，一天就能赚十几万元。因为这个市场非常大，除了位于宝安北路的官办"深圳人才大市场"之外，当时其周边还围聚着不少民营的小型人才市场，所以这段路一度被称为"深圳人才市场一条街"。

不过近年随着网络的普及，涌现出许多大型招聘网站，这些网络平台提供的服务更加及时，有海量工作岗位和求职者的信息，服务也更加周到。对求职和招聘双方来说，挑选的机会更多，也更加省时省力，比现场投简历要便捷得多。这分去了招聘求职市场的大部分蛋糕，使曾经人满为患的深圳人才市场风光不再，零落得几乎门可罗雀。

如今，深圳原二线关内的人才市场，因为面向的群体综合素质较高，而这些人普遍习惯使用网络，所以总体都很冷清。反倒是原二线关外的人才市场，例如龙华新区景龙新龙社区区域，因为面向的求职者群体综合素质相对较低，招聘的岗位也较低端，而这些人和需求企业不太习惯或不太喜欢使用网络找工作或招人，所以至今仍比较火爆。

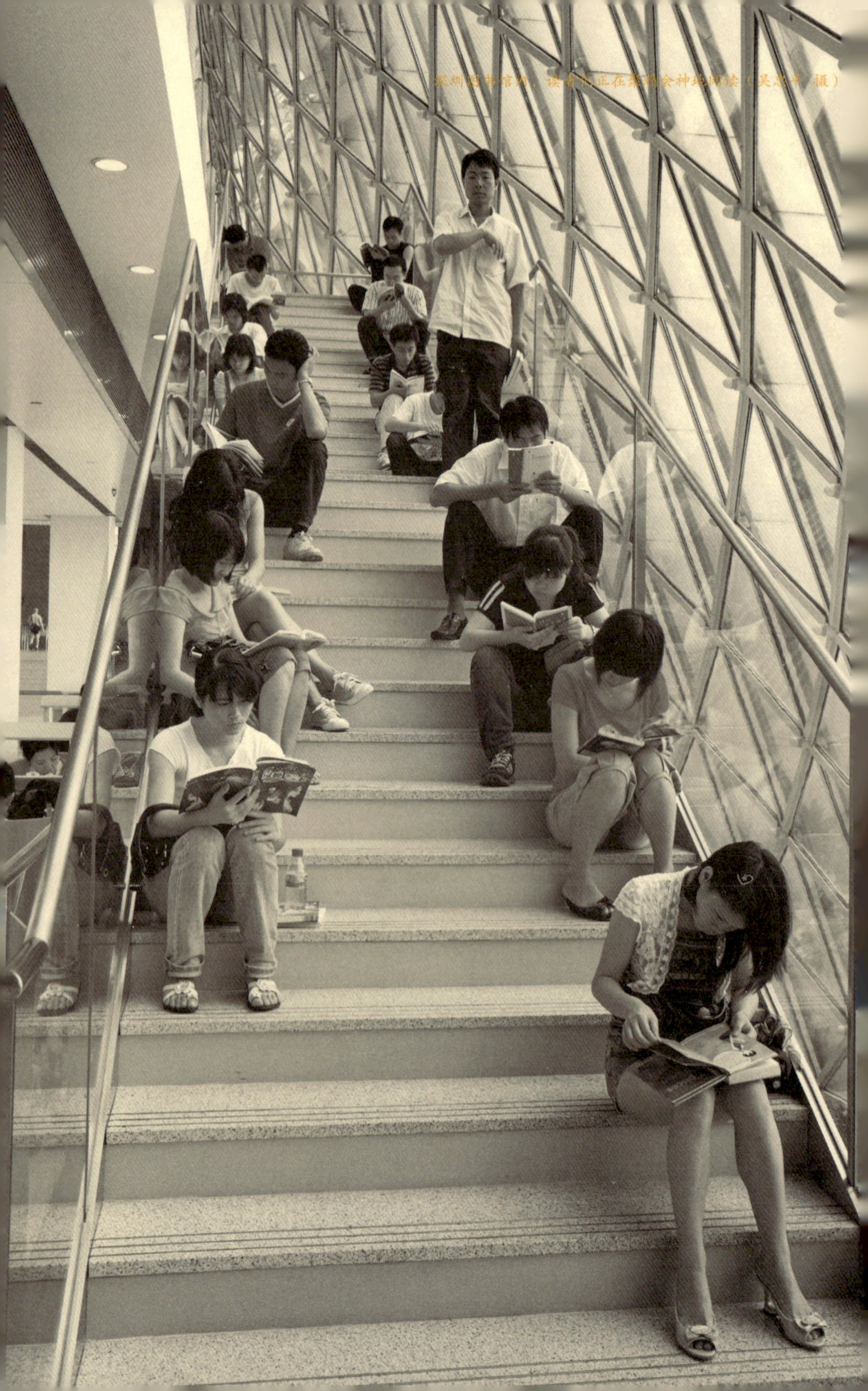
深圳图书馆内，读者们正在聚精会神地阅读（吴忠平 摄）

图书馆之城

从深圳经济特区建设初期起,就被不少市内外的人称之为"文化沙漠",认为这里的人整天只知道追逐金钱利益,凡事只向钱看,没文化也不看重文化。所以他们觉得,深圳人穷得只剩下了钱,除了有钱之外其他什么都没有。

对于这种说法,许多深圳人意见非常大,坚决否认和驳斥,反对将深圳说成是"文化沙漠",认为这纯粹是误解或偏见。除了口头回应之外,几代深圳人还不断地通过种种行动来回击这种"攻击"。

在深圳人的这些回击行动之中,就包括了推崇阅读。深圳经济特区建设伊始,深圳主政者就极其重视倡导和推动市民阅读。例如,在深圳经济特区建设初期勒紧裤腰袋兴建的八大文化设施中,就包括了深圳市图书馆(现为"深圳市少儿图书馆")。那时候深圳经济特区刚刚建立不久,一年的财政收入只有不到2000万元,但当时深圳市以梁湘为首的领导班子却提出了建设图书馆等八大文化设施的"超前"想法。由此可见,当时深圳主政者对推动市民阅读的期望和魄力之大。

不过，深圳人喜欢和推崇阅读，绝不仅仅是为了回击"文化沙漠论"，还有更深层次的原因。在深圳经济特区建设之初，当时整个国家都刚从"文革"中走出来，百废待兴，知识极其匮乏。民众对求知充满了热情，希望通过更多的时间和精力学习，掌握更多的知识，以满足社会和自己的需要。那时候还没有互联网，书籍也搜寻不易，所以泡图书馆就成了最佳的求知方式。

从建设深圳经济特区起，30多年来，深圳人掀起了一波又一波的读书热，使阅读在这座城市深深地扎下了根。尤其是20世纪90年代中后期，市民们自发掀起的读书热更是直接促成了2000年首届"深圳读书月"的举办，并且从此每年举办一届，一直坚持到现在。如果没有市民的广泛参与，缺乏群众基础，这项大型城市阅读活动就不可能持续这么久。因此，能够持续不间断地举办十几届读书月，这本身就说明深圳的城市阅读氛围非常浓厚。

作为一个商业发达的城市，从某个角度来看，深圳确实是一座很现实的城市，这里生存竞争压力大，知识更迭快。所以许多市民知道，如果自己不加强学习，此前储备的知识很快就会落伍，会面临被淘汰出局的危险。因此，需要不断通过阅读来提升自己，使自己保持竞争力。这也是深圳人阅读成风的一大原因。这种阅读意识，不能简单地以所谓"功利"去看待，而应该看到其有利于推动形成健康有序的社会竞争，进而推动社会进步，总体来说是一件好事。

为了进一步推动城市阅读，培育社会的阅读氛围，满足市民的阅读需求，完善与阅读相关的基础设施，深圳市于 2003 年启动了"图书馆之城"建设。如今，经过十几年的投入建设，已经初见成效。截至 2015 年底，深圳市的公共图书馆已达 625 个，是 2002 年的 3.5 倍，240 台城市街区 24 小时自助图书馆覆盖了全市 98% 的街道，与公共图书馆一起构成了覆盖全市的公共图书馆网络。而且，大部分图书馆已经融为一体，实现了馆馆相通，资源共享。据悉，目前深圳全市已有 234 家公共图书馆和 240 台城市街区自助图书馆加入了统一服务平台，实现了统一读者证、统一服务规则、共享文献资源。因此，对于深圳市的广大读者来说，走进任何一家公共图书馆，都可以从这里借遍全市图书馆共有的 3063 多万册馆藏图书和其他数据资源。

除了大力兴建图书馆等硬件设施之外，深圳图书馆自开馆之初就率先开展开架服务，并推行免证进馆，不分户籍向所有人开放办理借书证等举措。这些方便市民参与阅读的举措，充分体现了深圳的包容和开放，也为促进市民阅读做出了贡献。

对于深圳市民来说，不管是通过小区里的自助图书馆设备，还是到社区、街道、区、市等各级图书馆，要借到自己心仪的读物已经不是什么难事。只要你有阅读的愿望和需求，就可以较轻易地借到自己喜欢看的图书。"图书馆之城"建设，正在深圳逐步变为现实。

107 国道

这是一条至今仍以"国道"命名的深圳道路,如此叫法在深圳区域内也仅此一条。其实,假如按照龙岗区对 205 国道的命名,107 国道宝安段似乎应该称"深莞路"或"宝安大道"才对。不过,因为此前市民们一直习惯称其为 107 国道,所以没有被命名为"深莞路"。此外,宝安区已经有另外一条道路称"宝安大道"了,所以也无法像龙岗区那样改。

107 国道起点为北京广安门,终点为深圳南头关,全程 2698 千米。这条国道经过北京、河北、河南、湖北、湖南和广东 6 个省级行政区。广东省境内途经连州、阳山、清新、清远、花都、广州和东莞,然后进入深圳宝安区。107 国道是中国最繁忙的国道,也是中国唯一加入亚洲公路网的国际公路,乃贯通中国南北的公路交通大动脉。1994 年,107 国道成为全国第一条"文明样板路"。

这里说的是 107 国道宝安段,它起于南头,与北环大道和深南大道相接,止于深圳与东莞交界处的塘下涌立交,途经宝安区的新安、西乡、福永、沙井、松岗 5 个街道,全长 31.438 公里。这条路曾经是支撑深圳经济特区快速发展的干道，道路两侧密集分布着众多的工厂厂房，带动了深圳西部片区的发展。从改革开放初期开始，宝安发展工业就是沿着这条交通便捷的107国道布局，由点到面，最后连成一片，使宝安成为工业大区。

据了解，107国道是原宝安县最早的国家级公路。在改革开放之前，107国道为连接广深的唯一通道。改革开放之后，107国道演变成为宝安经济发展的核心道路。107国道上还行驶着许多过境车辆，由于宝安处在深圳与东莞的中间地带，大铲湾港、妈湾港等西部港区过境车辆多从这条路经过宝安。车辆不断增多，使107国道的承载量早已饱和，成为中国最为繁忙的国道，交通堵塞情况经常发生。尤其是上下班高峰期，堵车现象更是天天不断。

一直以来，107国道宝安段就是深圳西部的交通要道，是深圳通往东莞、广州等地的交通大动脉之一，其东南端通过南头关连接北环快速路和深南大道，西北端连接东莞长安等，每天通行大量的货柜车、泥头车，令该路段不堪重负。长期以来，107国道的交通拥堵、秩序混乱等问题倍受关注。

跟龙岗区的"龙岗大道（即原'深惠路'）"一样，107国道宝安段现在也面临国道市政化改造的问题。如今107国道两侧已经基本是建成区，空闲土地极为有限。这条过境公路现在已经不仅仅是过境公路了，沿线布满了工厂厂房、住宅、商务楼等建筑物，沿途人员密集，路上的车流也非常大。在这种情况

每天交通极其繁忙的107国道宝安段（杨贞晶 供图）

下，宝安区早就喊出要将其改造成深圳市"第二条深南大道"，也就是要向深圳最著名的道路看齐，把其建设成漂亮、舒适的"大道"。

其实107国道宝安段和深南大道是连通的，交接点就在原二线边防南头关。因此，假如将107国道宝安段改造成类似于深南大道的道路，那就等于延长了深南大道。近年来关于将107国道改造成像深南大道那样漂亮的市政道路的建议和说法一直都有，至今仍未能实现。深圳市政府和市民一直有将107国道宝安段市政化的呼声，却迟迟没有尘埃落定。宝安是工业大区，企业多数分布在107国道、宝安大道两侧。必须让这些企业的货车出入方便才行，以方便其出货或运进原材料等。在这种情况下，若是禁止大货车通行，未必现实。

从南头检查站一直延伸到松岗，107国道沿线居住着大部分的宝安人，呈现的是一条长长的居住生活带，并且宝安区的许多工业产业也是沿着107国道分布。

同时，107国道也是许多外地人进入深圳所接触到的第一段路，尤其是对于粤北等从107国道沿线过来的人来说。紧邻107国道的宝安汽车站，每天有许多发往全国各地的班车。尽管这个汽车站不显眼，但是不少深圳人却非常熟悉。因为这里是他们到达深圳的第一站，也是回家的起始点。不少深圳人对107国道宝安段充满感情和回忆。

未来107国道宝安段会改造成什么样，市民都很关心。期望它能够改造成一条漂亮、快捷的城市大道，服务民众，为宝安乃至深圳的社会经济发展做出更大的贡献。

1985年在深圳创刊的《现代装饰》,开了国内建筑装饰类杂志的先河

作者的父亲(右)参观建筑装饰企业——广田集团

建筑装饰

在改革开放前，国内是没什么建筑装饰之说的，至多也就是把墙壁抹平，再涂上石灰刷白或水泥粉刷，或拿旧报纸糊一糊遮掩一下，甚至许多房屋干脆直接裸露墙壁。至于现代建筑装饰的室内室外设计，根本谈不上。

内地的现代建筑装饰行业，起源于改革开放后的深圳经济特区，这为业界所公认。为什么会起源于深圳呢？这是因为深圳毗邻香港，现代建筑装饰行业是20世纪80年代从深圳河那边传过来的，师傅是香港人。30多年前，香港人来到深圳经济特区之后，不仅投资办厂，而且还把许多现代理念和技术带了过来，其中就包括把现代建筑装饰的理念和技术传授给了包括深圳人在内的内地人。

因为地理和政策的优势，深圳经济特区在改革开放甫一开始，便与掌握了世界先进理念的香港有着紧密接触，并率先从深圳河对岸引入一系列新鲜事物。而现代建筑装饰行业也正是从那个时候起，开始沿着罗湖桥进入包括深圳在内的内地，深圳当时充当的是"桥头堡"的角色，也就是常说的改革开放"窗口"。

深圳经济特区在学习了先进的现代建筑装饰技术和理念之后，逐步将其推向全国，使深圳经济特区成为中国现代建筑装饰的发源地。在这个过程中，取得先机的深圳建筑装饰人先后创办了许多建筑装饰企业，并逐步发展壮大，走向全国和世界。多年来，建筑装饰行业中的"深圳军团"一直是国内建筑装饰市场上最重要的一支力量，占据了全国建筑装饰市场三四成的份额。从中国建筑装饰协会公布的行业历年百强企业区域分布可以看出，深圳的建筑装饰企业竞争优势较明显，深圳的建筑装饰企业数量占据行业百强企业三成以上之多，是拥有行业百强企业最多的一个城市，在地区排行榜上遥遥领先。而且深圳企业的非区域性明显，在全国范围内有一批具有较强影响力的建筑装饰企业。

建筑业是我国国民经济五大支柱产业之一，建筑装饰业是从建筑业中衍生出来的一个古老而又新兴的行业，包括公共建筑装饰和住宅装饰。如今，建筑装饰行业已是建筑业中的三大细分产业之一，是一个劳动密集行业。建筑装饰行业是随着房地产热潮的兴起而快速成长起来的产业。近年来，伴随中国经济的快速增长以及相关行业的蓬勃发展，建筑装饰行业愈加显示出其巨大的发展潜力。建筑装饰行业现在也是深圳市的重要产业之一，与之相关的从业人员非常多。深圳建筑装饰企业早已走出深圳，走向全国和世界各地，几乎在所有的中国大的工程项目中都可以看到深圳建筑装饰人的身影。

提到深圳建筑装饰企业，就不得不提来自粤东陆河县的建筑装饰人。一直以来，由陆河人创办和经营的建筑装饰企业，占据了深圳建筑装饰市场约四成的份额包括广田集团和深圳奇信。此外，还有诸如特艺达、远鹏、广安消防等较有实力的公司。在全国建筑装饰行业百强榜中，由陆河人创办的企业就有22家。目前，陆河人在深圳创办的建筑装饰企业多达80余家，属一、二类企业的多达50余家。可以说，全国建筑装饰行业看深圳，深圳建筑装饰行业很大程度上又是看陆河。

当我们走在全国各地，看到一栋栋漂亮、实用、舒适的建筑，里面可能很多就是深圳建筑装饰从业人员所做出的贡献。正是深圳建筑装饰人当初敢闯敢拼，勇于承担，率先向香港人学习，迅速掌握了现代建筑装饰技术和理念，并将其推向全国，才有了今天绚丽多姿的各种漂亮建筑。深圳建筑装饰人的这些特殊贡献不应被遗忘。

总的来说，深圳经济特区的建筑装饰行业这段奋斗史相当典型，非常具有代表性。它不仅属于深圳经济特区建筑装饰人，而且也属于所有的中国人，是中国30多年改革开放史的重要组成部分。可以说，中国当代的建设史中，有深圳经济特区建筑装饰人书写的浓厚一笔。

至今保存较为完好的明清海防重镇——大鹏所城

鹏城

中国许多城市会有一个或几个别称，作为在非正式场合的代称，为各界所熟知和使用。比如，北京的别称是皇城、都城，上海的别称是沪城、申城，广州的别称是羊城、穗城、花城，惠州的别称是鹅城，成都的别称是蓉城，重庆的别称是山城，昆明的别称是春城，济南的别称是泉城，哈尔滨的别称是冰城等。那么作为改革开放兴起之地的深圳市，它的别称是什么呢？没错！许多深圳市民都知道答案，那就是：鹏城。

深圳简介是这样写的：别称鹏城，广东省辖市，副省级城市，地处广东省南部，珠江三角洲东岸，与香港一水之隔，东临大亚湾和大鹏湾，西濒珠江口和伶仃洋，南隔深圳河与香港相连，北部与东莞、惠州接壤。深圳市域边界设有中国最多的出入境口岸，乃重要的边境口岸城市，皇岗口岸实施 24 小时通关。深圳是中国改革开放建立的第一个经济特区，是中国改革开放的窗口，已发展成为具有一定影响力的国际化城市，创造了举世瞩目的"深圳速度"，同时享"设计之都""钢琴之城""创客之城"等美誉。

那么，为什么深圳的别称会是鹏城呢？

在回答这个问题之前,先来看看下面这些。多年来,关于深圳的历史究竟有多长,各界一直存在着较大的争议。有些人认为,从深圳的前身来看,深圳有着悠久的历史,并且作为明清时期南中国海的海防重镇,完全可以申报"历史文化名城";而另一些人则认为,深圳过去没什么历史,改革开放前只是一个"小渔村"或"边陲小镇",乃"文化沙漠",真正能讲的历史只有经济特区成立以后这30多年。

对于上面的争执,我觉得:说得都对,又都不对。因为双方说的都不太全面,且都没有搞清楚概念,双方并不在同一频道上对话。要谈深圳的历史,首先得分清深圳地区和深圳市、深圳经济特区之间的异同。深圳地区,指的是现在深圳市所管辖的这个区域,有着极其悠久的历史。尽管深圳经济特区发展距今只有30多年,但是这片土地却有着6700多年的人类活动史,早在新石器时代中期就有原住居民百越人等在这里繁衍生息。从有史籍记载的可考历史来看,深圳地区有1700多年的郡县史、600多年的南头城和大鹏城史及300多年的客家人移民史。

至于深圳市,其撤县设市于1979年,早于深圳经济特区。1979年3月,中央和广东省决定把宝安县改为深圳市,受广东省和惠阳地区双重领导;11月,中共广东省委决定将深圳市改为地区一级的省辖市。

而深圳经济特区则成立于1980年8月26日。当天,全国人大常委会批准在深圳设置经济特区。因此,这天也被深圳人亲切

1981年，位于解放路的公安局三层小楼，是周边最高建筑（黄文清 供图）

地称为"深圳经济特区的生日"。2000年和2010年，深圳经济特区建立20周年和30周年的时候，均举行了隆重的庆典仪式，时任国家最高领导人均有出席。

至于说到"鹏城"别称的由来，源于深圳东部大鹏半岛上的"大鹏所城"。位于深圳市东部沿海大鹏新区的大鹏所城，全称是"大鹏守御千户所城"，离深圳市中心50多公里，乃明朝为抗击倭寇而设立。大鹏所城占地11万平方米，始建于明洪武二十七年（1394年），是深圳目前唯一的"国家级重点文物保护单位"。2004年6月，历时半年多的"深圳八景"评选活动揭晓，"大鹏所城"以最高票当选，成为八景之首。

不过深圳的别称叫鹏城，尽管与大鹏湾和大鹏所城有关联，但也不完全是由此而来，只能说其是引爆点。深圳经济特区创办初期，有些不太了解深圳地理的人，认为深圳在大鹏湾畔，又有一座颇有历史的大鹏所城，所以就称深圳为鹏城。因为这个名字叫起来比较响亮，而且寓意深远，可以看成是"深圳经济特区像一个展翅高飞的大鹏，搏击风云，遨游长空，勇往直前，无所畏惧"。因此，早期的深圳市主要领导人和深圳市民对此也就欣然接受，开始由"他称"变为"自称"，从此，鹏城成为这座城市的代名词。于是，深圳的别名叫鹏城就这样产生了。

20世纪90年代初,作者在深圳街头

一个媒体人的"深漂"笔记

后记

● 幽壹

2017 年 8 月 1 日于深圳

从孩童时代起，我就一直对深圳怀抱着极其崇尚的感情。那时候，曾两次随父母和亲友前来正处于热火朝天建设之中的深圳经济特区，见识和感受到了 20 世纪 90 年代初期特区催人奋进的时代精神和社会氛围。

尔后，又因为喜爱，于 21 世纪第一个十年中期前来深圳定居，在此工作生活，从此这座城市也就成了我的第二故乡。10 年来，因为工作和生活的缘故，与这座城市有了许多交集。在这期间，几乎跑遍了深圳大大小小的每一角落，认识了这座城市形形色色的人，也知道了关于这座城市的许多故事。

深山圳水总关情。随着对深圳认识的日深，对其感情自然也就越深。于是乎，渐渐地就想写一本关于"深圳"的书。一开始仅是心中有着这么一个念头，却始终没有行动起来，也不知道究竟写什么题材好。后来某天突然很莫名地就激情澎湃起来，于是写下了这本《你是我的主场》。

应该说，这本《你是我的主场》的确很"个人化"，是通过我自己对"深圳"的了解和理解，站在我的角度对深圳 30 多年来的发展过程中一些有着特别印记的词汇加以记录和阐释，字里行间无疑深深地打上了个人烙印——有我的记述、感慨和评论，以及我和亲戚朋友们的相关经历。总体来说，这本书抒发了我对深圳的真挚感情，书写的是特区的发展和成长史。

这本小书能够顺利出版，首先要感谢深圳报业集团《晶报》总编辑、深圳报业集团出版社社长，著名文化人、作家胡洪侠先生，感谢他的支持和鼓励。感谢深圳市史志办公室主任、深圳市方志馆馆长黄玲为本书作序。感谢深圳报业集团《晶报》编委侯晓清先生的支持。同时也要感谢深圳报业集团出版社负责编辑此书的岳鸿雁女士。感谢同事张定平提供部分照片。当然，更要感谢的还有我的父母、家人及亲友们。此外，也感谢我的好兄弟罗兆安、罗志欣、彭华民、范伟擎、朱敬禄、卢当应、陈海滨等人。最后，感谢多年来一直支持我的所有认识和不认识的读者，谢谢你们的鼓励与支持！

此书在写作过程中进行了多次删改，总是觉得还没有修改到令自己完全满意。之所以会这样，无非是想尽力把它做到最好，希望展现出来的是经得起时间考验的东西。对于每位作者来说，自己写的一本书就像是自己的一个孩子，总是希望其能够顺利诞生，并且能够为社会大众所接受和喜爱。我自然也期盼着《你是我的主场》能够被广大读者认可。

当然，由于个人的水平有限，加之时间仓促等主客观原因，这本书难免会有错漏之处，也会有许多不完美的地方。在此请各位读者予以谅解，并欢迎指正，谢谢！

图书在版编目（CIP）数据

你是我的主场：一个媒体人的"深漂"笔记/幽壹著.－－深圳：深圳报业集团出版社，2017.10
ISBN 978-7-80709-813-3

Ⅰ.①你… Ⅱ.①幽… Ⅲ.①散文集－中国－当代 Ⅳ.①I267

中国版本图书馆CIP数据核字(2017)第250421号

深圳市文化创意产业发展专项基金资助项目

你是我的主场
Ni shi Wo de Zhuchang

策划/出版人：胡洪侠
责任编辑：岳鸿雁　赵立娜
技术编辑：杨　杰　林洁楠
书籍设计：韩湛宁　任　敏

出版发行：深圳报业集团出版社出版发行
　　　　　（518034 深圳市福田区商报路2号）
印　装：深圳市国际彩印有限公司印制　新华书店经销
开　本：787mm×1092mm　1/32
印　张：14.5
字　数：350千字
版　次：2017年10月第1版　2017年10月第1次印刷
书　号：ISBN 978-7-80709-813-3
定　价：58.00元

深报版图书版权所有，侵权必究。
深报版图书凡是有印装质量问题，请随时向承印厂调换。